品牌竞争力视角下技术创新对企业绩效的影响机制研究

郑 玉 著

中国财经出版传媒集团
中国财政经济出版社
·北京·

图书在版编目（CIP）数据

品牌竞争力视角下技术创新对企业绩效的影响机制研究／郑玉著．--北京：中国财政经济出版社，2024．2
ISBN 978－7－5223－2879－9

Ⅰ．①品…　Ⅱ．①郑…　Ⅲ．①技术革新－影响－企业绩效－研究　Ⅳ．①F272．5

中国国家版本馆 CIP 数据核字（2024）第 048111 号

责任编辑：彭　波　　　　责任印制：史大鹏
封面设计：卜建辰　　　　责任校对：徐艳丽

品牌竞争力视角下技术创新对企业绩效的影响机制研究
PINPAI JINGZHENGLI SHIJIAOXIA JISHU CHUANGXIN DUI QIYE JIXIAO DE YINGXIANG JIZHI YANJIU

中国财政经济出版社 出版

URL：http：//www.cfeph.cn
E－mail：cfeph@cfeph.cn

社址：北京市海淀区阜成路甲 28 号　邮政编码：100142
营销中心电话：010－88191522
天猫网店：中国财政经济出版社旗舰店
网址：https：//zgczjjcbs.tmall.com
中煤（北京）印务有限公司印刷　各地新华书店经销
成品尺寸：170mm×240mm　16 开　14.25 印张　208 000 字
2024 年 2 月第 1 版　2024 年 2 月北京第 1 次印刷
定价：78.00 元
ISBN 978－7－5223－2879－9
（图书出现印装问题，本社负责调换，电话：010－88190548）
本社图书质量投诉电话：010－88190744
打击盗版举报热线：010－88191661　QQ：2242791300

本专著获得

“国家社会科学基金一般项目”（21BJY061）资助

“河南省高校哲学社会科学创新人才项目”（2022－CXRC－06）资助

“河南省高校哲学社会科学应用研究重大项目”（2023－YYZD－28）资助

“河南省高校哲学社会科学创新团队支持计划”（2022－CXTD－05）资助

“河南省高校哲学社会科学创新团队支持计划”（2021－CXTD－12）资助

“河南省高校哲学社会科学创新团队支持计划”（2024－CXTD－04）资助

前　言

在全面推进中国式现代化建设的背景下，我国对技术创新保持高度重视。企业进行技术创新的动机往往是追求企业绩效的最大化。企业的技术创新如何影响企业绩效？技术创新对企业绩效的影响机制是什么？这些问题不仅关系到我国微观企业是否有充足的创新动机，也关系到创新驱动中国式现代化远景目标的实现。

为解答这些问题，必须考察技术创新影响企业绩效的机制。通过梳理相关文献发现，现有对企业技术创新的研究，很少涉及不同企业间品牌竞争力的差异，而品牌价值作为品牌竞争力的直接体现，可能正是影响技术创新与企业绩效的重要因素。为此，本书从品牌竞争力视角分析了技术创新对企业绩效的影响机制，并重点分析了技术创新、品牌价值如何共同推动企业绩效的提升。

本书的综合理论分析和实证检验发现，企业的技术创新可以显著提升企业绩效，其内在机制既有直接影响，也有提高品牌价值这一中介效应的影响。这一研究结果说明，技术创新对企业绩效不仅具有直接促进作用，其推进品牌建设的作用机制同样值得重视。在进行理论分析和实证检验之后，本书提出了以技术创新为支撑的品牌培育对策。

与以往研究相比，本书从品牌竞争力视角探讨了技术创新对企业绩效的影响机制，十分符合中国式现代化建设对创新驱动、对品牌培育日益紧迫要求的现实特征。但由于作者研究水平有限，书中难免存在一定不足和错误，殷切希望广大读者批评指正。

作者 郑玉
于 郑州
2023年5月10日

目　录

第一章

绪 论

第一节 研究背景和意义

一、研究的背景

（一）企业品牌知名度成为企业竞争力的象征

从全球范围来看，企业的品牌知名度及其品牌价值日益成为企业竞争力的重要标志。无论是全球市场份额的竞争，还是全球产业链地位的争夺，品牌及其品牌价值的竞争优势日益凸显。据调查，只占全球企业数3%的知名品牌企业，却占领全球40%以上的市场份额；在全球价值链中，以知名品牌为主的研发和销售环节创造的增加值更是高达70%以上。例如，中国生产的一般拉链产品，市场售价为每条0.7元，然而日本生产的国际名牌拉链YKK每条创造的价值是一般拉链产品的140多倍。可见，全球经济已经进入知名品牌竞争的时代，企业品牌价值的高低，已成为衡量企业实力乃至国家竞争力的重要标志。

（二）中国提升企业品牌价值仍然面临巨大挑战

据统计，截至2016年年底，中国经济总量与贸易进出口总额均位居世界第二，其中200多种产品产量位居世界第一。但在国际市场竞争中，中国却严重缺乏国际知名产品及其品牌企业，据全球著名品牌咨询管理机构Interbrand于2022年11月最新发布的全球百强品牌榜，美国有50家企业入围百强榜单，而中国仅有华为和小米两家企业名列榜单之中。中国企业品牌竞争力表现不尽如人意的现状，已经严重阻碍了中国企业进一步向全球产业链、价值链的高端攀升。在国际分工中，我们许多企业只能为外国知名产品及其品牌企业打工，是典型的“制造大国，品牌小国”，绝大部分利润流入拥有国际知名产品品牌的跨国公司。以服装产业为例，欧美国家的知名品牌企业大多占据行业高端，利润一般在100%以上，日韩企业占据中高端，利润一般在50%～80%，而中国服装企业多为贴牌生产，利润大多在10%以下。因此，有人形象地说：“中国企业是世界知名产品品牌的加工厂。”

中国产品与企业品牌（甚至包括一些国内知名品牌），拥有世界领先水平的自主创新技术较少，在国际分工中只能承担一些行业的加工组装环节，致使中国产品长期居于行业中低端。产品品牌没有位居世界领先的自主创新技术，就没有位居世界领先的产品与品牌核心竞争力，也就不可能有产品与品牌的国际认知度、美誉度、忠诚度，发展国际知名品牌并提升在全球产业链上的竞争优势，是一项异常艰巨的攻坚战。长期以来，全球产业链、价值链的战略核心环节被发达国家的跨国公司所控制。它们通过掌控全球各个产业链的核心技术、产品品牌、高端销售渠道，以及产业链上的重要战略资源，形成了在全球各个产业链上的竞争优势，进而获得全球各个产业链的高额利润。据统计，世界品牌实验室和《财富》杂志分别评价出的“世界品牌500强”和“世界（销售额）500强”榜单的跨国公司，近75%左右都进军到中国，它们凭借位居世界领先的品牌、技术、资金和管理优势，抢占中国产品与品牌市场。许多中国企业产品与品牌还未出国门就遭遇这些跨国公司强势产品与品牌日益残酷的竞争。而缺乏核心技术、知名品牌和销售渠道的中国企业在产业链、价值链竞争中并没有话语权，永远处于产业链、价值链的低端，难以摆脱被压榨的地位。因此，对中国企业而言，如何突破在全球价值链、产业链中“低端锁定”的格局，获取更高的价值链、产业链地位，不但是中国企业转型发展中迫在眉睫需要重点突破的问题，而且是一项极具挑战的攻坚战。

（三）中国企业提升品牌知名度和品牌价值面临历史性的战略机遇

首先，进入双循环时代，新的经济发展格局对中国企业提升品牌形象形成新的“倒逼机制”。在双循环时代全球经济需求和增长面临下行压力的背景下，以美国为首的发达国家针对中国企业的贸易摩擦有增无减，主要涉及知识产权、技术标准等技术性贸易壁垒问题，在未来很长一段时期内，围绕品牌、市场、技术等方面的竞争会更趋激烈，对中国企业提升品牌形象和品牌竞争力形成“倒逼机制”。

其次，党中央、国务院一贯对优秀品牌的培育给予高度的重视，并把其列为党和国家国民经济重点战略布局。早在20世纪90年代，邓小平同志“南方谈话”中就深刻指出：“我们应该拥有自己的拳头产品，创出自己的优秀品牌，否则在市场经济中就要受人欺负。”2005年8月，胡锦涛同志在江西调研时说：“中国的农产品要走向世界，就要有好的品牌、好的质量、好的技术、好的包装。”并在同年党的十六届五中全会上，胡锦涛同志将打造具有自主知识产权的优势企业及其品牌作为国家“十一五”发展的重要目标。2007年7月，温家宝在全国质量工作会议上再次强调品牌建设的重要性，认为中国企业应该努力打造世界级的知名品牌，让中国产品真正赢得世界认可，成为优质产品的标志。2007年10月中共中央关于制定“十二五”规划建议中提出，要“加快培育以技术、品牌、质量、服务为核心竞争力的新优势”；2012年11月党的十八大报告中再次强调，要“形成以技术、品牌、质量等为核心的企业竞争新优势”。

党的十八大以来，习近平总书记就“狠抓质量提升，重视品牌建设”问题发表了系列讲话。2014年5月，习近平总书记在河南考察时指明了“重视创造、重视质量、重视品牌”的大国产品质量的发展方向和路径。当中国经济发展进入新常态的一个历史阶段之时，习近平总书记阐释的新常态下方方面面的趋势性变化，都与产品质量的提升和优质品牌的打造密切相关。例如，从消费端看，“个性化、多样化消费渐成主流，通过技术创新提高供给的质量和供给的多样性，有利于引导消费需求、激发市场活力”；从投资端看，“新技术、新产品、新业态的投资机会大量涌现，对投资的有效性提出了更高的要求”；从进出口端看，“高水平引进来、高质量走出去正在同步发生，必须抓紧培育竞争新优势”；从市场竞争特征的变化来看，“中国市场乃至全球经济正在从过去的数量和价格竞争向差异化和多样化的质量竞争转变”。习近平总书记多次在供给侧结构性改革的重要论述中强调，提高供给体系的质量和效率，已经成为新常态下经济发展的内生动力和主攻方向，成为刺激消费需求的重要途径。例如，习近平总书记在召开企业家座谈会时多次强调：“中国速度加上德国质量，一定能够为中国经济创造巨大的增长空间。”这一系列重要论述，为提高中国企业的治理能力和发展质量指明了方向。

2019 年 5 月，李克强在中国品牌日活动上强调：“加强品牌建设，是顺应消费升级、释放消费潜力、推进经济高质量发展的重要举措。”王勇出席活动时强调：“坚持以供给侧结构性改革为主线，将品牌建设作为改善供给结构、促进企业提质增效升级的重要抓手，着力提高供给体系质量，培育更多优秀中国品牌，为推动经济高质量发展提供有力支撑。”同时，王勇指出，品牌是质量、服务与信誉的重要象征，是企业参与市场竞争的核心资源，加强品牌建设意义重大。要顺应新一轮科技革命和产业变革趋势，坚持创新驱动，增强品牌科技含量和附加值，提升品牌创新力和生命力。大力弘扬工匠精神、专业精神和企业家精神，开展质量提升行动，以匠心铸精品，以质量树品牌，让高品质成为中国制造的“金字招牌”。加强市场监管，依法严厉打击侵犯知识产权的行为，营造公平竞争环境，让优质产品、优质品牌获得应有的回报，从而打造更多具有国际竞争力的中国品牌。

李强总理始终高度重视品牌建设，在上海工作期间，连续出席中国品牌日活动，大力支持中国品牌创建，指出品牌建设是高质量发展的重要支撑。

由此可见，党和国家对企业提升产品海外形象与发展国际知名品牌的重大战略布局都是给予一贯的坚决支持的，这些都为中国企业加快提升产品形象与发展国际知名品牌提供了历史性的重大机遇。

综上所述，对中国企业加快提升产品形象与发展国际知名品牌问题的研究，是双循环新发展格局下积极参与国际分工并获取更高的价值链、产业链地位的客观要求，也是构建以企业自主创新为主体的国家创新体系的战略要求，更是中国企业抓住历史性和现实性重大机遇与挑战，求生存、谋发展的自身迫切需要。

二、研究的意义

（一）理论意义

品牌是与“消费感知”“消费联想”等紧密相关的一个课题，历来也是营销学研究的重要范畴，近年来随着消费升级和数字技术的发展，有关品牌价值的研究开始拓展到虚拟品牌社区环境下，顾客参与价值共创对品牌体验的影响以及对消费者品牌忠诚的作用机制（黄敏学等，2015；Lin，2015；Chae & Ko，2016；Zaborek & Mazur，2017；孙永波等，2018；杨一翁等，2020）。随着供给侧结构性改革的推进和对经济高质量发展的持续关注，经济学与管理学领域的相关学者也开始探索品牌价值的成因，如研究管理者能力（闫明杰，2020）以及利益相关者（王秋红，2016）等因素对企业品牌价值形成的影响及作用机制。实际上，随着新一轮科技革命和双循环时代的到来，只有坚持创新驱动，增强品牌科技含量和附加值，提升品牌创新力和生命力，才能为推动经济高质量发展提供有力支撑。而目前从技术创新视角展开对企业品牌价值成因的研究还相对较少，相关理论体系和研究逻辑还不够完善，还需要进一步的扩展和研究。所以本书将该领域问题作为选题方向，尝试研究技术创新对企业品牌价值提升的影响机制及其经济效应，形成技术创新驱动企业品牌价值提升的微观理论；通过研究希望补充和完善创新驱动背景下企业品牌竞争力提升的动力机制及其经济后果。

（二）实践意义

1. 事关国家经济发展战略实施与完成的大局

中国企业提升产品形象与发展国际知名品牌问题，是党和国家近期和中长期制定的国民经济发展战略的重要组成内容。通过这一重要战略的完成，可实现中国国民经济的重大战略性调整，从而使得在未来 5 ~ 15 年，构建一批以自主创新能力为主体的国际知名企业及其品牌，实现中国企业高质量、大规模“走出去”，向全球价值链、产业链高端跃升，同时，也是中国经济向更高层次和更高质量迈进的迫切需要和必然要求。最后，整合创新要素，凝聚品牌资源，使得“中国制造”顺利转向“中国质量、中国创造、中国品牌”，最终实现经济高质量发展的重大战略部署（裴秋蕊、卢进勇，2019；何秋琴等，2019）。

2. 事关提升中国企业自主创新能力的重大举措

近年来，中国市场乃至全球市场的供需结构已悄然发生重大变化，过去依靠成本优势和价格优势的市场竞争战略遇到了严峻的挑战，需求的长期乏力，致使供给端产能的严重过剩。国家试图通过积极的财政和货币政策刺激需求的做法不但没有对经济的发展产生长期的提振效应，而且产生了严重的副作用和后遗症。在这种情形下，受熊彼特创新思想的启发，通过技术创新打造优质的产品和品牌，提高供给端的产品质量和服务价值，就成了提升经济增长动力的必然选择。经济越发展，技术创新的作用和品牌的地位越凸显。具体而言，企业通过技术创新所创造的企业产品质量和品牌形象，有利于提高企业在行业和市场上的被认可度，有利于增强企业在全球价值链分工中的谈判力，有利于增强企业的市场获利能力。因此，可以说，技术创新是一切竞争优势的源泉，是企业乃至国家参与全球竞争的核心战略资源。谁拥有关键核心技术的研发能力和对多样化消费需求的快速响应能力，谁就占领了市场的制高点，谁就牵住了经济发展大局的“牛鼻子”。因此，市场竞争的“倒逼机制”和企业求生产、谋发展的动力机制，共同推动了中国企业自主创新能力的提升。

3. 事关增强中国企业国际竞争力的根本出路

随着高质量发展阶段的到来，国际经济竞争更加激烈，而一个企业乃至一个国家的国际竞争优势充分体现在是否拥有关键核心技术及其支撑下的国际知名品牌上。目前，全球著名品牌咨询管理机构 Interbrand 公司近年来发布的世界品牌 100 强榜单显示，苹果、微软等科技公司品牌价值突破几千亿美元，这类世界级的产品品牌占全球品牌总数虽然不及万分之一，但销售额却高达全球市场的 50% 以上，处于绝对垄断地位。而在 Interbrand 公司历年来发布的世界百强品牌榜单中，2022 年以前中国有且只有华为一家企业上榜，2022 年虽然华为和小米同时跻身百强榜单，显然中国的全球百强品牌企业数量还是过少，不仅如此，在全球知名的 8.5 万种产品品牌中，发展中国家也仅仅占到不足 10% 的份额，处于绝对劣势地位，90% 以上的全球知名品牌牢牢掌握在发达国家手中。正因为如此，发达国家凭借其品牌优势攫取价值链、产业链上的绝大部分超额利润，成为国际竞争的最大赢家。更为重要的是，随着全球化的深入发展，国外知名产品品牌大量涌入中国，凭借其品牌优势，使大量的中国企业成为其附属企业和贴牌加盟商。这种企业发展模式，一方面造成许多企业在全球价值链最低端进行竞争，大量消耗资源，却仅赚取微薄的加工费；另一方面还可能引发国际经济贸易摩擦。在经济全球化和一体化竞争格局下，要彻底改变这种被动的竞争局面，中国企业只有大力培育强势品牌才是根本的出路。

第二节 国内外文献综述

为了深入剖析技术创新、品牌价值与企业绩效之间的关系，本书回顾国内外技术创新理论、品牌价值理论以及企业绩效理论的相关研究，分别以“技术创新”“品牌价值”“企业绩效”为关键词或主题词，在 EBSCO、Elsevier、Google 学术以及知网等数据库中搜索相关文献，通过系统地总结和梳理这些文献以总结研究的现状、不足和未来的研究趋势，为探讨技术创新、品牌价值与企业绩效之间的关系奠定了坚实的理论基础。

一、技术创新研究

有关技术创新的研究一直是学术界的热点，从微观层面研究技术创新对企业绩效及企业价值的影响，到宏观层面创新驱动发展战略的实施，无不彰显技术创新的重要性。与技术创新有关的成果也相当丰硕，本书主要从技术创新内涵及组织模式的研究、技术创新影响因素的研究、技术创新质量及其经济后果的研究三个方面对技术创新相关的前期研究成果进行梳理，具体内容如下。

有关技术创新内涵及组织模式的研究如下：从 Schumpeter（1939）到 Friedman（1982），他们都将技术创新定义为新发明的问世、新产品的产生、新工艺的诞生以及新方法的第一次应用等，从上述定义可以看出，技术创新主要是在企业完成的。20 世纪后期以信息技术为代表的新科技革命使技术创新的源头不再局限于企业内部，而是向上延伸至大学和科研机构等科研部门，同时向下延伸至市场化应用，体现了知识创新（科学发现）、技术创新和产业创新的密切衔接（洪银兴、郑江淮，2020）。知识创新主体大学及科研机构的介入，提供创新的科学导向，企业解决创新的市场需求和创新投入，最终推动产业的市场化应用。这种同一平台上实现科学家与企业家的互动，解决了知识创新、技术创新和产业创新相互割裂的问题，推动并实现创新的真正完整（洪银兴，2015）。例如，割裂式创新认为，大学及科研机构的知识创新阶段，只要获得发明专利，就完成了所在科研体系的创新目标和绩效考核目标。贝尔就是这样一位发明家，但由于他未将伟大的发明成果转化为巨大的销量，致使他不能算是一位伟大的创新家。1867 年，贝尔申请了“语音电报”专利，并由此建立了全新的交流方式，但他未将发明变为生意。后来，西奥多・威尔创立了美国电话电报公司（AT&T），推动这项伟大的发明实现高新技术产业化，才实现创新阶段的最终完成（哈里斯，2015）。一项完整的创新往往能推动新产业的诞生及成长。例如，比尔・盖茨的创新推动了软件产业的成长壮大，乔布斯的创新推动了智能手机产业的发展，马云的创新推动了“互联网 +”产业的广泛应用（洪银兴、郑江淮，2020）。在不同行业，知识创新、技术创新和产业创新之间的互动关系有所差异。其中，在创新的强度更大、突破性更高的高技术产业领域，更依赖于大学及科学家在知识创新方面的引领带动作用；在电子通信、化工以及能源行业，创新的方式主要是渐进性地开发和跟进，创新更多来源于企业内部的研究机构；在家具、服装、食品等传统行业，主要通过大数据、云计算、工业互联网等现代信息技术来提升其竞争力，创新更多来源于市场个性化需求（费尔普斯，2013）。尽管目前我国实施的创新驱动发展战略对完整性创新提出了全新要求，但由于企业家主导的技术创新与大学及科学家主导的知识创新分属不同系统，追求目标及考核指标均不尽相同，因此只靠市场力量无法将它们引入共同的平台，政府通过提供引导资金、制定激励政策及推动创新平台建设等方式能够引导知识创新与技术创新进行更好地对接和融合（洪银兴、郑江淮，2020）。现阶段我国知识创新进入世界前列，但产业创新水平处于产业链中低端，说明知识创新与产业创新尚未实现很好衔接，知识创新成果尚未转化为新产业技术，说明我国政府部门还有很大的政策实施空间。

有关技术创新影响因素的研究，相关研究主要从以下两个方面展开：①早期对技术创新的研究多基于内生增长理论展开，认为技术创新受限于企业的能力及企业所拥有和控制的资源。从企业特征层面来看，学者们从企业规模（周方召等，2014）、产权性质（董晓庆等，2014）、资本结构（周艳菊等，2014）、融资约束（张璇等，2017）、企业战略（黄永春等，2022）、企业文化（储德银、刘文龙，2021）、生命周期（崔也光等，2018）等视角进行了研究。这些研究在一定程度上合理解释了不同特征的企业，技术创新存在差异的原因。但基于内生增长理论的企业创新研究无法解释实力较强的公司被一些实力较弱的公司所赶超的现象，因此学者们开始关注治理机制对企业技术创新的影响。例如，所有权结构（张伟、于良春，2018）、激励机制（党文娟、罗庆凤，2020）、机构投资者持股（王婧等，2022）、董事会及监事会特征（胡元木、纪端，2017）等。然而，有关公司治理与企业创新的研究仍然无法解释公司治理水平相似的公司在创新投入上的差异现象。创新理论的奠基者熊彼特认为，高管在企业创新决策中发挥着主导作用（约瑟夫·熊彼特，1990）。因此，一些文献开始研究高管特征对企业创新的影响。例如，高管性别（谢霏、后青松，2017）、高管过度自信（易靖韬等，2015）、企业家社会资本（张玉明等，2018）、领导风格（方阳春、陈超颖，2017）等。②然而，产业经济理论认为外部环境才是决定企业创新的关键因素，其对企业创新也产生了不可忽视的影响。例如，宏观经济周期（马永强等，2022）、机会成本（余泳泽、张少辉，2017）、行业竞争（杨治等，2015）、供应链（蒋殿春、鲁大宇，2022）、知识产权保护（吴超鹏、唐药，2016）、产业政策（黎文靖、郑曼妮，2016）、政府补贴与税收优惠（郑玉，2020a）等因素被广泛讨论。但无论是知识产权保护、产业政策还是政府补贴与税收优惠都与政府质量及官员行为高度相关（程仲鸣等，2020）。因此，学术界对政府质量和官员行为展开更广泛和深入的研究，如以知识产权保护水平和法庭的公正性等维度衡量政府质量，发现较高的政府质量能够有效抑制企业的寻租行为（程仲鸣、张鹏，2017），激发企业的创新积极性（林洲钰、林汉川，2013）。然而，尽管技术创新对经济增长质量起决定作用（程仲鸣等，2020），但地方官员为了在晋升锦标赛中凸显其“显性”政绩，导致其对创新失败的容忍度低（黎文靖、郑曼妮，2016），对微观企业的长期高质量技术创新重视不够、激励不足，从而损害了创新质量（蔡晓慧、茹玉骢，2016）。地方政府急功近利“非友好”型政策不但抑制了企业进行高质量创新的动力，甚至误导银行信贷资源流向，损害了经济发展质量（Hsu et al.，2014；徐忠，2018）。

有关技术创新质量以及技术创新经济后果的研究如下：①技术创新质量与创新的经济后果密切相关，有关技术创新质量的研究主要从创新质量的测量和创新类型两个方面展开。学术界有关创新质量的测量并没有形成统一标准，常用的测量方法有：发明专利相对于实用新型和外观设计专利，更能体现企业的技术创新质量（郑玉，2020a）；专利被引次数常用来衡量技术创新质量和技术影响力（Narin et al.，1987；宋艳等，2020）；专利60%以上的引用是基于新知识的技术创新被认为是突破性技术创新和高质量的技术创新（Phelps，2010；Custódio et al.，2019；Jia，2019）；较高的技术价值和商业价值是较高创新水平的体现（Lanjouw et al.，2004；Teemu et al.，2014）；提供的产品和服务满足顾客需求的程度能够较好反映创新质量（袁胜军等，2020）。不同类型的技术创新代表着不同的创新质量，技术创新可以分为改进性创新和突破性创新两种类型（Jia，2017；Jia，2019）。其中，改进性创新又被称为连续性创新（宋艳等，2020），是指对现有产品或工艺流程进行改善的微创新，这类技术创新对经济发展虽有一定作用，但效应有限，通常认为这类技术创新的质量偏低；而突破性创新又称不连续性创新（宋艳等，2020），其立足于新知识或者通过创造性地运用各种知识，通过核心技术打造具有全新功能的高端新产品，从而使得企业利润和产业效益都得到大幅度提升（Anderson & Tushman，1990；柳卸林，2000），这类技术创新是我国实现科技强国的关键（Jia，2017；Jia，2019；伦蕊，2020），也被认为是较高质量的技术创新。②技术创新具有非常显著的经济效应，这也是企业家持续不断进行技术创新的不竭动力。例如，技术创新能够帮助企业获取产业技术标准的制定权（洪银兴、郑江淮，2020）、提高产品和服务的附加值（李林木、汪冲，2017）、提高企业在产业链和价值链上的位置（洪银兴、郑江淮，2020）、帮助企业攫取超额利润（徐则荣、屈凯，2021）、实现企业的持续升级（Pietrobelli & Rabellotti，2006）等。尤其是突破性技术创新与高新技术企业的绩效息息相关（宋艳等，2020）；同时发现，技术创新质量与企业市场价值的正向关系在累积性强的技术创新领域更凸显（Belenzon，2012），这些研究充分肯定了高质量技术创新具有非常显著的微观经济效应。此外，技术创新的宏观经济效应也得到了广泛关注。例如，技术创新的涌现引致主导产业部门的形成和更替（Schumpeter，1939）、重大技术创新推动经济周期中长波的繁荣（Dujin，1977；徐则荣、屈凯，2021）等。

二、技术创新对品牌价值的影响研究

名牌是具有较高知名度的品牌，是企业谋求持久竞争优势的无形资产。在激烈的市场竞争中，有的名牌能够经得住市场考验而经久不衰，有的名牌却“昙花一现”，之所以出现“名牌夭折”现象，因为部分企业以营销造势迅速提升了品牌知名度，但却忽视了支撑品牌价值持续增长的创新动力。缺乏自主知识产权和核心技术的品牌终将经不起市场考验，探讨技术创新对品牌价值的影响，实际上是以市场接受度来审视创新价值的实现情况并生成品牌价值（齐昕、刘家树，2015a）。遵循这一思路，相关研究将技术创新驱动品牌价值提升的过程分解为企业技术创新生成产品价值、产品市场化生成品牌价值。技术创新能够支撑企业创造高品质的新产品，形成差异化竞争优势，促进品牌知名度、美誉度和忠诚度等外显性竞争力的生成。具体来说，技术创新对品牌价值的影响主要包括以下几个方面：①技术创新能够抢先占领市场，提高消费者进行品牌转换的成本，进而锁定消费者。当从一种品牌的技术转移到另一种品牌的技术成本较高时，消费者就被先行创新企业锁定了（夏皮罗、范里安，2017）。如微软的 Windows 系统、滴滴打车软件以及支付宝软件等，这些依托于技术创新而诞生的品牌一经问世，便产生了非常高的技术转换成本，这就使最先问世的品牌技术具有率先锁定市场用户的优势。②技术创新能够形成品牌竞争优势，并能够持续强化品牌竞争力。一是技术创新是潜在价值，只有将技术创新转化为标准和品牌，才能为企业带来实际的超额价值。常言道，“三流企业卖产品，二流企业卖技术，一流企业定标准卖品牌”（洪银兴、郑江淮，2020）。因此，技术创新的先行者只有将技术的先发优势转换为标准制定优势和品牌优势，才能真正成为价值链的控制者和主导者。二是企业的创新文化影响和塑造员工的价值观和思维模式，对企业品牌形象和价值提升具有重要作用（张志鹏，2012；Wei et al.，2014），因此拥有强烈创新文化的企业，能够通过创新资源的持续投入和对技术创新孜孜不倦的追求，打造具有差异化竞争能力、高溢价能力、难以模仿和替代的高价值产品，最终在激烈的市场竞争中实现品牌价值的最大化（Kurt，2019）。例如，王召群（2007）以海尔集团为例，研究发现技术创新在海尔品牌价值提升以及品牌竞争力的持续强化中发挥着越来越重要的主导作用。三是市场及消费需求处于快速的更迭变化之中，因此品牌塑造需要根据消费需求对品牌的核心价值定位作出动态调整（齐昕、刘家树，2015b）。技术创新能够持续满足消费者对产品性能、质量、情感等方面的消费体验，从而巩固了产品的市场地位，持续提升品牌的市场竞争力（蒋廉雄等，2012；黄永春等，2012）。除此之外，技术创新能够赋予产品高科技含量的品牌形象，形成具有较高附加值的品牌资产，并能够持续享有品牌美誉度的盛名（Rusch，2012）。③技术创新不但有利于新兴品牌的成长，而且有利于老字号品牌的活化和增值。一是技术创新有利于新兴品牌的成长。例如，比尔·盖茨领导的微软、乔布斯领导的苹果，均通过率先实施信息技术创新一跃成为深受消费者喜爱的全球著名品牌；华为和中兴抓住了信息技术革命的浪潮，也从彼时的小企业成为全球知名品牌，能够代表中国的国家形象走向世界；成立于1999年的阿里巴巴，何尝不是抓住了互联网创新先机，从小企业蜕变为拥有全球著名品牌的大企业（洪银兴、郑江淮，2020）。二是技术创新有利于老字号品牌的活化和增值。品牌中蕴含的核心技术是品牌价值的增值动力，决定着品牌的未来（王肇、王成荣，2020）。例如，全聚德通过"第四代烤鸭炉"等技术实现烤鸭生产过程自动控制，极大提升了品牌价值和品牌影响力；同仁堂借助局方至宝丹、安坤赞育丸等产品研发和创新，成功实现品牌价值提升（薛平平、高觉民，2019）。品牌价值来源于异质性资源的收入溢价（Wernerfelt，1984），而技术创新能够不断为老字号品牌注入异质性的新鲜血液，促进老字号品牌的活化和增值（周泽将、李鼎，2019）。

三、技术创新、品牌价值与企业绩效

技术创新、品牌价值与企业绩效三个关键词分属于不同的领域，其中技术创新、企业绩效属于企业管理、公司治理领域，而品牌价值属于市场营销领域，因此，技术创新、品牌价值与企业绩效的选题，属于跨学科的研究话题。其中，有关技术创新对企业绩效的影响研究是公司治理领域非常火热的话题，相关文献较为丰富。而从品牌竞争力视角（用品牌价值衡量品牌竞争力的强弱）探讨技术创新对企业绩效的影响机制的研究文献相对较少。本书以技术创新为出发点，以企业绩效为落脚点，探讨依托于技术创新形成的品牌竞争力在技术创新与企业绩效关系中的中介效应。有关技术创新、品牌价值与企业绩效的相关研究文献如下。

信息经济时代，技术创新赋予品牌更高的价值和更强的竞争力，尤其是高科技企业的技术创新，是企业价值增长的动力源泉（何秋琴等，2019）。而技术创新和品牌价值都是企业重要的战略资源，异质性企业可能通过运用不同的战略资源实现企业利润的最大化（南开大学课题组，2019）：有的企业关注于技术创新对企业绩效的直接影响，希望通过技术创新打造差异化产品，直接获取更高的市场收益（Añon et al.，2017）；有的企业希望通过持续的技术创新塑造创新型企业的品牌形象，以此获取更长期的市场回报（Sharma et al.，2016）。通过梳理技术创新、品牌价值与企业绩效的关系，可以发现，技术创新不但能够对企业绩效产生直接影响，而且能够通过品牌价值对企业绩效产生间接的推动作用，相关研究如下：①技术创新对企业绩效的影响。企业战略观认为，技术创新对企业竞争力乃至国家综合实力都具有非常关键的作用，可以说，技术创新赋予产品更高的辨识度和附加值，有利于形成较高的产品声誉和产品形象，从而在激烈的市场竞争中脱颖而出并产生较高的溢价能力（周泽将、李鼎，2019）。企业的技术创新能力是满足消费者不断变化的高品质消费需求的支撑和保障，技术创新支撑的产品创新能够为消费者带来意想不到的惊喜和消费体验，从而使产品富有魅力和吸引力，这类产品能够提高消费者的支付意愿，从而有利于增加企业利润并提高企业绩效（何秋琴等，2019）。Corrado 等（2009）以 20 世纪 90 年代的美国为案例，研究发现技术创新对企业利润的贡献率高达 8%，Crass 和 Peters（2015）也证实了技术创新是影响企业绩效的重要因素。②技术创新、品牌价值对企业绩效的影响。一是品牌价值对企业绩效的影响。市场上流行一句名言："一流企业建品牌，二流企业卖技术，三流企业卖产品"（洪银兴、郑江淮，2020）。这句经久不衰的名言说明创建品牌对企业获取价值链主导地位的重要性。事实上，技术创新是潜在价值，只有依托于技术创新将技术优势转化为品牌优势和标准优势，才能真正实现超额价值。以机床产品为例，国际知名品牌的高端数控机床价格高于我国出口机床价格的 450 倍，且高端数控机床的价格还在持续不断上涨，涨幅为低端市场的 7 倍多，这充分说明由于品牌知名度不高，中国生产的数控机床在国际市场上并没有足够的议价能力。该现象也说明没用过硬的品牌就难以跻身高端产品市场（芮明杰、杨锐，2015）。二是技术创新及其影响下的品牌竞争优势对企业绩效的影响。在品牌发展的初期，技术创新作为产品质量的支撑，更易满足消费者对产品可靠性、耐久性等方面的需求，从而与市场上的同质化产品区别开来（杨保军、黄志斌，2014）；随着产品质量赢得消费者认可，消费者与品牌逐渐建立起情感联系纽带并进行重复性消费，企业会更加关注消费者需求的变化，并通过技术创新形成满足消费者个性化需求的新产品，以此对消费者需求取向变化作出及时回应（Odoom et al.，2017）；技术创新支撑下的品牌不但能够满足消费者的潜在需求，甚至超越了消费者的期望，给消费者带来意想不到的惊喜和愉悦，消费者能够从多个渠道感受到品牌的魅力和价值。此时消费者已经被品牌完全锁定，成为品牌绝对忠诚的顾客（Brexendorf et al.，2015）。研究发现，忠诚顾客的价值高达非忠诚顾客的 9 倍，忠诚顾客不但节约了企业的销售成本，而且能大幅提高销量（王朝辉等，2013；谢京辉，2017）。据测算，顾客忠诚每提高 5%，企业绩效可以提高 25% 以上（张婧、邓卉，2013）。可见，以技术创新为基础，不断打造的高品质产品及品牌是顾客忠诚的基础，顾客忠诚能够为企业带来源源不断的利润，是决定企业绩效的关键（南开大学课题组，2019）。

四、简单的述评

技术创新是一个企业乃至一个国家永葆生命力的保障，是企业兴旺民族进步的灵魂。有关技术创新的研究是一个长盛不衰的话题，在公司治理领域，有关技术创新对企业绩效的影响已经得到相对深刻的探讨。然而，通过梳理有关技术创新的研究文献，发现现有对企业技术创新的研究，很少涉及不同企业间品牌竞争力的差异，而品牌价值作为品牌竞争力的直接体现，可能正是影响技术创新与企业绩效的重要因素。正如市场上流行的一句名言："一流企业建品牌，二流企业卖技术，三流企业卖产品"。这说明依托于技术创新建立自主品牌的重要性。技术创新的先行者只有将技术创新的潜在价值转化为标准和品牌，才能为企业创造超额利润。因此，本书将市场营销领域的品牌一词引入研究话题，探讨了技术创新影响品牌竞争力（用品牌价值的大小衡量品牌竞争力的强弱）的机制，品牌竞争力（用品牌价值衡量）影响企业绩效的机制，并分析了技术创新、品牌价值如何共同推动企业绩效的提升，以及品牌价值在技术创新与企业绩效关系中的中介效应。

通过对已有相关文献的梳理，我们发现，学术前辈在技术创新方面的研究最为丰富，不但包括微观层面技术创新的内涵及组织模式、技术创新影响因素、技术创新质量及其经济后果等方面的成果，还包括宏观领域技术创新引致的主导产业部门的形成和更替，重大技术创新推动经济周期中长波的繁荣等方面。有关技术创新对品牌价值的研究较为零星琐碎，主要从市场营销视角探讨了技术创新形成的先发优势增加了品牌转换的成本，率先把握技术创新机会的小企业可能蜕变为拥有著名品牌的大企业，以及技术创新在老品牌活化和增值中的作用。有关技术创新、品牌价值对企业绩效影响的研究，主要聚焦于技术创新对企业绩效的影响，以及技术创新及其影响下的品牌对企业绩效的影响。从前述对已有文献的梳理可以看出，学术前辈在相关领域已经取得了重要成绩，但品牌价值属于市场营销领域的研究范畴，已有关于品牌价值的研究主要从市场营销领域探讨了品牌价值在市场营销中的作用，且主要以案例研究和定性研究为主，缺乏品牌价值经济后果的定量研究。鲜有学者从跨学科的品牌竞争力视角探讨依托于技术创新的品牌竞争力形成及其对企业绩效的影响机制。尤其缺乏以中国为代表的品牌意识淡薄的国家，如何通过技术创新实现品牌强国战略，推动企业攀升至全球价值链高端，助力中国式现代化的实现，是值得进一步深入探讨的问题。基于以上探讨，区别于已有文献，本书主要关注以下学术问题：第一，在科技类企业凭借技术先发优势，迅速从不知名的小企业蜕变为占领品牌榜榜首的大企业的今天，技术创新对品牌价值具有怎样的影响机制？第二，常言道："一流企业建品牌，二流企业卖技术，三流企业卖产品"，可见品牌构建对企业发展的重要性。那么，品牌对企业绩效具有怎样的影响机制？第三，品牌是依托于技术创新形成的，那么，技术创新、品牌价值放在同一研究框架下，对企业绩效各自产生怎样影响，品牌价值在技术创新与企业绩效的关系中到底发挥的是“部分中介”效应还是“完全中介”效应？第四，在转型制度背景下，技术创新、品牌价值与企业绩效三者之间的互动关系可能会在产权性质、行业类型、知识产权保护等异质性情景下而存在一定的差异。例如，知识产权保护是企业持续进行技术创新的动力，是保障创新者收益并激发知识产权扩散从而实现其价值的保障。因此，在本书的研究框架中，纳入知识产权保护的情景因素非常必要。对以上问题的探讨构成了本书的研究重点。

第三节 研究思路、方法与创新性

一、研究思路与方法

（一）研究主题及其内在逻辑

经济全球化、全球价值链分工、知名品牌体系的塑造与定位是国际分工发展的大趋势，这一态势必然反映在企业微观层面上。科技类企业紧紧抓住技术创新的风口，实现品牌价值的迅猛提升，以至于在相对较短的时间内纷纷占据各大品牌排行榜的榜首，这对于传统企业是不可思议的。这个现象让笔者深思创新在企业品牌价值提升中的关键作用。本书把中国不同行业企业尤其是技术密集型企业的技术创新因素作为影响品牌价值的最活跃因素，分析企业技术创新对品牌价值的影响机制，并进行实证研究。本书的研究有利于从企业微观视角审视中国创新导向的经济增长（创新引致的经济增长）战略和相关对策。同时，本书也尝试在中国宏观层面上的创新与经济增长之间关系找寻微观基础。

第一，企业的技术创新提高了企业的技术开发和自主创新能力，不仅意味着企业可以提高产品质量、培育知名品牌，也意味着企业可以依靠技术创新及其支撑的品牌优势在更大范围、更广领域和更高层次上参与国际竞争，在更广阔的空间里获取资金、市场及战略资源，进行结构调整和资源优化配置。

第二，一个国家（地区）的经济越发达，其知名产品品牌的数量越多。中国的经济总量（GDP）已经位居世界第二，但世界级的知名产品品牌数量不仅偏少而且知名度偏低（尽管进入《财富》世界500强的企业不少），这与中国快速发展的进程以及在世界经济中的地位极不相称。另外，前面提及的中国进入《财富》世界500强的工业企业大多集中在房地产、金属产品、工程与建筑、公用设施（电力）、采矿、原油生产、车辆与零部件、工业机械等行业；工业企业自主创新能力较弱，核心竞争力不强，国际（品牌）知名度与国际化程度不高，经济绩效有待提高；等等。面对这些问题，当务之急是要认真研究如何通过企业的技术创新提高产品的经济附加值，进而培育自有国际知名品牌，让中国企业能够在更大范围内有效配置和利用资源。这一方面带动中国经济整体素质和质量的提高，缓解中国经济发展的约束和压力；另一方面扩大中国经济发展的回旋空间和余地。这是中国国民经济和社会发展迫切需要解决的关键理论和现实问题，具有深远的战略意义和实际应用价值。

第三，技术创新与品牌价值之间的关系也具有一定的异质性，这种异质性隐含着十分重要的政策逻辑：品牌价值和技术创新是一个相伴相生的过程，在研究技术创新对品牌价值的影响过程中，企业外部治理环境（例如，行业竞争、知识产权保护）及自身特质（例如，产权性质、企业社会责任）具有重要作用。以下以知识产权保护为例，进一步分析技术创新对品牌价值的提升效应在不同知识产权保护水平下存在巨大差异的经济机理：知识产权保护可以将企业创新研发的收益限制于投资者，进而激励企业继续创新，而企业持续创新是品牌价值增长的动力源泉。因此，不能孤立地看待知识产权保护、技术创新与品牌价值增长问题，而应将三者置于同一个框架下进行分析。同理，在中国特殊的制度背景下，研究技术创新对企业品牌价值的影响机制，还需要考虑产权特征、行业特征、企业社会责任等异质性因素可能产生的影响。

第四，如果技术创新是企业品牌价值提升的关键因素，那么持续高强度的研发投入乃至实施冒险型的“突破性”技术创新战略到底对企业品牌价值会产生怎样的影响，这一影响是个别孤例还是具有统计意义的普适经验，也是值得探讨的重要话题。本书将从实证领域对企业间以技术创新竞赛为基础形成的这种差异化竞争现象提供了一定的理论依据和微观经验证据。

第五，品牌价值一旦形成，将会成为企业绩效提升的重要源泉。本书关注的企业绩效主要包括企业价值、企业竞争力、资产利润率以及销售净利率四个方面。

第六，技术创新、品牌价值与企业绩效三者之间的关系隐含着重要的战略意义：通过中介效应模型判断企业绩效来自技术创新还是品牌价值，抑或是技术创新与品牌价值共同作用的结果。判断的依据是品牌价值在技术创新与企业绩效间的关系中到底发挥的是“完全中介”还是“部分中介”，以此引导我国企业关注技术创新及品牌培育等重大企业管理问题。

第七，本书通过理论与实证分析，探讨中国企业技术创新、品牌价值对企业绩效的影响机制，有助于评估中国实施创新驱动及品牌培育战略的微观基础；同时，提升中国企业的技术创新水平与品牌影响力，也为中国企业攀升全球价值链高端环节提供了有力保障，这也是美国等发达经济体通过品牌战略实现经济高质量发展的经验。

（二）结构安排

本书共包括八章内容。第一章在明确阐述研究的背景和意义、研究框架与基本内容、研究方法的基础上，对本领域的相关文献进行回顾和简单述评，这不仅为本书的理论分析与经验研究提供很好的研究基础与思想启迪，也是为了廓清本书相对于已有研究的创新之处以及对该领域研究的可能贡献。

第二章介绍了研究的理论基础，包括品牌价值理论、技术创新理论、资源基础理论、交易成本理论等。在此基础上，初步建立了这些基础理论与品牌价值的关系体系。

第三章主要对中国企业品牌价值的典型特征事实进行深入分析，在此基础上，构建技术创新、品牌价值影响企业绩效的理论机制。首先，分析了中国企业品牌价值的现状与存在的问题，然后深入分析技术创新在品牌价值培育中的关键作用，最后进一步探讨了中国企业品牌价值的时空演化趋势。以这些现实背景为基础，引出本章的研究重点，技术创新、品牌价值与企业绩效三者关系的理论框架：企业绩效一方面可能是技术创新带来的，另一方面也可能是技术创新维持的品牌带来的，即品牌价值在技术创新与企业绩效的关系中可能充当部分中介角色，该理论框架揭示了三者之间的综合关系机制，也为后面的经验分析提供了理论指导。

第四章主要是企业技术创新影响品牌价值的机制检验。首先，考察技术创新保障能力（包括研发人员投入、研发资金投入）和技术创新水平（包括技术创新过程中形成的不同类型的专利，是企业研发能力和研发水平的代表）对企业品牌价值的影响机制及实证检验；其次，在此基础上进一步考察技术创新对品牌价值的影响在不同产权性质、产品市场竞争、知识产权保护、企业社会责任等异质性情景下的差异；最后，鉴于技术密集型企业是高质量创新的微观主体，本书探讨了技术密集型企业以品牌价值最大化为目标的最适创新边界，为技术密集型企业的创新行为及品牌培育实践提供理论参考。

第五章研究了“突破性”技术创新对企业品牌价值的影响机制与检验。首先，对“突破性”技术创新进行定义，在此基础上考察其对企业品牌价值的影响效应；其次，进一步考察“突破性”技术创新对品牌价值的影响是否因产权性质、知识产权保护、企业生命周期等异质性内外部治理情景的不同而有所差异；最后，考察了“突破性”技术创新对品牌价值影响的微观机制，即“突破性”技术创新是否能够通过释放积极的声誉信号，对企业的品牌价值产生积极影响；为了考察研究结论的稳健性，进一步采用 Heckman 两步法和两阶段最小二乘法（2SLS）控制了样本选择性偏差和互为因果引起的内生性问题后，发现研究结论依然稳健可靠。由此可见，本章内容是对第四章研究内容的进一步深化。

第六章主要是品牌价值影响企业绩效的机制检验。首先，考察品牌价值对企业绩效的影响，其中企业绩效主要包括企业价值的增长、企业竞争力的提升、资产利润率的提高、销售净利率的增长等方面；其次，考察品牌价值对企业绩效的影响是否因产品市场竞争、企业社会责任以及互联网普及率等情景的异质性而有所差异；再次，在此基础上分别从品牌信任和品牌溢价两条渠道考察品牌价值影响企业绩效的微观通道；最后，采用PSM方法考察上述研究结论的稳健性。步骤如下：将进入世界品牌实验室每年发布的《中国最具价值品牌》榜单的企业设置为1，未上榜企业设置为0，通过PSM方法为上榜企业的实验组匹配行业、规模以及成长性等主要特征相近的未上榜企业作为对照组，考察品牌价值对企业绩效产生的额外激励效应（即ATT值）。

第七章主要是技术创新、品牌价值影响企业绩效的机制检验。本章在理论上梳理了技术创新、品牌价值影响企业绩效的机制，并采用全部样本以及技术密集型企业样本进行实证检验。理论上，技术创新既能直接促进企业绩效的提升，也能通过品牌培育而间接作用于企业绩效。为了验证三者之间的关系，本章在第六章的基础上，主要选择企业价值、财务绩效作为企业绩效的衡量指标，采用中介效应模型考察品牌价值在技术创新与企业绩效关系中是否具有中介效应，如果存在中介效应，是“部分中介”还是“完全中介”，以此对技术创新、品牌价值与企业绩效间的理论关系进行验证。上述研究能够为企业合理分配创新资源，高效管理品牌资产提供重要指导价值。

第八章主要探讨了目前中国企业加快提升品牌价值的战略机遇与对策建议。本章主要包括：加快发展知名品牌的战略机遇；以技术创新为支撑的产品创新是培育知名品牌的核心要素；以技术创新为支撑的知名品牌培育对策。

本书的研究逻辑框架如图1-1所示。

（三）研究方法

本书综合应用了文献演绎法、模型和机理分析法、统计与计量分析法，具体研究方法归纳如下。

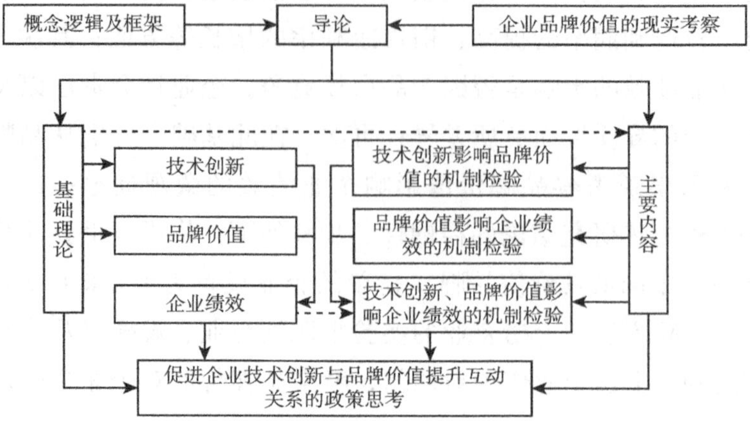

图 1-1　本书的研究逻辑框架

（1）文献演绎法。梳理技术创新、品牌价值、企业绩效等方面的相关文献，追踪学术前沿，明确有待进一步研究的问题，并确定本书研究的方向和内容。

（2）模型和机理分析法。利用现有评价品牌价值及其影响因素的理论模型框架，以会计学、企业管理、市场营销等学科的理论为基础，梳理技术创新、品牌价值影响企业绩效的机制和路径，为实证模型的构建打下坚实的理论基础。

（3）统计与计量分析法。运用非参数核密度函数、空间 Markov 链等方法刻画和比较企业品牌价值演化的时空特征。利用生产效率模型、中介效应模型、面板门限模型、Heckman 两步法、倾向得分匹配模型等方法考察技术创新、品牌价值与企业绩效三者间的关系及其稳健性；利用分组回归和分位数回归进一步讨论这种影响可能存在的异质性。

二、创新之处

（一）研究视角方面

本书基于品牌价值理论，从企业技术创新的视角去解释中国企业尤其是中国制造业大而不强（产量大但品牌知名度不高）并存困境的根源。本书不仅有助于理解中国企业品牌知名度不高的困境问题，也在一定程度上弥补了转型经济体下品牌经济和品牌价值理论研究的不足。

（二）研究方法方面

多学科理论和方法的有机结合和综合运用，是当今社会科学分析解决社会问题的一种有益尝试。针对中国企业大而不强并存的困境和品牌“低端锁定”的现象，本书综合运用企业管理、技术创新、市场营销等多学科的相关原理，运用包括非参数估计、中介效应模型、面板门限、倾向得分匹配等在内的诸多科学、较为前沿的研究方法，比较系统地考察技术创新、品牌价值影响企业绩效的机制与路径。

（三）对策思路方面

本书力图从技术创新视角，为中国企业品牌长期发展形成的“结构刚性”提供了一个新的解决思路。进而优化品牌价值管理，为中国企业高质量发展提出一系列具有操作意义的政策建议，有利于企业树立正确的品牌理念和培养长远发展观。

第四节 相关概念的界定

一、技术创新

Schumpeter（1939）是最早提出技术创新这一概念的学者，其构造的创新概念属于泛化的概念，涵盖了所有生产要素的新组合，具体来说，Schumpeter将开发新产品、开辟新市场、获得新的供应来源、运用新的生产方法以及设立新的组织形式作为创新的五种具体形式（Schumpeter，1939）。同时，将成本的降低、经济周期本身、经济均衡的打破以及残酷的市场竞争都归因于技术创新（Schumpeter，1939）。随后，其他学者进一步补充和完善了技术创新理论。例如，Friedman（1982）认为，技术创新是新产品、新系统和新服务的商业性转化；Christensen 和 Overdorf（2000）认为，技术创新是对一系列经济要素的重新组合，从而使其产生更大价值的过程。

近年来，学术界对技术创新的关注度越来越高，学者们对技术创新的内涵又进行了进一步的界定，认为技术创新主要指的是产品创新（Adner，2006；马文聪、朱桂龙，2013；柳卸林和葛爽，2018）。但是从创新链和创新过程来看，工艺创新、组织创新和市场创新同样重要（芮明杰，2016），芮明杰教授在“三思派”① 专访中的两篇文章《再论产业化创新成功关键》和《特斯拉与英特尔统领产业的方式有何不同？产业化创新的创新生态圈重构设想》中重点论述了产品创新、工艺创新、组织创新以及市场创新的内涵以及之间的关系，并指出企业只有提高产品创新、工艺创新、组织创新以及市场创新四个环节上的协同创新能力，才能实现新产品在市场上的巨大成功。例如，苹果通过根本性技术创新推出第一代智能手机，随后生产该智能手机的工艺也随之进行配套改进和调整，与其价值链匹配的生态网络的协同以及“饥饿营销”模式的成功打造共同创造了苹果手机在市场上的巨大成功，之后的第二代智能手机以及生产工艺的进一步创新，这种持续不断的技术创新以及在重大的技术创新支撑下，产品创新、工艺创新、组织创新和市场创新的协同发展，共同打造了今天的苹果品牌帝国。其中，产品创新最为关键，其背后是重大的技术创新作为支撑。例如，人工智能技术的发展，可能导致一系列智能产品包括智能机器人产品的问世。这充分说明技术创新无论对于品牌形成、企业发展还是国家发展都是极其重要的因素。

南开大学课题组（2019）认为，技术创新的以下四种能力有利于提升企业品牌价值。具体来说，技术创新的研发能力能够帮助产品创新，如此才能提高产品质量和产品附加值；技术创新的管理能力使企业能够及时识别技术创新机会，作出应对机遇的创新战略，保障技术创新与市场的有效

① 上海市科学学研究所与解放日报社科教体育部共同推出的专注科技创新领域的微信公众号。

衔接，充分释放技术资源的效益；技术创新的生产经营能力能够提高生产人员的素质，提高生产设备的质量和生产工艺的先进性；技术创新的营销保障能力是连接市场和技术的纽带，使品牌价值及时被消费者感知，提高消费者对品牌产品的支付意愿，提高品牌溢价能力。

根据学术前辈对技术创新的定义，并结合芮明杰（2016）和南开大学课题组（2019）的研究成果，本书中的“技术创新”主要包括技术创新的研发能力、技术创新的生产经营能力、技术创新的营销保障能力等几个方面。其中，技术创新的研发能力有利于提高现有产品质量以及开发出从未在市场上出现的新产品；技术创新的生产经营能力有利于提高生产人员素质、提高生产设备质量以及提高生产工艺的先进性；技术创新的营销保障能力是使品牌价值及时被市场感知和认可，并提高品牌溢价能力。上述技术创新与企业品牌价值的形成息息相关，也无时无刻不在影响着企业绩效。

二、品牌价值

品牌价值就是品牌增量现金流的净现值，可以理解为相对于没有品牌或没有进行塑造品牌的努力，拥有一个品牌为公司所带来的经济贡献（Shocker & Weitz，1988）。品牌价值包括品牌知名度（brand awareness）和品牌形象（brand image）两个维度，其中，品牌知名度包含品牌回忆（brand recall）、品牌认知（brand recognition）两个维度；品牌形象包括四个维度，分别是品牌联想的类型（types of brand association）、品牌联想的喜爱（favorability）、品牌联想的强度（strength）和品牌联想的独特性（uniqueness）（Keller，1998）。品牌价值是“……与品牌及提供的产品或服务的附加价值相关的资产的集合，如品牌的知名度、忠实的消费者、感知质量和联想（如纯联想和浮动联想）”（Aaker，1991）。Aaker（1991）提出的品牌价值结构模型主要基于市场视角，包括感知质量、品牌忠诚度、品牌知名度、品牌联想和市场状况等五个维度；为了使模型更具有可操作性，Aaker（1996）进一步丰富了该模型，将上述模型的5个维度转化为10

个具体的测量指标①。其中，感知质量包括质量认知、领导性两个测量指标；品牌忠诚度包括溢价、满意度两个测量指标；品牌联想包括感知价值、品牌个性和企业组织三个测量指标；市场状况包括市场份额、价格两个测量指标。此外，当前的研究中还有许多评估品牌价值的方法：将品牌价值看作是高于一般产品收入的收入溢价（Dubin，1998；Ailawadi et al.，2003）、量的溢价（Kamakura & Russell，1993）、价格的溢价（Hjorth & Anderson，1984；Holbrook，1992）、价格和量的溢价（Swait et al.，1993；Srinivasan et al.，2005）、增量现金流（Shankar & Fuller，2008）等。在具体量化品牌价值时，也涌现出不同的测量方法：例如，Simon 和 Sullivan（1993）采用控制影响市值的因素后的残差来估计品牌价值的大小；而 Roberts 等（2004）则采用某一品牌收入与该行业内所有品牌的总收入的比率来测量品牌价值的大小，在该模型中，收入（通过行为意向等变量测量）是如品牌知名度、品牌报酬和品牌联想等品牌价值的回归源；Interbrand（2006）通过分析和判断与品牌有关的未来现金流的份额评估品牌价值；Young 和 Rubicam（2006）从基于调查的两个维度评估品牌资产，分别是品牌形象（brand stature）和品牌实力或品牌能量（brand strength or energy）。

Aaker（1991）和 Aaker（1996）提出的品牌价值结构模型对品牌价值评估的研究具有重要的决定作用，是学术界最有影响力的品牌价值评估模型之一。Aaker（1996）通过将 Aaker（1991）品牌价值模型的 5 个维度进一步细化为 10 个具体测量指标，以方便学术界通过问卷调查或访谈的形式获取所需要的数据。

本书有关品牌价值的数据来自世界品牌实验室（World Brand Lab），世界品牌实验室经过二十年的研究与测量，在无形资产价值评估方面的经验极其丰富。世界品牌实验室参考了国际上通用的品牌价值评估方法，并充分考虑到企业品牌自身的经营状况（包括营业收入、增长率等）和品牌为

---

① Aaker D A，"Measuring Brand Equity across Products and Markets"，*California Management Review*，1996，38（3）：102－120.

企业带来的收益（品牌附加值指数以及品牌强度系数）①。世界品牌实验室评估品牌价值的具体表达式为：品牌价值（BV）= 年营业收益（E）× 品牌附加值指数（BI）× 品牌强度系数（S）。其中，年营业收益（E）是通过经济附加值法（EVA）确定的，品牌附加值指数（BI）通过品牌附加值工具箱（BVA Tools）得到，品牌强度系数（S）通过市场调查以及财务分析得到。

三、企业绩效

有关绩效（performance）的含义，目前学术界还没有形成较一致的论述，有的学者也将其称为业绩或经济效益。国外学者认为，企业绩效是企业在某段时间内的业绩表现（Kan et al.，1999），是企业实现市场和财务目标的水平（Yamin et al.，1987）。国内学者对企业绩效的研究也极为丰富，李丽华（2017）认为，企业绩效是特定的时间内，企业特定的活动或行为所产生的结果。财政部统计司认为企业绩效是一定经营期间内的企业经营效益和经营者业绩，具体表现为企业的盈利能力、经营成果以及后续发展能力等（郭吉涛，2018；何郁冰、张思，2020）。

在具体评价企业绩效时，也没有形成统一的测量标准，但有些指标却得到非常广泛的使用。例如，企业价值（胡加明、吴迪，2020；何郁冰、张思，2020）、资产回报率（ROA）（王甄、胡军，2016；侯贵生等，2020）、净资产收益率（ROE）（王甄、胡军，2016；郭玉晶等，2020）、企业竞争力（邹萍，2019；肖魏等，2019）等指标经常被用于评价企业的某项行为或活动为企业带来的直接经济绩效。但企业的某项行为或活动在为企业带来直接经济绩效的同时，也往往发挥着一定的间接作用，如企业具有较强技术创新能力的声誉或由其支撑而形成的品牌美誉度往往能够传递较高的声誉信号，由此非主动性地、间接地降低了融资成本（肖阳，2015；刘平均，2016；南开大学课题组，2019）、节约了销售费用等（肖阳，2015；刘

① http：//brand. icxo. com/brandmeeting/2020china500/#tix.

平均，2016；南开大学课题组，2019），这些方面的改善也间接推动了企业绩效的提升。

本书中的企业绩效是指在一定经营期间内由于企业持续不断的技术创新行为以及由其支撑下而带来的品牌价值提升，共同为企业带来的经济效应，主要包括企业价值、企业竞争力、资产利润率、销售净利率等，能够充分反映技术创新及其支撑下的品牌价值为企业创造经济效益的真实状况。

第二章

相关理论基础

第一节　品牌价值理论

一、品牌价值的定义

1. 财务视角

早期学者（Bonner et al.，1996；Shocker & Weitz，1988）主要从财务视角定义品牌价值，认为不同企业在经营过程中产生的现金流入存在较大差异，其主要区别在于是否拥有品牌，而是否拥有品牌导致的效益差额就是品牌资产。Brasco（1988）研究指出，品牌价值的组成不应只由现今产品在企业经营活动中获得的盈余价值组成，还应该包括由未来可预期获得的盈余价值，两部分盈余价值之和的总价值即为品牌价值。

2. 市场和顾客视角

20世纪90年代以来，西方学者开始从市场和顾客视角定义品牌价值，认为品牌能够给企业产品带来一定的附加利益，这种附加利益是产品功能价值之外的非功能价值（Farquhar，1990；Baldinger & Cook，2006）。国内学者融合了西方学者的观点，认为品牌价值是企业、社会和消费者共同创造的超额利润和超额价值，能够反映产品质量的总体认知，提高客户让渡价值等（王晓灵，2010）。如果某种品牌的产品对消费者而言是可以替代的，那么这种产品的品牌价值就不大，从这个意义上讲，品牌培育的核心是如何影响市场和消费者，使得品牌在消费者心中无可替代（南开大学课题组，2019），因此，品牌价值的实质是消费者对品牌的认同。

综合以上研究可以发现，品牌价值可从外部因素和内部因素两个维度进行分析。内部因素取决于企业的成本投入，如产品创新、产品质量、品牌成长模式等方面的努力决定了企业品牌的成长速度和品牌价值的大小；外部因素取决于外部消费者和市场的认可度，当消费者拥有一定的品牌知识和品牌产品消费能力时，这种品牌资产可以赋予品牌超过竞争者的强大、持久和差别化的竞争优势，表现为品牌认可度、美誉度和品牌忠诚度。这种无形资产和强大的市场竞争力预期能够给企业带来一定的收益，以及通过消费者的购买行为转化为可以度量的收益时，就变为企业的品牌价值。因此，品牌价值由企业内部投入和外部消费者认可两个方面的因素共同决定和影响的。

二、品牌价值的来源和构成

品牌价值来源最初是品牌资产理论，之后为顾客价值理论，再后来为利益相关者价值理论。资产价值理论认为品牌属于企业的无形资产，主要为其带来超额收益。顾客价值理论认为品牌主要立足于顾客的需求，为其提供相应的功能与情感价值。利益相关者价值理论则认为品牌是对利益相关者的价值承诺。不同研究视角并非彼此排斥，而是相互兼容与补充的关系，对于品牌理论发展起到促进作用。

1. 品牌价值的来源

Baldinger 和 Rubinson（1996）认为，品牌所表现出来的消费者价值是品牌价值的真正来源，它是消费者在产品使用过程中对品牌产生的偏好、忠诚等。Keller（1998）认为，品牌价值来源于消费者对品牌的心理反应，主要由品牌知晓度和品牌形象构成。在此基础上，Faircloth 等（2001）认为，品牌价值来源于消费者和企业两个方面。与无品牌产品相比，品牌产品除了提供给消费者产品使用功能价值外，还附加提供给消费者因减少信息不对称所带来的不确定性价值，以及品牌所蕴含的社会、心理作用价值。

国内学者也从不同角度展开对品牌价值来源问题的研究。马华（1999）认为，品牌价值来源于品牌功能价值、表现价值以及中心价值 3 个方面。其中，功能价值是产品使用价值的体现；表现价值主要从消费者感知角度考虑，能够将品牌产品与其他产品有效区别开来；中心价值是消费者价值体系的核心价值体现。王彦亮和林左鸣（2013）从经济学视角探讨了品牌价值的来源，认为品牌价值是一种无形资产，是超越了产品功能价值之外的非功能附加价值，是品牌产品超出无品牌产品销售的溢价收入。谭少兰（2014）认为，研究品牌价值的来源，不仅要考虑其内在因素，还要兼顾外部评价的影响。例如，从内在因素来看，企业的品牌价值来源于品牌蕴含的情感价值和产品自身的功能价值。但由于品牌价值是通过消费者的购买行为实现的，因此消费者对品牌的态度和消费者购买行为对品牌价值同样具有决定性作用。

2. 品牌价值构成

品牌的最终目的是使企业的产品或服务差别化，帮助企业赢得市场，因此品牌价值包括自身因素、市场价值以及竞争因素（王成荣、李亚，2005）。其中，品牌产品的自身因素是支撑品牌价值的基础和内核；市场价值因素是指品牌产品获得市场的认可度和美誉度以及由此而产生的忠诚度；竞争因素是与非品牌及其他品牌产品相比的相对竞争优势。王晓灵（2010）也从企业自身、消费者及社会三个维度考察品牌价值的构成。其中，企业角度的价值要素主要包括产品价值、产品属性、品牌领导性等方面；消费者角度的价值要素包括品牌认知度、品牌联想以及让渡给消费者的价值等方面；社会角度的价值要素包括品牌权利价值等。此外，也有学者基于扎根理论的方法，研究品牌价值的构成要素。例如，唐玉生（2013）通过深度访谈的方式，研究发现品牌价值由功能价值、情感价值、创造价值等几个维度构成。

三、品牌价值评估

品牌发展是企业的一种战略行为，品牌发展的最终目标是提升品牌价值。品牌价值评估指运用不同的方法和手段对品牌资产在市场上的表现进行评价，并在一定程度上预测市场竞争趋势。

1. 品牌价值评估的方法

品牌价值评估依赖于我们选择的评估方法和手段，因此，理解各种评估方法的不同，有利于选择合适的评估方法进行品牌价值评估。

第一类是与股东权益相关的价值评估，也就是企业自身产权变动或使用权拓展需要所进行的价值量化，这种评估必须根据评估目的，依据国家颁布的评估标准、方法，以个案方式进行。它专门为委托的企业服务，提供的是企业交易底价参考（南开大学课题组，2019）。

第二类是发布于社会、服务于社会的具有研究性质的评估，也就是用于品牌价值比较所进行的价值量化。这种评估选择同一标准、方法、基准进行统一的群体评估。它不为某个特定企业服务，是为社会各界提供咨询参考的（南开大学课题组，2019）。国际上具有代表性的品牌评估机构每年发布的品牌价值排行榜单基本都是采用这种方法评估的，如世界品牌实验室（World Brand Lab）每年发布的《中国最具价值品牌》等品牌价值排行榜单就是个例证。

比较而言，前者强调交易性，后者强调可比性。前者评估受交易或评估目的、待成交规模、交易双方接受程度的限制，因此其评估的品牌数量再多，也不具备可比性；而后者不受任何外部主观因素的影响，完全依靠体系标准下所采用的客观指标，进行品牌价值的估算（南开大学课题组，2019）。

2. 品牌价值评估的途径

目前比较常用的品牌价值评估途径主要包括成本途径、市场途径以及收益途径三种基本的途径。①成本途径。成本途径下的评估方法主要依据企业构建品牌所耗费的成本来衡量品牌价值，也就是品牌价值培育和创建过程中所花费的成本和费用。具体操作上，又可以分为两种方法：其一，历史成本法，主要测量品牌构建过程中的原始成本；其二，重置成本法，主要是根据目前的市场状况，测算现时获得或重新构建同样的品牌所需花费的成本和费用。②市场途径。市场途径下的评估方法是将品牌视为企业无形资产的一部分，可以通过金融市场的交易来体现。企业的金融市场价值是企业有形资产和无形资产收益的总和，是企业资产创造的未来现金流和收益的期望值。如果存在完善的资本市场，证券（包括普通股票、优先股票、长期负债和短期负债）的价值就提供了企业资产价值的无偏估计。剔除掉有形资产、其他非品牌因素（如专利）和产业发展环境（如产业政策）等因素，就可以从企业的总体市场价值中识别出品牌的价值。③收益途径。收益途径因其注重考虑品牌资产未来所创造的效益，体现了品牌资产的价值所在，其基本原理符合品牌资本化的本质特征，被很多学者认为是较为科学和成熟的评估方法之一。收益法目前也越来越多地被评估事务所采用，并且这种方法在国外评估项目中应用的范围比较广。因为对于企业而言，品牌未来获取收益的能力才是真正的价值。如老字号品牌，它的价值不体现在以前，而是品牌经历岁月洗礼后，可以为企业带来的经济利益流入或影响消费者心目中本企业的行业地位（南开大学课题组，2019）。世界品牌实验室（World Brand Lab）采用收益现值法对品牌价值进行测评，收益现值法综合了消费者研究、竞争分析以及对企业未来收入的预测，结合全球的经济背景和竞争环境，对影响品牌的各个指标进行测评分析。这种计算方法充分考虑了企业品牌自身的经营状况（包括营业收入、增长率）和品牌为企业带来的收益（品牌附加值指数以及品牌强度系数）。①

系统比较品牌价值评估的成本途径、市场途径和收益途径，进行以下简单分析：构建品牌所花费的成本与品牌价值的相关性并不高，成本法只能为丰富理论研究“增砖添瓦”，在品牌价值评估的实务中适用性并不强。事实上，投入巨额资金而失败的品牌屡见不鲜，因此，评估品牌价值应关注品牌为企业带来的贡献及其市场表现。市场途径方法的使用也存在较多限制，先要求评估对象必须为上市公司，并且所在地区具备成熟和完善的资本市场。总体来说，收益途径评价方法更加合理，受到的限制较少，目前得到越来越广泛的采用。

---

① 有关世界品牌实验室（World Brand Lab）品牌价值评估模型和评估体系请参见以下网址 http：//brand. icxo. com/brandmeeting/2020china500/#tixi。

第二节　技术创新理论

一、技术创新理论的主要观点

1. 技术创新的概念

自从熊彼特（Schumpeter，1939）提出技术创新（technical innovation）概念以来，技术创新不断被时代赋予新的内涵。索罗（Solo，1951）认为，创新发源于新思想、新构想以及对尚未出现的新产品的发展计划。伊诺斯（Enos，1962）则从几种行为综合的角度来定义技术创新，认为技术创新包括发明选择、资本保证以及开辟新市场等方面。美国国家科学基金会（NSF，1976）对技术创新的定义更加宽泛，认为技术创新是将改进或新的产品或服务引入市场。曼斯费尔德（Mansfield，1981）认为创新是发明的后续阶段，是发明的商业化应用，包括新产品的构思到上市的全过程的探索性活动。弗里德曼（Friedman，1982）强调了技术创新是新产品、新服务的首次商业性转化，包括技术、工艺乃至商业化的全过程。缪尔赛（Mueser，1985）认为技术创新以其构思新颖性和成功市场实现为主要特征的，并且认为技术创新是有意义的非连续性事件。林恩（Lynn，1996）则基于创新的时序角度定义技术创新，认为技术创新是始于对技术创新的商业化潜力的认识，而终于商业化应用的全过程。经济合作与发展组织（1996）将新产品的发明、新工艺的出现以及原有产品或工艺的改进都定义为广义的技术创新。Dutta 等（2005）将技术创新理解为改进创新绩效的能力，包括创造思想、使用思想以及思想商业化等方面的能力。Forsman（2011）将企业的技术创新能力与企业所拥有的资源严格区分开来，认为技术创新能力是隐性的，而资源是显性的，技术创新能力和企业拥有的资源共同影响企业的创新绩效。

上述有关技术创新的定义角度不同，如有的从技术创新的相关行为角度定义技术创新，有的则从技术创新的时序角度定义技术创新。综合来看，技术创新并不是技术开发和技术利用的简单相加，不能仅从技术的角度来考虑技术创新的可能性，最主要应该以市场需求为导向，考虑技术开发的有效性。也就是说，技术创新不仅要顺应技术本身的发展规律，还要考虑市场的推动或引导作用。这样一来，技术创新与创新成果的转化将构成一个“双螺旋结构”。

2. 技术创新的分类

有的学者从创新的过程和创新的内容对技术创新进行分类，有的学者从创新的程度对技术创新进行分类。①根据创新的对象不同，技术创新可以分为产品创新、工艺创新以及管理创新；②根据创新的组织形式，技术创新可以分为自主创新、联合创新以及引进创新；③根据创新的程度不同，技术创新可以分为渐进性技术创新、突破性技术创新以及技术系统的变革。

3. 品牌的技术创新属性

作为品牌价值要素的技术创新，是指品牌具有技术创新属性，特别是在商品经济高度发达的今天，技术创新对品牌价值的支撑作用越来越重要（刘平均，2016）。具体来说，品牌价值的技术创新属性主要包括两个方面的含义：一方面，持续的技术创新是品牌保持活力和竞争力的必要条件。具体而言，技术创新能够创造具有竞争力的新产品、新功能、新服务，以及用户满意的性价比。用户对技术创新的直接感知是产品的新颖性、独特性以及便利性，并由此而产生的购买欲和消费行为。另一方面，技术创新不仅仅表现在满足市场需求的能力，更重要的是可以开拓新市场，或者满足新的需求，这对于品牌培育和品牌发展的作用是巨大的。技术创新与品牌创建及价值增长是相辅相成的，技术创新是品牌价值持续增长的重要驱动因素。

二、技术创新理论与品牌价值

1. 技术创新对品牌价值的影响

品牌价值来自市场评价，来自产品的独特性（刘平均，2016），来自品牌价值的培育模式（品牌培育之道编委会，2018）。其中，技术创新是品牌价值的源泉（南开大学课题组，2019）。具体而言，技术创新主要通过以下四条途径对品牌价值产生影响：①技术创新的研发能力对品牌价值的影响。历史上众多著名的品牌都是在创新的基础上创建和发展起来的。例如，通用电气（GE）是在爱迪生发明电灯及电器基础上发展起来的；施乐、微软等优秀企业都是以技术创新为后盾建立起的公司品牌。技术创新的研发能力影响着技术发展的程度和发明专利的持有水平，从而决定着企业在技术标准制定方面的话语权。②技术创新的管理能力对品牌价值的影响。技术创新的管理能力使企业能够及时识别技术创新机会，作出应对机遇的创新战略，保障技术创新与市场的有效衔接，充分释放技术资源的效益。技术创新管理能力能够极大优化创新资源，节约创新成本，提高创新绩效。③技术创新的生产经营能力对品牌价值的影响。提高生产人员的素质，提高生产设备的质量和生产工艺的先进性，建立和完善采购控制体系等管控手段。企业生产经营每个环节的决策和实施，都会产生相应的社会结果，从而企业生产经营能力的提高，在一定程度上间接影响企业的社会责任能力。④技术创新的营销保障能力对品牌价值的影响。技术创新的营销保障能力是连接市场和技术的纽带，使品牌价值及时被消费者感知，提高消费者对品牌产品的支付意愿，提高品牌溢价能力。因此，在某种程度上，技术创新的营销保障能力是企业品牌价值实现的最后一环。

2. 技术创新对不同行业企业品牌价值的影响

①技术创新对科技类企业品牌价值的支撑作用。分析世界品牌实验室（World Brand Lab）近年来发布的品牌价值排行榜数据不难发现，得益于持续不断的技术创新的支撑作用，科技类企业的品牌价值增长速度远远超过其他类型的企业，随着品牌价值的提高，越来越多的科技类企业成为主宰国际品牌榜的明星，科技类企业品牌价值迅猛发展的情形在传统制造业企业是不可思议的。这说明品牌不是静态的，而只能是动态的，且技术创新能够赋予品牌强盛的生命力。品牌的核心产品要随着市场需求和消费偏好的改变而变更，技术创新是产品创新的重要驱动力，也是品牌发展和壮大的重要支撑力量。纵观各类企业品牌价值发展史，不难发现，高新技术领域是近年来品牌价值增长速度最可观的领域，尤其是生物医药、新材料、

互联网等高科技领域，其见证了在重大技术创新的推动下品牌价值迅速提升的事实，例如，谷歌（Google）、亚马逊（Amazon）、思科（Cisco）、阿里巴巴（Alibaba）、华为（Huawei）、苹果（Apple）、甲骨文（Oracle）、三星（Samsung）、联想（Lenovo）等。对于这类产品和服务，品牌价值与蕴含于其中的技术创新是相互依存的，离开创新性技术的支撑，其产品和品牌就失去了生命力。例如，谷歌（Google）强大的创新性搜索引擎技术和人工智能技术成就了1000亿美元的品牌价值，以此轻松荣登Interbrand公司每年发布的全球100强品牌价值榜榜首；甲骨文（Oracle）品牌的核心价值源于其独一无二的Oracle数据库技术；而苹果（Apple）手机品牌连续多年蝉联全球100强品牌价值榜榜首，这要归功于苹果独有的iOS系统、独特的智能手机应用软件服务模式。iPhone手机和其他Android系统的其他手机品牌的价值差异就在于技术创新的区别。在高新技术领域，强势品牌、一般品牌和无品牌产品的品牌价值差异就在于支撑品牌差异化发展的技术创新能力的差异。对于这类品牌来说，技术创新是品牌的生命。持续高质量的技术创新是实现品牌快速稳步发展、保持品牌价值增值的不竭动力。一旦创新停止了，缺乏高质量创新支撑的品牌就不可避免地走向消亡。典型的例子，如雅虎（Yahoo）、诺基亚（Nokia）、摩托罗拉（Motorola）、柯达（Kodak）等品牌曾经也都是十分成功的品牌，都是所在行业的领头羊和产业关键核心技术的象征。其起点都是因为重大的技术创新，然而持续的技术创新是产品顺应市场需求和用户消费方式转变的动力源泉，缺乏应势而动的技术创新，也是无数老品牌纷纷走向衰败的真实原因。②技术创新对其他行业企业品牌价值的支撑作用。技术创新的影响无处不在，就连传统的生产制造业乃至服务业等领域，其品牌的发展看似与技术创新无关，然而其受技术创新的影响仍不可小觑。对于这类品牌来说，技术创新意味着采用新的生产工艺、新设备、新材料，或者是新的信息管理系统的应用，乃至当下的大数据、云计算、人工智能等新技术的应用。在这些技术创新中，有的为市场提供了新产品、新服务，用户可以直观感受到；有的使用户能直接参与产品定制，满足了用户的好奇心和个性化的消费需求，提高了用户的感知价值；有的技术创新是用户感受不到的。例如，生产设备的更新、生产工艺的改进、机器人生产的导入等，技术创新引发的生产方式变革极大地提高了生产和管理效率，降低了生产、服务、管理的成本。用户虽然不能直接感受到这种类型的技术创新，但其作用是巨大的。它可以降低品牌的成本、提高品牌的盈利能力和市场竞争力。这些都是技术创新对传统品牌价值的贡献。

第三节　资源基础理论

一、资源基础理论的主要观点

资源基础理论（Resource－Based Theory，RBT）常用于解释企业竞争优势的来源。企业间盈利能力和竞争力的差异来源于企业能否充分开发和利用更多关键的、难以复制和替代的异质性稀缺资源，以此获取更大的经营自主权和市场影响力。Dierickx 和 Cool（1989）认为，难以替代的异质性资源不能从公开的市场交易中获取，只能通过连续性投资内生积累形成。

企业是一切可控资源的集合体。资源是企业赖以生存和发展的重要基础，企业能够控制和利用的一切有形资源（例如，货币资源、实物资产等）及无形资源（例如，社会资本、市场声誉、客户资源、企业文化、营销渠道等），都是企业打造竞争优势的基础。

然而，并非企业可控制的所有资源都是竞争优势的来源。只有同时具有价值性和稀缺性以及不可复制性的异质性资源才能提升企业的效能和效率，为企业带来源源不断的经济租。异质性资源一般是在特殊的历史条件下形成的，具有一定的因果模糊性和社会复杂性，因而模仿成本较高，这些不可复制性特征使得某些异质性资源一旦为企业所拥有和控制，就具有相对的稳定性。然而对于某个企业而言，稀缺资源虽然具有一定的稳定性，但为了极大地激发其潜能，实现持续竞争优势，仍然需要对稀缺性资源进行适当的维护和连续性投资。

二、资源基础理论与品牌价值

根据资源基础理论，知名品牌属于企业非常有价值的稀缺资源，是企业竞争的重要砝码。品牌的培育需要企业进行长期的投资和持续不断的资源积累才能形成，并逐渐扎根于以消费者为代表的利益相关者心目中，成为企业获取持续竞争优势的重要来源。强势品牌创造价值的能力是强大的，有利于提高企业的市场议价能力，攫取较高的超额利润，为企业维持持续竞争优势起到保驾护航的作用。品牌价值的高低也因此成为衡量企业核心竞争力的重要标志。

强势品牌能够传递良好的声誉，其始终能引领消费潮流，彰显品牌强大的竞争力。然而，为了持续提升品牌核心产品的竞争力，维护已经建立的品牌声誉，企业仍然需要投入大量的人力、物力以及财力等相关资源来提高产品质量、提升品牌形象。通过持续的再投资推动品牌逐渐从地区走向全国、走向世界，真正成为名副其实的国际知名品牌。通过树立良好的海外品牌形象，最大限度地实现竞争优势，借助品牌形象向全球价值链高端不断攀升。

第四节 交易成本理论

一、交易成本理论的主要观点

1937 年，科斯（Coase）在《企业的性质》里详细阐述了交易活动中可能产生各种费用，这也是经济学界首次以“交易成本”的思想进行的经济学思考。具体来说，科斯（Coase）认为，交易活动中必然会因克服相互间的摩擦而付出代价，如为了达成交易会产生各种信息搜寻成本、谈判协议成本以及事后监督考核成本等，而时间、精力和财富等都属于交易成本的不同表现形式，这被认为是“交易成本”理论的雏形。直到 1969 年，美国另一位伟大的经济学家阿罗（Arrow）首次对“交易成本”这个概念进行定义。20 世纪 70 年代以后，达尔曼从缔约过程来论述“交易成本”，认为交易双方要缔结协议必须进行博弈沟通，决策执行后还需要事后的监督控制，因此交易成本应该包括协议双方的信息交流成本、决策执行成本及监督成本等。张五常认为物质生产之外的一切成本都属于交易成本，因此交易成本包括所有的组织成本。诺斯认为交易成本不仅与组织生产的制度结构有关，还与生产的技术条件有关。

在理论上，假设市场是完全竞争的，价格机制导向下的资源配置方式使得交易成本为零。然而对于现实的市场参与主体而言，难免存在各种各样的信息搜寻成本、讨价还价成本、决策咨询成本和监督执行成本等，企业的存在内化了经济活动，大大节省了交易成本、即用交易成本比较低的企业内部交易取代成本比较高的市场交易。因此，在一定程度上交易成本的思想还能够合理阐释企业规模的最佳边界。具体来说，当企业为了节约交易成本、不断内化经济活动的同时，会导致管理费用不断增加，只要内化的交易成本仍然大于管理费用，企业依然有动机将市场上更多的经济活动纳入企业内部，由此会导致管理费用的进一步增加，当两者趋于相等时，企业的边界趋于稳定，企业的规模趋于合理。

二、交易成本理论与品牌价值

交易成本是经济活动中广泛存在的一种非生产性成本，如何降低交易成本，成为企业家孜孜不倦追寻的目标。强势品牌是企业最重要的核心资产，品牌价值能够彰显品牌的知名度，传递品牌的影响力，传递积极正面的企业声誉，强势品牌优质的信号传递功能能够显著降低企业的交易成本。

品牌价值降低交易成本的途径如下：①在生产活动中。企业生命周期的整个过程都伴随着新产品的开发，然而费尽心思开发的新产品，往往遭遇市场“滑铁卢”。据统计，95% 的新产品在上市 9 个月后遭遇失败，即使上市初期进行了充分的宣传，也难以扭转这种败局。前期新产品开发中的巨大消耗加之产业化应用阶段的巨大失败往往给企业带来致命打击。但对于品牌价值较高的企业而言，其一贯采用的品牌延伸战略不仅显著降低新产品的开发风险，而且在节约营销成本的同时避免了消费者“不买单”的市场风险（薛可、余明阳，2003）。如宝洁公司、苹果公司无一例外地都受益于品牌溢出效应，其系列产品都成功采用品牌延伸战略并轻松获得市场认可，成为品牌战略的最大赢家。②在产品市场上。消费者在激烈的市场竞争中，面对众多同质化产品，如何进行决策？交易双方信息的不对称产生了大量的交易成本，如搜索合适的商品需要消耗大量的时间和精力，之后又面临一系列的讨价还价、决策成本、执行成本以及监督成本等，正因为消费者对普通商品信息的不了解、不知情造成了市场上交易成本的上升。然而，品牌产品的情况却有所不同，品牌产品往往是行业标杆产品的代表，象征着消费者对该类产品的最高价值主张，品牌知名度越高，其市场信息越充分越透明，对消费者的价值导向作用越大。可以说，品牌产品通过声誉机制能够极大地缓解信息不对称，显著降低了交易成本。③在资本市场上。由于资本市场的非完全有效性，资本市场类似于产品消费市场，投资者在选择投资对象时，也面临着选择机会成本及监督执行成本。随着品牌价值的提高，品牌自然能够向外界投资者传递公司发展前景良好的信息，优质品牌在资本市场所传递的良好信号能够引导投资者快速作出正确决策，降低了交易成本。由此可见，构建强势品牌、提升品牌价值，不仅能够消除融资过程中的不确定性因素，而且能够降低融资成本，获得融资过程的主动性。据此可知，品牌价值在资本市场中同样发挥着降低交易成本的作用。

本章小结

本章首先论述了品牌价值有关的理论，在深入分析品牌价值理论的基础上，主要从技术创新理论、资源基础理论和交易成本理论探寻与品牌价值有关的理论基础。（1）技术创新理论是品牌价值发展的核心理论。技术创新通过提高企业的研发能力、管理能力、生产经营能力以及营销保障能力而推动品牌从“0”到“1”，并实现品牌价值的稳步提高，可以说技术创新是激发品牌价值不断提升的动力源泉。品牌的发展过程也是品牌的核心产品紧跟时代发展步伐，持续不断进行重大创新的过程。这在生物医药、人工智能、互联网、新材料等高科技行业领域表现得尤为突出，除此之外，数字技术加速了品牌培育方式的变革，正深刻影响着企业的品牌培育模式。(2）资源基础理论认为，企业拥有的有价值的、不可复制性的、异质性资源是企业竞争优势的主要来源。品牌作为企业的不可模仿、不可复制的核心资产，自然具有巨大的潜在价值。因此，企业可充分激发并利用品牌的潜在价值为企业创造竞争优势。(3）交易成本理论认为，交易成本是市场主体经济交易过程中广泛存在的一种非生产性成本，降低交易成本是企业高效运行的必然要求。强势品牌具有降低交易成本的积极效应，具体表现如下：①在市场交易活动中，交易双方的信息不对称引致较高的交易成本。然而，无论是消费市场还是资本市场，知名品牌都具有较高的辨识度，能够通过向外部利益相关者传递积极的声誉信号受到市场的青睐。在资本市场和消费市场中，知名品牌良好的声誉效应能够自然而然地降低消费者及投资者的搜寻成本、决策成本、监督控制成本等交易成本。②在企业的生产经营活动中，通过运用品牌价值的延伸效应，能够使新开发的产品迅速进入大众视野，打开销售局面，因此，优秀品牌所发挥的品牌溢出效应起到降低交易成本的作用；即使企业在生产过程中遭遇短暂的资金短缺，品牌价值所发挥的声誉机制也能够降低融资摩擦，扩大融资渠道，增强融资的主动性。

第三章

理论机制：技术创新、品牌价值与企业绩效

品牌价值培育经验表明，一个企业的品牌价值的高低以及品牌的市场定位与技术创新紧密相关，技术创新是品牌价值提升的重要基础和重要动力源泉。因此，本章在对典型企业品牌价值发展典型事实经验总结的基础上，构建技术创新、品牌价值与企业绩效之间的理论框架，从而厘清三者之间的综合关系的理论机制。

第一节　品牌价值变化的典型事实

正如《资本论》(2009) 所言："各种经济时代的区别，不在于生产什么，而在于怎样生产，用什么劳动资料生产"。也正因为如此，与传统的劳动、资本驱动的企业相比，现代技术驱动的企业品牌价值更为凸显甚至引领潮流。世界品牌实验室（World Brand Lab）依据品牌开拓市场并获取利润的能力，对全球 8000 多个知名品牌进行综合评分，每年最终会定期发布最具世界影响力的 500 个品牌。通过整理世界品牌实验室发布的 2005 年（第二届）至 2022 年（第十九届）世界品牌 500 强榜单中前 10 强企业的特征及变化趋势，我们可以从中窥见技术创新在支撑品牌价值发展中的重要作用。如图 3－1 所示，创新型企业通过不断推出超越市场预期的新产品和

新服务，不断从需求端出发倒逼企业端的技术创新和产品迭代升级，以满足客户价值需求为前提的条件下加强品牌声誉，从而我们可以直观感受到2004～2021年创新型企业的品牌价值表现得非常强劲，并在品牌排行榜中独占鳌头。然而，面对复杂多变的竞争环境，为保持品牌价值“基业长青”，企业的技术创新战略也应该动态地作出适应性调整，才可以避免像柯达、诺基亚等老牌名企那样，因为没有及时切换创新“赛道”而遗憾落败，使品牌价值一落千丈，将行业领先地位拱手让给竞争对手（戚聿东、肖旭，2020）。

然而，具体到中国的企业，并聚焦中国企业的品牌价值发展现状，我们发现中国企业生产的很多产品因缺少核心技术与品牌优势，仍然在全球产业分工中处于微笑曲线的底部，因此中国被称为产品的大国、品牌的小国。根据林汉川等（2017）基于全球108个国家的海外消费者问卷调查数据显示，中国产品在海外的品牌形象总体处于中等偏下的水平：虽然中国产品品种丰富，但消费者对中国产品的技术含量和产品功能并不满意，产品缺乏标新立异的创新理念，导致产品附加值和品牌价值较低，从而难以向全球价值链中高端攀升。因此，通过技术创新进一步提高产品附加值和品牌价值，成为其攀升全球价值链所依托的市场基础。本章将以中国企业的品牌价值为分析对象，重点关注中国企业品牌价值的时空演进特征和发展趋势。

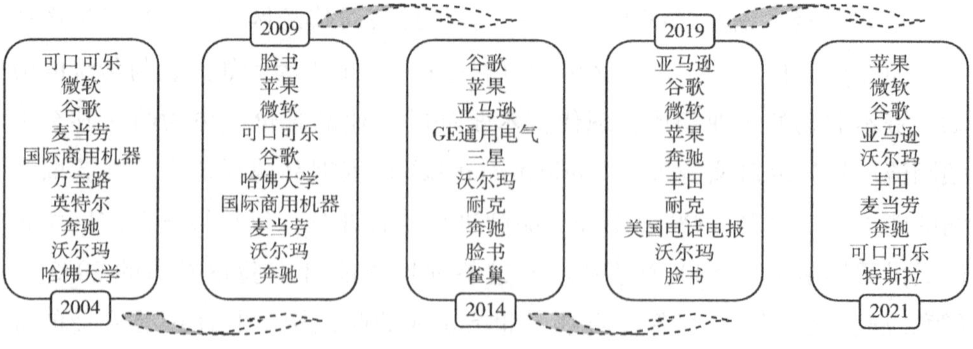

图3－1　世界品牌价值前十强的企业变迁

一、中国企业品牌价值发展现状及存在的问题

表3－1通过对世界品牌实验室2020年（第十七届）至2022年（第十九届）世界品牌500强榜单进行初步统计，结果显示，近三年美国平均占据500强中的200席，占上榜品牌总数的40%，可谓一家独揽品牌榜的半壁江山；再仔细观察，发现美国不但稳居品牌大国第一位，且美国知名品牌的上榜率远远超出第二名的法国。位居榜单第二名和第三名的是传统创新强国法国和日本，分别占上榜品牌总数的9.4%和9%。因此，从上榜品牌数量来看，美国、法国和日本位居品牌大国的第一阵营。中国、英国、德国、瑞士和意大利是品牌大国的第二阵营，这些国家近三年平均上榜品牌数量分别为44、37、27、18、15，分别占上榜品牌总数的8.8%、7.4%、5.4%、3.6%、3%，也在品牌经济中发挥着中流砥柱的作用。由此可见，虽然欧洲经济遭遇疫情重创，但这些超级品牌在低迷的经济中表现依然坚挺。仔细观摩中国的上榜品牌数量和品牌价值，近三年虽然平均有44个品牌入选，但相对于14亿人口大国和世界第二大经济体，中国的品牌发展阶段毫无疑问依然处于“第三世界”。然而，近年来，党和政府高度重视中国品牌建设，知名品牌的数量在逐年递增（2015～2021年，上榜品牌数量从36个增加到45个），品牌的国际知名度也得到不同程度的提高。例如，排名最高的国家电网从2017年榜单的第30位跃升至2021年的第22位，说明中国品牌在各自领域的表现日益得到认可。但我们依然看到，我国有关重大技术支撑型的品牌数量严重不足，我国企业在品牌价值提升的道路上依然有很长的路要走。

表3－1　2019～2021年世界品牌500强平均入选品牌数量最多的10个国家

排名	国家	平均品牌数量	代表性品牌
1	美国	200	苹果、亚马逊、微软、谷歌、英特尔、脸书、耐克
2	法国	47	路易威登、迪奥、雷诺、爱马仕、卡地亚、香奈儿
3	日本	45	丰田、本田、索尼、松下、佳能、日产、任天堂

续表

排名	国家	平均品牌数量	代表性品牌
4	中国	44	国家电网、腾讯、海尔、中国工商银行、华为、五粮液
5	英国	37	汇丰、路虎、迷你、博柏利
6	德国	27	奔驰、宝马、思爱普、保时捷、大众、西门子、阿迪达斯
7	瑞士	18	雀巢、瑞信、劳力士、万国、欧米茄
8	意大利	15	古驰、葆蝶家、菲亚特、普拉达、法拉利
9	荷兰	8	飞利浦、喜力、TNT、壳牌
10	韩国	7	三星、乐金、现代汽车、起亚

注：数据来自世界品牌实验室发布的 2020 年（第十七届）至 2022 年（第十九届）世界品牌 500 强。

中国以“高精尖”技术为支撑和后盾的品牌数量少之又少，因此这些领域的产品依然难以从根本上摆脱受制于人的局面。以机床产品为例，虽然经过不懈的努力，中国的机床产品在国际市场上占据一定的市场份额，但并不代表中国的机床产品竞争力增强了，而是国外的机床生产企业热衷于高端数控机床的生产，把低端的产品市场让渡出来了。但两个市场的产品价值差距高达 450 多倍，且高端数控机床的价格还在持续不断上涨，涨幅为低端市场的 7 倍多，这充分说明中国生产的数控机床在国际市场上并没有足够的议价能力（芮明杰和杨锐，2015；王节祥等，2019）。该现象的背后反映的是中国机床产业创新能力的不足，缺乏对行业技术水平和相关领域的充分了解，企业产品品牌没有得到行业和市场的充分认可，从而不能进入高端机床产品市场，只能勉强填补国外先进企业产品升级之后留下的低端市场空间，勉强从国际分工中分得微薄的利润。要改变这一现象，还需要从知识创新和技术创新入手，并在关键零部件开发和机床整体制造上下功夫，努力实现与用户的深度互动，从中汲取更多的技术创新源泉，培育优秀的中国品牌，从而在相关市场获取充足的议价能力。

二、中国企业品牌价值的空间分布及演进特征

表 3 - 2 为 2012 ~ 2021 年中国品牌 500 强之品牌价值时空发展趋势。

从表 3－2 可以看出，无论基于区域之间的比较还是区域内部的观察，都存在一定的差异。如中国品牌 500 强的品牌价值全国均值为 318.6，东部、中部、东北和西部地区的品牌价值均值分别为 346.3、296.5、340.7 和 289.2①。不难看出，不同区域内中国品牌 500 强的品牌价值与区域经济发展水平存在较强的相关性：东部地区人力资本集聚水平最高、创新能力最强、整体经济实力最雄厚，上榜企业②的平均品牌价值也最高。统计结果显示，东部地区的上榜企业的平均品牌价值高出全国平均水平 8.7%；中、西部地区的上榜企业平均品牌价值在全国四大区域内较为接近，分别占全国平均水平的 93.1%、90.8%；东北地区平均品牌价值高出全国平均水平 6.9%，东北近几年品牌发展呈现出赶超东部地区的势头，得益于优势品牌的市场认可度越来越高。例如，注册于吉林省的中国第一汽车集团有限公司旗下拥有中国一汽、解放、红旗等强势品牌；注册于辽宁的雪花啤酒也具有极强的行业竞争力。从测算结果来看，中国企业品牌价值的空间分布态势如下：上榜企业平均品牌价值最低的是西部地区；中部地区的品牌表现略微好于西部地区，虽然西部地区经济并不发达，但却不乏强势品牌的存在，如四川的五粮液、贵州的茅台、四川的长虹、内蒙古的鄂尔多斯等，使得西部地区的品牌表现整体并不差；东部地区具有良好的品牌培育和品牌发展的支撑条件，因此东部地区品牌价值最高，而且在可以预见的将来，也将呈现出一枝独秀的发展势头。另外，从区域内部来看，虽然东部地区企业平均品牌价值较高，但微观企业品牌价值差异非常大，如位于广东省的腾讯在 2021 年的企业品牌价值为 4572.36 亿元，是同为信息技术行业的北京金山的 42 倍（金山 2021 年的品牌价值为 108.84 亿元）。虽然四大区域之间以及区域内部的企业品牌价值差异较大，但整体的发展势头非常良好，全国平均的品牌价值呈现出稳步提升的演进态势，从 2012 年的 144.1 亿元上升到 2021 年的 492.2 亿元，且在这个过程中，创新型企业的品牌价

① 该数据为样本期间的平均值。

② 世界品牌实验室每年发布的《中国最具价值品牌》名单中如果包含某个企业，那么就称这个企业为上榜企业。

值增长最快，而且近几年创新型企业的品牌价值一直高居各大品牌排行榜的榜首。例如，世界品牌实验室发布的《2022 年（第十九届）中国 500 最具价值品牌》榜单显示，腾讯、华为、阿里巴巴的品牌价值分别为 4572. 36 亿元、4055. 17 亿元、3432. 75 亿元，品牌价值遥遥领先于其他传统品牌，显示出创新驱动品牌价值的迅速崛起之势。由此可见，中国的知名品牌正在迅速形成和发展，创新型企业的品牌开始在品牌排行榜中崭露头角，显示出强劲的竞争力和品牌实力。

表 3－2　2012～2021 年中国品牌 500 强之品牌价值时空发展趋势

区域	省域	2012 年	2015 年	2018 年	2021 年	区域	省域	2012 年	2015 年	2018 年	2021 年
东部	北京	437. 0	578. 3	874. 2	1130. 5	东北	辽宁	191. 8	321. 9	541. 6	583. 7
	天津	114. 6	168. 1	276. 1	329. 8		吉林	137. 4	200. 6	422. 7	552. 9
	河北	79. 6	143. 2	255. 8	450. 4		黑龙江	188. 9	246. 5	421. 6	383. 2
	上海	264. 2	312. 7	401. 9	528. 3	西部	重庆	108. 9	185. 3	280. 4	355. 2
	江苏	190. 8	262. 8	498. 1	504. 7		四川	217. 8	421. 1	519. 1	857. 9
	浙江	132. 7	200. 6	358. 6	363. 1		贵州	242. 7	527. 5	785. 9	776. 1
	福建	112. 3	171. 2	263. 4	368. 2		云南	149. 7	198. 6	361. 2	385. 9
	山东	170. 4	254. 8	346. 2	514. 8		陕西	86. 1	140. 4	218. 6	299. 3
	广东	167. 5	291. 4	452. 3	582. 2		甘肃	115. 5	201. 6	327. 1	422. 6
	海南	85. 6	139. 8	213. 7	229. 5		宁夏	36. 2	37. 8	51. 3	69. 4
中部	山西	76. 4	126. 7	377. 3	736. 5		新疆	48. 4	106. 3	194. 9	214. 5
	安徽	60. 8	183. 5	269. 4	908. 4		广西	62. 8	111. 1	198. 3	258. 1
	江西	73. 8	121. 1	201. 5	306. 2		内蒙古	245. 7	474. 2	513. 4	760. 7
	河南	80. 6	158. 9	281. 5	327. 4						
	湖北	190. 6	275. 2	498. 8	599. 6						
	湖南	109. 2	198. 3	372. 7	494. 9	全国	平均值	144. 1	233. 1	371. 6	492. 2

注：数据来自世界品牌实验室（World Brand Lab）发布的《中国最具价值品牌》，具体从《2013 年（第十届）中国 500 最具价值品牌》至《2022 年（第十九届）中国 500 最具价值品牌》；每个省份的数据为该地区上榜企业品牌价值在该年的平均值；由于世界品牌实验室都是利用上一年的数据计算本年的品牌价值，所以在进行数据处理时直接将品牌价值年限减 1。

为了更清晰地描述中国品牌500强在各省域（区市）的空间分布状态，本章进一步展现了2022年中国品牌500强之品牌价值的空间分布。品牌价值的均值在375.22以下，表示该地区的平均品牌价值较低，该类地区主要包括重庆、河南、天津、新疆、西藏、青海、宁夏、陕西、江西、广西以及海南几个地区；品牌价值的均值在375.22～550.41，表示该地区的平均品牌价值居中，这类地区主要包括浙江、福建、河北、江苏、安徽、甘肃、黑龙江、湖南以及云南等地区；平均品牌价值都在550.41以上的，是我国平均品牌价值最高的区域，代表性地区主要有内蒙古、吉林、辽宁、北京、山东、上海、湖北、贵州、山西、四川以及广东等。其中，整体经济基础并不占优势的贵州和内蒙古两个地区平均品牌价值却较高，产生这一现象的根源是贵州茅台近年来受到市场的追捧，品牌价值不断攀升，而内蒙古也不甘落后，以鄂尔多斯、蒙牛、伊利等为代表的优秀民族品牌为该地区整体品牌价值的提升作出了突出贡献。

图3－2给出了部分年份中国企业平均品牌价值的核密度估计。近年来，核密度中心逐步右移，说明中国企业的整体品牌价值有稳步上升态势。

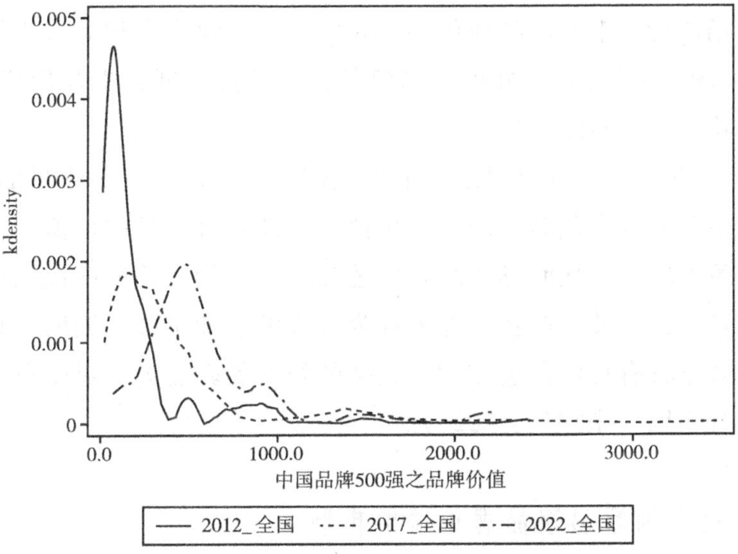

图3－2　中国品牌500强之品牌价值的演进

随着时间的推移，峰值明显下降、峰宽明显增大，说明不同企业之间的品牌价值差距逐渐拉大且变化显著。核密度分布图向右拖尾的现象明显，说明近年来我国微观企业的品牌价值呈现出明显的极化现象和空间非均衡特征。中国企业品牌价值的演变态势恰恰说明了中国企业的品牌价值受到创新能力、配套支撑、区位特点以及政策引导等多种因素的共同影响，多级分化的格局正在形成，大量创新型企业品牌扎堆集聚在政策环境相对宽松、配套设施相对完备的浙江、广东等地区，然而也有部分地区由于各种因素的制约和限制，至今难以培育出有竞争力的知名品牌，品牌培育之路可谓步履维艰。

第二节　技术创新、品牌价值与企业绩效：因果关系与经济机制

通过调查发现，不仅大企业、特大型企业可以拥有光辉的品牌，甚至一些小企业、新企业同样可以拥有响亮的品牌。品牌是有价值的，品牌价值来自市场评价，来自产品独创性。因此，在品牌培育和品牌价值形成过程中，技术创新扮演着十分重要的角色：缺乏技术创新支撑形成的品牌，往往会昙花一现，不能持久。

如图 3－3 所示，本书提出如下理论假说：在市场竞争力量的作用下，企业通过不断的技术创新谋求品牌价值的不断提升，品牌价值的提高意味着品牌竞争力增强，从而形成品牌信任和品牌溢价，并最终提高以企业价值、企业竞争力以及企业获利能力等为代表的企业绩效；同时，技术创新对企业绩效也具有直接促进作用，较强的技术创新能力，对企业绩效具有显著的提升作用（宋艳等，2020）。

一、技术创新影响品牌价值的机制

创新是品牌建设的重要支撑，如果没有持续不断的技术创新和优质的

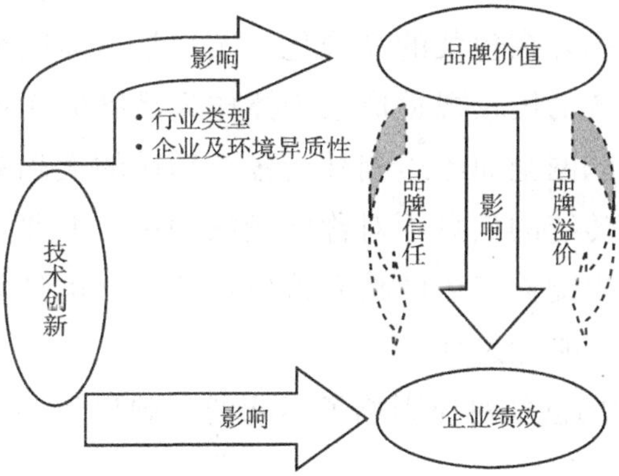

图 3－3 技术创新、品牌价值影响企业绩效的理论框架

产品作为依托，仅仅依靠市场各种广告和促销手段等营销模式塑造品牌，品牌效应将无法持续（肖阳，2015），正如 Excite@ Home 在与谷歌的竞争和较量中，尽管在营销中投入的力度较大，但由于忽略了产品的持续创新和服务的持续改善，最终难免走向败落并被淘汰出局（戚聿东、肖旭，2020）。具体来讲，技术创新作为差异化的重要来源，作为品牌价值培育的重要驱动力，主要体现在以下几个方面。

（1）品牌不仅是营销范畴，更多涉及价值创新，企业的技术创新能力决定了品牌价值的差异化水平。

优秀品牌的形成，不是依靠营销技巧，而是首先源于企业在顾客价值方面的可持续创新能力。缺乏内在价值支撑的产品即使品牌化，也是一种虚幻的“泡沫”品牌，很容易被市场摒弃。而目前国内有很多陷于同质化竞争局面的行业，由于缺乏对核心技术的创新能力，大多只是外在形象光环掩盖下的价值虚空，因此这种产业环境下生长的本土品牌，即使一时辉煌，往往也是昙花一现、不能持久，也无法占领行业高端市场，即战略性领先优势的产业领导者高地，对于这些企业永远遥不可及。

（2）产品品牌化，首先是产品内在价值的品牌化，而不是脱离产品内在价值的形象包装。

产品品牌化的过程，就是对产品差异化价值的提炼过程，也是差异化价值感知的优化过程，因此，产品品牌化更多的是内在价值的品牌化，而不是脱离内在价值的外在包装的品牌化。尤其是目前以客户为中心的移动互联网环境中，传统的依赖视觉形象传播作为品牌运作重心的品牌传播模式开始失效，在互联网全面渗透到社会各个领域的大趋势下，信息分享和沟通扁平化突破了传统的信息不对称问题的约束，消费者普遍开始关注产品的内在价值以及由此而产生的核心价值体验，这也是品牌培育以及品牌管理实现本质回归的必然过程。

（3）不同类型的创新对应影响了不同的品牌价值要素，同时注重以顾客感知体验为导向。

品牌价值体系由多重价值要素构成，品牌价值要素的培育，涉及企业在技术研发、产品设计、生产工艺等企业价值链的各个环节。因此，通过产品创新提供差异化的功能价值，通过工艺创新和质量优化增强品牌的感知价值，这些都是在品牌价值培育中，通过不同类型的创新可积极重点培育的领域。品牌价值体系的各要素，体现了基于顾客感知视角的价值需求，因此，企业的创新行为必须与市场对接，不仅要聚焦于顾客价值创新，而且要聚焦于顾客的价值感知体验，从而形成以顾客感知为导向的价值创新行为。

要建立品牌形象、提升品牌价值，首要的是技术创新和产品创新。然而，品牌价值的提升也要慢慢积累，一时创新不足，难免会影响品牌价值，长期创新不足，对品牌价值的负面影响才能真正体现出来。同样地，偶尔一次激进型创新，也不足以改变品牌真正的市场定位，如果没有积极维持这样的创新力度和创新表现，虽然市场开始认识该产品，但不足以维持品牌的市场影响力，也难以对品牌价值产生持久影响（施振荣，2017）。

二、品牌价值影响企业绩效的机制

品牌代表企业的市场形象，良好的品牌形象和较高的品牌价值能够为企业带来丰厚的市场回报。首先，品牌价值高的企业能够向利益相关者传递较强的产品竞争能力和较高的市场声誉的信号，有利于树立企业在行业内的领先形象，满足消费者日益升级的消费需求（Rubera & Kirca，2012），从而提升客户的满意度和忠诚度，最终促进企业经济绩效的提升（Stahl et al.，2012）。其次，技术创新积累的品牌价值具有异质性资源的特性（Grant，1991），而异质性资源是企业绩效持续提升的动力源泉（Wernerfelt，1984）。例如，较高的品牌价值意味着较强的品牌竞争力和品牌溢价能力，也往往伴随着较高的获利能力，正如苹果手机的品牌溢价能力和随之带来的超额利润。再次，企业品牌价值的提升能够增强企业内部的凝聚力（Ouazan et al.，2013），使员工产生自豪感和荣誉感，促使其更加高效率地为企业创造价值，从而有利于提升企业经济绩效。最后，品牌价值高的企业更容易低成本地获取各种企业发展所需资源，从而间接促进企业绩效的提升。因为拥有较高品牌价值的企业更容易获得利益相关者的信任，例如，能够更容易取得客户的信任而节省营销成本，更容易获得资本市场的创新支持而节约融资成本，更容易获得政府的信赖而获取更多的政府创新补贴，等等，由此可见，品牌价值高的企业也为企业带来一系列的间接经济利益，从而间接地提升了企业经济绩效（刘建华等，2019）。

三、技术创新、品牌价值影响企业绩效的机制

技术创新能直接影响企业绩效，也能通过提升品牌价值而间接影响企业绩效，技术创新、品牌价值对企业绩效的影响机制如图 3－3 所示。

1. 技术创新对企业绩效的直接影响机理

技术创新往往是通过产品创新、工艺创新等创新模式迎合和引导消费需求，获得市场认同，企业并由此获取超额的经济回报；然而，技术创新是宽泛的，有时候往往并没有新产品的问世，仅仅是因为技术创新而改进了生产流程、节约了生产成本、提高了生产效率，这些技术创新形式同样能为企业带来一定的间接经济绩效。伴随着不同形式的技术创新，企业绩效往往会受到不同程度的影响。研究发现，技术创新的类型不同，其对企业经济绩效的影响自然也存在较大的差异（宋艳等，2020）：原始性创新以及突破性创新往往能够产生更大的差异化优势，往往也更难以被竞争对

手颠覆和超越，从而能够为企业创造更大的利润空间；而以集成创新乃至模仿创新为代表的“微创新”，其产生的差异化水平往往较小，更容易在竞争对手的创新跟随下而逐渐失去竞争优势，因此这种“微创新”很难为企业带来丰厚的经济回报和经济绩效。

2. 技术创新通过品牌价值间接影响企业绩效的内在机制

创新是差异化的重要来源，创新通过提升产品及服务的附加值和技术含量等途径影响品牌价值（Altshuler & Tarnovskaya，2010），企业的创新程度和创新能力决定了品牌价值的差异化水平（Klaus，2004）。根据创新程度和创新的持续性水平，产品差异化价值包括独特差异化和一般差异化。其中，前者通过原始创新获得，后者通过集成创新及模仿创新等微创新获得。产品具有独特差异化价值而且能够保持持续的市场领先地位，将成为品牌个性化价值的主要来源；对于一般差异化的产品而言，如果能够保持较长时间的创新跟随，且能够在顾客价值创新和顾客利益感知上进行聚焦，则也有利于培育品牌个性价值。因此，如果没有原创性的创新能力，而在创新策略上选择模仿创新或集成创新，在正确的市场目标定位和品牌策略下，集中于某个价值区间进行持续性创新并不断强化顾客价值感知（如国内的创维电视一直关注的电视屏幕护眼功能），可以在一定程度上形成品牌的市场认同。因此，通过在市场策略上进行合理定位和价值聚焦，持续的“微创新”也能在某些市场细分领域培育品牌个性价值。

在战略层面，如果企业的品牌培育仅仅关注营销层面的战术性设计，而缺乏行业技术变革的战略性把握，有可能从行业领导者地位迅速滑落。因此，我们必须从产业变革视角和技术进步视角把握品牌战略，此时紧密跟踪行业技术创新轨迹和商业模式变革路径，并重点关注技术创新与品牌价值关系的演进曲线，是渐进式演进模式还是跳跃式颠覆模式？一旦行业已经萌发出后一种趋势，则传统的品牌价值即使在原有技术领域具备领先优势，也可能被突破性的技术革命所颠覆（在手机行业的技术变革中，诺基亚的衰败和苹果的迅速崛起便验证了这一规律）。因此，在关键的行业变革转折点上，品牌战略与行业技术进步直接关联，品牌的市场地位与企业是否在行业技术变革中率先突破有关，在行业技术变革和商业模式创新的环境中，行业中的挑战者可能通过创造全新的品牌价值体系，颠覆原有的消费标准而获得市场认同，从而成为技术变革环境中新的领导者品牌。苹果公司就是创新引导需求的突破性创新的典型代表。未来许多优秀企业的技术创新走向实际上都是在朝着这个方向突破的，这就是洞察人性，引导需求。企业在品牌培育过程中，根据行业和市场的演进趋势，深度挖掘企业技术创新、产品设计创新、客户体验创新等方面，对于优秀品牌的培育会起到积极显著作用的。

综上所述，技术创新对品牌价值的影响是深刻的，甚至在关键的行业变革转折点上，技术创新对品牌价值的影响将是颠覆性的和变革性的（肖阳，2015）。而品牌价值代表着企业品牌的市场影响力和市场地位，是企业主导价值链并攫取超额利润的重要手段。同时，优秀的品牌还能够通过树立行业内的领先形象传递强大的市场竞争优势信号，品牌价值的信号功能不但能够缓解融资约束、降低融资成本和销售成本，还能增强顾客黏性，为企业带来源源不断的经济效应（赵远亮等，2008）。然而，虽然创新是影响品牌价值的最关键因素，难就难在企业不可能一直处于创新巅峰，在创新消长之间，品牌价值高的企业，可以靠品牌维系一段时间企业经济效益，从而让企业的经济效益不会因一时缺乏创新而一蹶不振（施振荣，2017）。良好的品牌创新形象，能够使企业将品牌定位设置得很高，从而长期维持一定的净利率，维持企业良好的经济绩效和经济效益（施振荣，2017）。

本章小结

本章第一节主要基于世界品牌实验室（World Brand Lab）发布的《世界品牌500强》和《中国最具价值品牌》数据，探讨了中国企业品牌价值发展现状及存在的问题，以及我国各省域企业品牌价值的时空演化趋势。其中，主要运用《世界品牌500强》数据研究了我国企业品牌价值与欧美等品牌大国相比可能存在的不足和主要问题；并运用《中国最具价值品牌》数据研究了中国各省域的品牌500强企业的品牌价值在空间上的分异特征和随时间的演进态势。具体来说：①近年来，中国品牌在各自领域的表现日益得到认可，品牌的国际知名度也得到不断提升，但中国上榜企业的品牌价值总体并不高，生产所需的技术、装备依然依赖进口，研发、设计等高端产品技术领域依然来自国外，产品的品牌和市场也由欧美等跨国公司所控制，关键技术受制于人的局面依然未得到改变，中国企业要想大幅提高品牌市场定位，依靠技术创新提高品牌内在价值的路径依然是品牌战略的首选。②在空间分布上，不同区域的平均品牌价值差别较大，东部地区得益于灵活的产业政策、完备的配套支撑、丰富的人力资本以及高强度的研发投入，在品牌的培育上具有得天独厚的优势，品牌价值高于全国其他地区。西部地区在一些强势品牌的带动下（如贵州茅台、四川五粮液等），平均品牌价值与中部地区相当。东北地区近年来得益于汽车产业的品牌影响力，比中部、西部表现出色，呈现出赶超东部地区的发展势头。中部地区的强势品牌较少、品牌价值普遍不高，因此在品牌培育和品牌形象提升方面还有很长的路要走。③在时间演进上，从全国平均水平来看，整体的品牌价值呈现出持续上升的演进态势。但不同行业的品牌价值又呈现出不同的发展特征，其中创新型企业的表现最为亮眼，往往能够通过创新驱动在短短几年内迅速占领各大品牌排行榜的榜首（其中腾讯、阿里巴巴等后起之秀在品牌排行榜上的表现便是极好的例证），这在传统企业的发展过程中是不曾遇到的，说明了在当今社会，创新在驱动品牌成长乃至驱动经济增长中的强劲动力。

本章首先对我国品牌价值发展的典型事实特征进行考察，在此基础上，主要基于技术创新视角考察品牌价值的形成动力并对可能产生的经济后果展开理论分析。本章认为技术创新是品牌价值形成的动力源泉，而品牌价值是一项稀缺性无形资产，较高的品牌价值必定为企业带来丰厚的利润率和较高的业绩回报。然而，技术创新本身也会直接影响企业的经济绩效，如基于技术创新的新产品的发明、基于新技术应用的企业生产效率的提高等，都会对企业绩效产生一定的积极作用，但由于企业不可能一直处于技术创新的巅峰，在创新的消长之间，品牌价值高的企业，可以依靠品牌这种稀缺性资源维系一段时间的企业经济绩效，从而可以在一定程度上缓解一时创新不足对企业绩效造成的负面冲击，对企业经济绩效的维持起到保驾护航的作用。综上所述，技术创新不但可以直接影响企业绩效，而且可以通过品牌价值间接影响企业绩效，本部分的理论框架分析为进一步的经验研究提供了理论支撑和理论依据。

本章的主要研究贡献为：首先，探究中国企业品牌价值现状及存在的主要问题。在此基础上，进一步分析企业品牌价值的时空演化特征。通过研究揭示了培育区域强势品牌是区域平均品牌价值得以快速提升的关键；而且创新型企业通过不断的研发和迭代创新，品牌价值的提升速度最为可观，该研究结论为创新驱动发展战略的实施提供了微观理论依据，也为区域之间的品牌竞赛模式指明了方向。其次，在典型事实分析的基础上，搭建了本书的理论研究框架，理论研究发现技术创新不但能够直接为企业带来经济回报，而且能够通过品牌培育并发挥品牌价值经济效应，间接提升企业的经济绩效，特别是在企业技术创新的此消彼长之间，能够暂时缓解技术创新不足对企业绩效的负向冲击，从而可以维系一段时间的高利润和高经济回报。但技术创新始终是维持及提高品牌价值的不竭动力，因此，长期的创新趋势不能停下来，品牌才能健康良性地发展壮大。

第四章

技术创新影响品牌价值的机制检验

第一节　理论分析与研究假设

随着经济发展方式向高质量发展转变，品牌对于市场竞争的重要性日益凸显，因此也激发了企业进行品牌建设的积极性。然而，与欧美等发达国家相比，我国拥有的国际强势品牌数量比较少，品牌价值还有待进一步提高。在市场经济新形势下，品牌价值的影响因素日趋复杂和多元。总体来说，影响品牌价值的因素可分为内因和外因两个方面，其中市场和消费者是品牌发展的需求和动力，消费者对品牌的认可程度决定了品牌价值能否顺利实现，是影响品牌价值的外因；品牌承诺提供给消费者最具差异性与竞争性的功能价值、感知价值等是影响品牌价值的内因，是驱动消费者认同的基础和主体。内、外因的互动关系是：外部因素是对品牌内在因素的反映、反馈，外因最终将内因转化为品牌的市场价值和经济价值。不同行业的企业，影响品牌价值的内在因素有所不同，但近年来，技术创新对品牌价值的支撑作用越来越凸显，特别是高新技术行业的品牌价值形成更离不开持续不断技术创新的支撑。因此，可以说，技术创新是影响品牌价值的核心内在因素之一。

一、技术创新对品牌价值的影响

技术创新赋予品牌价值新的增长动力。技术创新能够使新品牌的价值快速提升，可以在较短的时间内创造品牌奇迹，实现“弯道超车”；技术创新也可以赋予老品牌新内涵、新竞争优势，使其历经时间洗礼而不衰败。反之，如果品牌的技术创新步伐跟不上市场需求的变化，无法随消费需求同步更替的产品便得不到消费者的持续关注和认同。长此以往，品牌的竞争优势将会逐渐消失，随之而来的是品牌价值的不断贬值直至消亡。本章主要基于以下几个方面来阐述技术创新对品牌价值的影响：一是技术创新不断培育新的品牌价值增长点。技术创新通过持续创造新产品，不断培育新的品牌价值增长点（Peterson & Jeong，2010）。在当今全球化的市场竞争态势下，技术创新呈指数增长，创新周期大大缩短，新品种加速出现，技术创新引领的产品更新速度极快是当前竞争中的残酷现实。技术创新赋予品牌丰沛的生命力，将产品功能与美感融为一体，这种创新型品牌始终不乏吸引消费者眼球的元素，品牌价值在消费者的持续青睐和认可中得以持续增长。二是技术创新创造并保持品牌价值领先优势。由于市场需求的不确定性、高竞争性，迭代创新成为技术创新的常态。迭代创新通过增强用户黏性和参与度，塑造品牌口碑，催生新的盈利模式和价值增长点，持续创造并保持品牌在市场中的领先优势。迭代创新始终以消费者的需求为核心，在消费习惯和反馈的基础上循序渐进地升级，直到获取越来越高的客户黏性，实现品牌价值的不断攀升。以微信为例，2011 年 1 月 21 日，腾讯推出一款手机聊天软件——微信。在微信投入市场之前，多款类似聊天软件产品已经霸占了大部分市场份额。可是仅仅只经历了一年时间，微信根据用户反馈的需求信息和功能改进建议，持续改进包括收发信息速度、实时对讲功能等产品细节内容，在持续的迭代创新中打造全新的消费体验，最终打败了该领域的所有竞争对手，成为移动互联网语音聊天软件领域的佼佼者和领头羊。三是技术创新创造品牌价值增值的良好环境。技术创新在企业价值链各个环节的渗透和应用，有利于降低品牌产品的生产成本和交易成本，为品牌价值的提升提供支撑条件。在生产环节，技术创新可以降低品牌产品生产和设计成本。在产品的研发设计和生产制造过程中，新知识、新技术和新工艺的应用能够提高生产效率、改进产品质量、降低生产成本，从而提高产品的市场竞争力。在交易和传播环节的创新有利于节约交易成本，具体来说，技术创新为企业改进交易模式、提高交易效率提供了坚实的技术支撑。

从前面论述可以看出，技术创新已经成为品牌经济发展的最重要驱动力，其中，研究开发能力是实施创新驱动品牌价值提升的核心能力，直接决定着技术创新的质量和效率。在实证研究中，有关创新的度量指标主要包括研发人员和研发经费的投入情况、各类专利的申请量两个方面。其中，研发人员和研发经费均属于投入要素，研发人员投入反映一个品牌研发团队的强弱、研发实力的大小，以及所处的行业竞争地位；研发费用投入是创新的资金保障，反映品牌对研发的重视程度，研发经费时常不能到位的企业，势必会影响技术创新的正常开展；各种类型的专利申请属于产出要素，是品牌研发能力的直观体现，其中原创性更高的发明专利比实用新型和外观设计专利更能体现品牌的研发能力，也能够带来更高的品牌溢价。据此，我们提出如下两个假设：

H4 - 1：研发人员投入和研发经费投入是品牌技术创新能力的基本保障，对品牌价值的提升具有积极作用。

H4 - 2：专利申请量是品牌研发能力的直观体现，对品牌价值的提升具有促进作用，且原创性更强的发明专利比其他类型的专利，对品牌价值的影响更加积极显著。

二、技术创新对不同行业品牌价值的影响

技术创新对品牌发展的作用因行业而异，对于高新技术领域的品牌来说，技术创新是品牌的生命。品牌的形成、发展壮大始于创新，老品牌的传承离不开持续不断的创新，创新是伴随品牌成长壮大的决定因素和最活跃的要素。一旦创新停止了，品牌的生命周期也终止了（刘平均，2016）。技术创新既能够及时响应消费者需求，也能够对消费需求进行引领和再造。因此，以技术创新为支撑和后盾的产品，才能较好地与市场发生同频搏动，才能较好地适应消费者在精神体验方面的要求。世界品牌实验室（World Brand Lab）发布的数据显示，微软、苹果、腾讯等 7 家创新型企业稳居全

球品牌价值排行榜前 10 的榜单之列，这一数字表明，技术创新正毫无疑问地成为支撑品牌价值持续成长壮大的关键内因。对于高新技术领域的品牌来说，持续创新能够使品牌稳居榜首，缺乏创新也能够使品牌坠落深渊。例如，苹果（Apple）、微软（Microsoft）、亚马逊（Amazon）、华为（Huawei）、谷歌（Google）、阿里巴巴（Alibaba）、英特尔（Intel）等优秀企业品牌都是因持续不断的技术创新而使品牌保持旺盛生命力的典型案例。过去的 10 多年间，苹果（Apple）品牌价值的快速发展和壮大源于其创造性智能手机产品 iPhone 的研发及其 iPhone 产品持续的更新换代。与此相反，曾经辉煌一时的诺基亚（Nokia）、摩托罗拉（Motorola）、雅虎（Yahoo）、柯达（Kodak）等品牌，其成功也都是基于重大的技术创新，曾经也都是行业标杆企业和行业"领头羊"，其产品也曾象征着消费者对相关产品的最高价值主张。但是，由于没有快速响应市场需求的变化和用户消费习惯的改变，缺乏成功的持续创新的品牌，最终难免走向消亡。

技术创新要素也是影响传统制造业、服务业等领域品牌价值提升的关键因素。这类传统行业看似与技术创新无关，实则受技术创新的正面影响不可小觑。技术创新意味着采用新的生产工艺、新设备、新材料，或者新系统的应用，乃至当今发展得如火如荼的云计算、人工智能以及工业互联网等新事物，都离不开技术创新的支撑作用。在这些技术创新中，有的是为市场提供了新产品、新服务，用户可以直观感受到；有的技术创新引领用户的新需求，满足用户的消费体验；有的技术创新是用户感受不到的，如生产设备的更新、生产工艺的改进、智能机器人的导入等，结果是提高了生产和管理效率，节约了成本。虽然用户不能直观感受到这种类型的技术创新，但其作用依然是巨大的。它提高了产品的生产效率，提高了品牌的盈利能力和市场竞争能力。这些都是技术创新对传统品牌价值的贡献。

品牌在国内外市场上的竞争，主要是其核心产品的质量水平和性能指标的竞争以及由此带来的品牌认同感的竞争。尤其对于高技术领域的产品而言，技术创新是提升品牌核心产品的质量和性能指标的关键，是提升消费体验的源泉。高技术领域的产品更新换代的速度要远远快于传统制造业，只有持续的技术创新才能不断开拓原创性产品，才能激发品牌活力并提升品牌溢价。对于高技术领域的品牌来说，创新已经作为一种文化、一种理念植入企业品牌建设的主旋律，成为时代的主流。当品牌将技术创新树立为品牌价值的核心时，消费者对品牌创新的认同感也会逐渐增强，从而不断巩固和加强创新为品牌带来的竞争优势和综合效益。据此，本章提出如下假设：

H4－3：技术创新是促进品牌价值提升的重要因素，但影响效果因行业而异，对高技术领域品牌价值的促进作用显著高于传统行业。

三、企业自身特征与外部治理环境的异质性影响

在我国特殊的制度环境下，企业的产权性质对企业的生产决策、创新行为及经营目标都将产生重要影响。产权性质不同的企业，由于其组织特点、经营使命及绩效考核目标均存在很大的差异，企业进行技术创新的动机及动力也必然不同，那么技术创新是否是影响品牌价值的关键因素及影响程度也必然存在较大差异性。因此，产权性质将是影响技术创新与品牌价值关系的重要因素。首先，由于国有企业具有先天的资源优势、规模优势及声誉优势，能够向利益相关者传递出发展前景及资源条件较优越的信号，品牌的成长或品牌价值的提升自然受益于这些先天因素，在这种情况下，技术创新对品牌价值的推动作用会有所减弱。然而，对于非国有企业而言，由于其不存在先天的资源及声誉优势，要想在激烈的市场竞争中站稳脚跟，必须通过不断的技术创新提升产品的知名度和美誉度，这似乎是企业立足当前、着眼未来的必然选择。其次，国有企业的管理者往往由政府委派指定，管理者往往更多地关注政治目标及政治抱负，企业经济效应往往被淡化甚至被忽略。对于其任职期限内的周期较长、短期内不能带来显著经营业绩的技术创新项目及相应的品牌培育，由于不能为其晋升及绩效考核带来积极的作用，且高质量的技术创新多伴随一定的风险，有的甚至可能因失败而导致企业经济利益的降低（王秋红，2016），因此国有企业开展技术创新的积极性和主动性被进一步削弱。相反，对非国有企业而言，由于其产权明确、组织灵活，企业决策及行为受干预较少，绩效考核

目标相对比较单一，追求企业可持续发展决定了其必须增强核心竞争力，加大技术创新，提升品牌价值，因此非国有企业的创新倾向和创新效率都要显著高于国有企业（吴延兵，2012；Chen et al.，2014）。故提出以下假设：

H4－4：与国有企业相比，技术创新更有利于提升非国有企业的品牌价值。

产品市场是企业价值实现的重要场所，产品市场竞争程度将直接影响企业决策行为及获得竞争优势的难易程度，因此产品市场通常被认为是一种重要的外部治理机制（Marciukaityte & Park，2009；邢立全等，2016）。已有研究显示，产品市场竞争具有优胜劣汰的筛选机制，正因为如此，激烈的市场竞争将会使部分企业面临着丧失市场份额及投资机会的风险（韩忠雪等，2015）；企业为了在激烈的竞争环境中保持已有的市场占有率及增强竞争优势，避免削弱已经取得的市场地位，通常会加大技术创新力度，实现产品独特化及差异化，进而获取客户的满意度与忠诚度，提升品牌价值（何玉润等，2015）。一般而言，在产品市场竞争程度相对较低的市场中，企业通常具有一定的垄断性，在资源占有与生产经营活动中更容易取得政府的帮助与支持，龙头企业的盛誉和美名赋予其更多的便利性，也较容易获得利益相关者对其品牌的信任与忠诚，企业技术创新对其品牌价值的提升作用自然被削弱。相反，当企业面临的产品市场竞争程度较高时，意味着行业竞争者较多，产品同质化日趋严重，企业获取竞争优势的难度增大，由此对企业会形成巨大的生存压力（Peress，2010）。此时企业为了在激烈的竞争中保持优势地位，就会选择不断加强技术创新，试图通过技术创新重塑企业的核心竞争力及差异化优势，提升产品质量，打造功能与美感融为一体的优质化产品，在此基础上品牌价值自然而然地得到提升。据此，得出以下假设：

H4－5：企业技术创新对品牌价值的影响与市场竞争程度有关，相对于产品市场竞争程度较低的行业，技术创新对品牌价值的促进效应在产品市场竞争程度较高的行业中表现得更为显著。

在技术创新能够促进品牌价值提升问题上，知识产权保护是至关重要的。其原因如下：其一，单纯的技术创新成果并不能保证企业独占其创新收益，知识产权保护通过将创新研发的收益限制于投资者，进而激励企业继续创新，而企业持续创新是品牌价值不断提升的动力源泉（林汉川等，2017）；其二，知识产权保护为技术创新人员获得高额稳定回报提供了基础保障和合法渠道，持续激励着创新人才保持创新积极性，这是实施高质量创新的前提条件；其三，鼓励技术创新的品牌培育文化和品牌发展理念能够为技术创新的开展创造有利的环境和氛围（刘平均等，2016），对知识产权的重视和保护更强化了企业重视创新的品牌发展理念。通过上述分析可以看出，在知识产权得到有效保护的环境下，技术创新所形成的商标、专利等法定权利有效地巩固了品牌的市场优势，提高了品牌的经济效益。正是受益于知识产权保护，华为通过实施自主创新的专利战略占领市场，扩大品牌价值的覆盖范围，为其在世界范围内取得成功奠定了良好基础。因此，不能孤立地看待知识产权保护、技术创新与品牌价值问题，而应该将三者置于同一个研究框架下进行分析。据此，我们提出如下假设：

H4－6：相对于知识产权保护水平较低的制度环境，在知识产权保护水平较高的制度环境下，技术创新对品牌价值的影响效应更积极显著。

企业积极履行社会责任，不仅具有光环效应，而且能够得到积极的市场回馈。例如，履行社会责任能够改善企业形象，提升企业的信誉资本（Cornell et al.，1987），改善企业与政府、员工之间的关系（Soloman & Hanson，1985），显著提升品牌影响力和品牌价值（刘凤军等，2012），正向影响消费者对企业产品的响应及态度（Berens et al.，2005；Luo et al.，2006；汪旭晖等，2015）及购买产品的意向（Mohr & Webb，2005；田敏等，2019）；尤其在行业内社会责任履行存在差异性的情况下，消费者更倾向于接受购买社会责任履行水平更高的产品（吴金海，2020），进而增强顾客对企业产品品牌的忠诚度，提升品牌信任度等。因此，当企业拥有某种品牌时，企业社会责任履行产生的积极声誉效应就会反映在品牌价值上。除此之外，企业社会责任的履行还具有一定的信号传递效应，促使利益相关者对企业产品品牌产生认同感，吸引利益相关者参与品牌价值共建。具体而言，企业对员工的投入有利于激发员工工作的积极性，并吸引更多优秀的人才（Branco & Rodrigues，2006；McWilliams & Siegel，2011）；企业对投资者投入能够获得投资者支持，从而降低企业的融资成本（Richardson & Welker，2001；李姝等，2013）；企业对社区的投入有利于道德信誉的形成，减轻负面事件的不利影响（Godfrey et al.，2009；邹萍，2018）；对消费者而言，在产品创新方面投入巨资的企业，往往通过营销手段进行宣传，但社会责任活动本身就提高了消费者及其他参与者对企业的关注，能够起到有效的宣传作用，两者的交互效应有效提高了消费者对品牌的忠诚度，进而提升品牌价值（Brammer et al.，2006；Alcaide et al.，2020）。根据前述分析，提出如下假设：

H4－7：相对于履行社会责任较低的企业，技术创新对品牌价值的促进效应在履行社会责任较高的企业中表现得更积极显著。

四、技术密集型企业的最适创新边界

对于技术密集型企业而言，高质量的发明创新是影响企业品牌价值的关键因素，且这种影响效应具有非线性特征。具体而言，随着高质量发明创新的开展，技术创新能够提高顾客对品牌的感知价值（崔也光等，2021），但大多仅局限于改进现有产品功能或构造，对品牌重塑的作用有限（崔也光等，2021）。随着发明创新强度的进一步攀升，技术创新对产品功能会产生质的影响，甚至培育出划时代意义的全新产品，对企业品牌价值的提升产生显著的正向冲击（崔也光等，2021）；且在这个阶段能够真正参与高水平创新角逐的竞争对手逐渐减少，新品面市后的市场地位更高、品牌溢价更理想（伦蕊，2020），因此该阶段高质量的发明创新对品牌价值的提升效应较为显著。然而，如果高质量发明创新的强度过高，企业的创新进入难度偏大的探索式研发阶段，研发失败的风险急剧上升（伦蕊，2020），且高强度的研发对创新团队的研发能力提出了更高的要求，对生产、营销等价值链、供应链的协同能力提出了更大的考验（伦蕊，2020）。甚至由于企业将过多的精力投入技术开发阶段，从而无暇顾及市场开拓，使品牌无法获得应有的溢价，制约品牌价值的提升（伦蕊，2020）。由此可见，对于技术密集型企业而言，高质量发明创新与品牌价值之间的关系遵循非线性的双门限特征。基于前述理论分析，提出以下假设：

H4-8：技术密集型企业的高质量发明创新对品牌价值的提升效应呈现出双门限特征。

第二节　研究设计

一、数据来源及变量定义

（一）样本选择与数据来源

品牌价值数据来自世界品牌实验室发布的《中国最具价值品牌》，具体从《2011年（第八届）中国500最具价值品牌》至《2022年（第十九届）中国500最具价值品牌》；其他数据来自国泰安数据库（CSMAR）。本章主要进行以下数据处理：剔除品牌发源地不在大陆的企业；如果同一公司有多个上榜品牌，将这些品牌价值数据予以合并；类似于其他统计数据，《世界品牌实验室》每年发布的品牌价值数据是基于上一年的统计资料计算的，因此通常将发布年份减1作为品牌价值的实际所属年份；剔除金融企业样本；剔除观测期内经过ST或*ST处理的公司；为了避免异常值的影响，对主要连续变量在1%水平上进行winsor处理。数据处理主要基于Stata软件。

（二）变量解释说明及定义

1. 被解释变量。品牌价值（*lnbv*）为因变量，具体衡量方法如下：借鉴赵蓓和张小三（2013）以及王秋红（2016）的研究，采用世界品牌实验室每年发布的《中国最具价值品牌》中的数值，并取自然对数。

为了保证研究结论的稳健性，本章还使用了动态品牌价值（*adj-lnbv*）进行稳健性检验，计算方法为品牌价值（*lnbv*）减去其同年度行业中值后的净值。

2. 解释变量。目前学术界对技术创新的衡量，主要有以下衡量指标：①夏晓华等（2016）将创新细分为产品创新、工艺创新、管理创新及营销创新，并采用2012年世界银行的中国企业经营环境问卷调查数据，分别用以下问题衡量相应维度上的企业创新情况："过去三年是否引入新的产品与服务""过去三年是否引入新的技术设备""过去三年是否引进新的管理流程""企业在销售与市场开发过程中，是否使用软件、互联网等信息技术"。每一个维度的创新都定义为0、1虚拟变量，并据此定义企业创新的种类数，取值为0～4。②刘平均（2016）主要从研发投入、研发布局、研发产出三个方面来度量研发能力的大小。其中，研发投入体现了企业对创新的重视程度及资源配置水平，主要包括研发人员、研发经费、研发设施等方面的投入情况；研发布局体现了开放合作的思想，主要包括境外技术研发机构数量、每万人拥有的欧美专利数量、境外注册商标数量、品牌引进技术等指标；研发产出是品牌研发能力的直接表现，主要包括专利拥有量、各类标准研制数、科技成果奖项数、专利授权收入等研发成果类指标以及新产品推出频率、科技成果转化率、研发效率等效率类指标。③郑玉和魏华阳（2018）通过总结，发现学术界主要从创新投入和创新产出两个方面对技术创新进行度量，其中前者包括科研经费支出、科研人员数量等；后者主要包括新产品销售额、专利申请及授权量等指标。

由于不同数据库包含的数据指标不同，因此学者在研究中会进行灵活选择。本章结合前期文献，并基于数据可得性，主要从研发投入、研发水平两个方面衡量企业的技术创新能力，其中前者包括研发人员占比（*Rdper*）和研发投入强度（*Rdspe*）两个指标，后者包括专利申请总量（*ln_apply*）、发明专利申请（*ln_iapply*）、实用新型专利申请（*ln_uapply*）、外观设计专利申请（*ln_dapply*）四个指标。

3. 控制变量。乔均和彭纪生（2013）基于调查问卷获得的数据，研究发现影响制造业品牌竞争力的因素主要包括企业在制造、研发、营销以及管理等方面的能力和企业对品牌的重视程度；南开大学课题组（2019）基于理论视角，主要从技术创新的研发、管理、生产经营以及市场营销等方面考察技术创新对品牌价值可能产生的影响机制；王秋红（2016）、李园园等（2019）、刘建华等（2020）等研究主要从企业规模、成长性、财务杠杆、上市年限、市场化进程等财务指标和外部治理环境视角考察影响企业品牌价值的因素。然而基于数据可得性，本章在综合借鉴前期文献的基础上，选取以下企业特征和行业特征等变量作为控制变量：①企业特征在一定程度上影响了其品牌战略的实施方式，故对企业规模（*Size*）、企业年龄（*Age*）、销售增长率（*Sale_gr*）、公司利润率（*Profit*）进行控制；②外部市场治理及内部组织结构治理对企业品牌战略决策存在潜在影响，因此本章隔离了股权制衡（*Balanc*）、机构持股（*Inst*）等产生的影响；③企业的财务状况在一定程度上反映了资金的丰裕度，对企业品牌战略具有重要影响，因此本章控制了现金流（*Cflow*）、资本结构（*Lev*）。

4. 异质性变量。王秋红（2016）分别关注了不同产权性质、不同产品市场竞争下，企业技术创新对品牌价值的异质性影响；赵远亮等（2008）以及林汉川等（2017）认为品牌的形成和成长源自技术创新，而品牌成长和技术创新过程更需要以知识产权保护为前提，通过保护知识成果创造者的利益来激励技术创新，因此应该将知识产权保护、技术创新与品牌价值放在同一个框架下进行分析；Brammer 等（2006）、刘凤军等（2012）以及李园园等（2019）关注了异质性企业社会责任水平下，技术创新对企业品牌价值的影响。基于此，本章选取所有制（*State*）、行业竞争（*hhi*）、知识产权保护（*Ipr*）以及企业社会责任（*Csr*）作为异质性变量。

二、描述性统计

本章相关变量的描述性统计如表 4 - 1 所示，表 4 - 1 首先展示了各个变量的名称及其含义，并详细列示了各个变量的计算方法。在此基础上，为了更全面地展示样本数据的差异性与多样性，以及样本数据的统计特征，表 4 - 1 的后四列主要列示了相关变量的均值、标准差、最小值和最大值等统计信息。

表 4-1 样本描述性统计

变量名称	变量含义	计算方法	mean	sd	min	max
被解释变量						
lnbv	品牌价值	衡量品牌在财务上的价值，由世界品牌实验室每年发布《中国最具价值品牌》取自然对数	5.002	1.093	2.373	8.313
adj-lnbv	动态品牌价值	企业品牌价值（*lnbv*）减去其同年度行业中值后的净值	0.032	0.880	-2.340	2.982
解释变量						
ln_apply	专利申请	专利申请量+1，取对数	3.784	2.003	0.000	7.355
ln_iapply	发明专利申请	发明专利申请量+1，取对数	2.981	1.955	0.000	6.612
ln_uapply	实用新型申请	实用新型专利申请量+1，取对数	3.255	2.045	0.000	6.695
ln_dapply	外观设计申请	外观设计专利申请量+1，取对数	2.630	1.652	0.000	5.677
Rdper	研发人员占比	研发人员/员工总数	0.084	0.084	0.002	0.532
Rdspe	研发投入强度	研发投入/营业收入	0.022	0.022	0.000	0.175
控制变量						
Cflow	现金流	经营活动产生的现金流量净额/总资产	0.070	0.080	-0.250	0.279
Size	公司规模	总资产的自然对数	23.331	1.505	18.831	26.284
Lev	资本结构	总负债/总资产	0.512	0.183	0.086	1.613
Age	企业年龄	样本最后一年减公司成立年份	22.416	4.277	10.000	33.000
Balanc	股权制衡	第2~10大股东持股/第1大股东持股	0.652	0.603	0.031	3.268
Sale_gr	销售增长率	取完对数的销售额的差分表示	0.106	0.253	-1.243	2.146
Profit	公司利润率	营业利润/营业收入	0.095	0.158	-2.142	0.779
Inst	机构持股	机构投资者持股比例	0.108	0.146	0.000	0.593
异质性变量						
State	所有制	国有企业为1，其他为0	0.542	0.477	0.000	1.000
hhi	行业竞争	行业（两位数）赫芬达尔指数	0.096	0.074	0.028	0.371

续表

变量名称	变量含义	计算方法	mean	sd	min	max
异质性变量						
Ipr	知识产权保护	技术市场成交合同金额/GDP	0.027	0.048	0.000	0.164
Csr	社会责任	根据 CSMAR 社会责任数据库中社会责任信息披露的相关指标打分，经标准化处理后获得	0.641	0.108	0.333	0.833

注：① $hhi = \sum_{i=1}^{n}(x_i/x)^2$，其中 $x = \sum_{i=1}^{n} x_i$、x_i 表示 i 企业的销售额、x 表示某个行业中所有企业的销售额之和。

②本章选取国泰安数据库中社会责任研究子库中“上市公司社会责任报告基本信息表”中的 12 个方面作为衡量企业社会责任信息质量的基本标准，具体包括：是否经第三方机构审验、是否参照 GRI《可持续发展报告指南》、是否披露股东权益保护、是否披露债权人权益保护、是否披露职工权益保护、是否披露供应商权益保护、是否披露客户及消费者权益保护、是否披露环境和可持续发展、是否披露公共关系和社会公益事业、是否披露社会责任制度建设和改善措施、是否披露安全生产内容、是否披露公司存在的不足。本章将这 12 个方面的标准进行 0～1 赋值，如披露了该利益相关者信息的赋值为 1，否则为 0。然后，将每家公司的这 12 个标准得分进行加总，得分区间在 0～12 之间，为了使数据更加利于研究，进一步将之除以 12 使得取值标准化，最终得到社会责任（*Csr*）的衡量指标，该指标越大，说明企业的社会责任越高。

三、估计方法

基于上述的理论分析和变量设定，构建模型（4.1）以实证检验企业技术创新对品牌价值的影响：

$$Brandvalue_{i,t+1} = \beta_0 + \beta_1 Innovation_{i,t} + \beta_2 Cflow_{i,t} + \beta_3 Size_{i,t} + \beta_4 Lev_{i,t} + \beta_5 Age_{i,t} + \beta_6 Balanc_{i,t} + \beta_7 Sale\_gr_{i,t} + \beta_8 Profit_{i,t} + \beta_9 Inst_{i,t} + u_{i,t} \quad (4.1)$$

模型（4.1）中各变量的下标 i 和 t 分别表示企业、年份，*Brandvalue* 是被解释变量，表示品牌价值（用“品牌价值” *lnbv* 衡量，并采用“动态品牌价值” *adj－lnbv* 进行稳健性检验）。*Innovation* 是主要的解释变量，表示技术创新（主要从研发投入和研发水平两个方面衡量：前者的测量指标包括“研发人员占比” *Rdper*、“研发投入强度” *Rdspe*；后者的测量指标包括"专利申请" *ln_apply*、"发明专利申请" *ln_iapply*、"实用新型专利申请" *ln_uapply*、"外观设计专利申请" *ln_dapply*)。当它的估计系数 β_1 显著为正时，表示企业的技术创新对品牌价值具有积极显著的促进作用。由于技术创新对品牌价值的影响具有滞后性，因此这里将代表品牌价值(*Brandvalue*)的被解释变量做滞后一期处理。

由于技术创新对品牌价值的影响本身可能与行业有一定的关联性，鉴于此，本章拟从行业类型（技术密集型、资本劳动密集型）进行分组检验，检验技术创新对品牌价值的影响在行业间的差异性。具体来讲，本章借鉴鲁桐和党印（2014）的做法，以证监会的行业分类为基础，剔除金融行业后，将制造业的细分行业与其他行业并列，按固定资产比重和研发支出比重将行业的要素密集情况进行聚类分析，将最终的21个行业划分为劳动密集型、资本密集型和技术密集型三类。分类结果见表4－2。

表4－2　　按要素密集度的行业分类

劳动密集型		资本密集型	技术密集型
A农、林、牧、渔业	E建筑业	C3造纸、印刷	C5电子
B采掘业	F交通运输、仓储业	C4石油、化学、塑胶、塑料	C7机械、设备、仪表
C0食品、饮料	H批发和零售贸易	C6金属、非金属	C8医药、生物制品
C1纺织、服装、皮毛	L传播与文化产业	J房地产业	C9其他制造业
C2木材、家具	M综合类	K社会服务业	G信息技术业
D电力、煤气及水的生产和供应业			

资料来源：鲁桐，党印．公司治理与技术创新：分行业比较［J］．经济研究，2014，49（06）：115－128.

为了进一步检验外部治理环境的异质性影响，本章拟从产权性质、行业竞争、知识产权保护、企业社会责任四个方面进一步考察在这些异质性企业特征和外部治理环境下，技术创新对品牌价值提升效应的差异。异质性分析主要采用分组回归的方法，例如，为了考察技术创新对品牌价值的影响是否因行业性质而存在差异，可以根据研究需要将样本分成技术密集型和资本劳动密集型两组分别进行实证分析，比较两个组别关键变量的回归系数及显著性的差异，其他控制变量及参数的含义同基本模型（4.1），u_{it} 表示残差项。

第三节　实证结果分析

一、单变量分析

表4－3以全样本为研究对象，展示了主要变量之间的皮尔逊相关系数，变量间的相关系数普遍不高，说明变量间不存在多重共线性，因此这些变量可以同时作为解释变量纳入回归分析。然而，由于单变量分析很难克服其他相关因素的影响，笔者进一步用回归分析的方法来检验技术创新对品牌价值的影响机制。

由于技术创新对品牌价值的影响可能在技术密集型企业样本中表现得更为突出，因此这里进一步以技术密集型企业样本为研究对象，给出了主要变量之间的皮尔逊相关系数（见表4－4）。通过与表4－3进行对比后发现，技术密集型企业中技术创新指标（由于篇幅有限，仅列示了最重要的技术创新指标，如 *ln_apply*、*ln_iapply*、*Rdper* 和 *Rdspe*）对品牌价值（*lnbv* 和 *adj－lnbv*）的影响更大也更为显著，研究结论与理论预期高度一致。控制变量中大部分指标都与品牌价值（*lnbv* 和 *adj－lnbv*）具有较强的相关关系。其他相关变量之间的相关系数较低，说明各个变量之间不存在多重共线性，因此这些变量可以同时作为解释变量纳入回归分析。然而，由于相关系数的检验并没有控制其他可能影响的因素，仅仅是初步检验相互之间的关系，以及变量之间是否具有严重的多重共线性，具体变量之间的关系以及技术创新对品牌价值的影响机制有待后面的回归分析进一步检验。

二、实证结果

企业品牌价值和优势品牌的形成，不是依赖于营销技巧，而是源于企

表 4-3 皮尔逊相关系数（全样本）

变量	*lnbv*	*adj-lnbv*	*ln_apply*	*ln_iapply*	*Rdper*	*Rdspe*	*Cflow*	*Size*	*Lev*	*Age*	*Balanc*	*Sale_gr*	*Profit*
adj-lnbv	0.796***												
ln_apply	0.436***	0.280***											
ln_iapply	0.464***	0.311***	0.894***										
Rdper	0.018	0.039	0.343***	0.380***									
Rdspe	0.052	0.052	0.438***	0.415***	0.704***								
Cflow	0.106***	0.162***	0.014*	0.007*	0.041	0.067*							
Size	0.680***	0.469***	0.445***	0.489***	-0.059	-0.011	0.068**						
Lev	-0.212**	-0.169**	-0.218**	-0.253**	0.055	-0.074*	-0.261***	0.348***					
Age	0.106**	0.043**	0.172*	0.177*	0.100	0.005*	0.128	0.248*	0.071				
Balanc	0.007	0.037	0.025	0.012*	0.103	0.026*	0.048	0.009	0.019	0.132***			
Sale_gr	0.051*	0.032*	0.027	-0.007	0.029	0.002	0.057*	0.017	0.092*	-0.016	0.078*		
Profit	0.014	0.022*	0.146*	0.158*	0.047	0.081*	0.294***	0.072**	-0.395***	0.006	0.046	0.192***	
Inst	0.086**	0.044*	0.071**	0.053**	0.023*	0.042*	0.141***	0.106*	0.179	0.015	0.037	0.040***	0.061**

注：***、**和*表示统计上的显著性水平，分别表示在1%、5%和10%水平上显著。

表 4-4　皮尔逊相关系数（技术密集型企业样本）

变量	lnbv	adj-lnbv	ln_apply	ln_iapply	Rdper	Rdspe	Cflow	Size	Lev	Age	Balanc	Sale_gr	Profit
adj-lnbv	0.867***												
ln_apply	0.636***	0.434***											
ln_iapply	0.629***	0.462***	0.886***										
Rdper	0.008*	0.042*	0.273***	0.321***									
Rdspe	0.010**	0.054**	0.316***	0.369***	0.661***								
Cflow	0.112**	0.165**	0.022*	0.043*	0.018	0.005*							
Size	0.742***	0.621***	0.682***	0.677***	-0.044	0.043	0.038						
Lev	-0.401**	-0.320**	-0.439**	-0.369**	-0.004	-0.006*	-0.192***	0.478***					
Age	0.058**	0.040*	0.170*	0.169*	0.030	0.145*	0.019	0.227*	0.094				
Balanc	0.052	0.054*	0.084*	0.112**	0.026	0.173***	0.065	0.063	0.035	0.094**			
Sale_gr	0.043*	0.083*	0.011	-0.030	0.043	-0.051	0.152**	0.003	0.043	-0.074	0.049		
Profit	0.183*	0.109*	0.142**	0.111**	0.081	0.006*	0.217***	0.056	-0.499***	0.029	0.071	0.175***	
Inst	0.056**	0.071*	0.094**	0.050**	0.036*	0.027*	0.089**	0.079*	0.114	0.021	0.031	0.054*	0.046*

注：***、** 和 * 表示统计上的显著性水平，分别表示在 1%、5% 和 10% 水平上显著。

业在产品内在价值相关方面的可持续创新能力，缺乏核心技术和内在价值支撑的产品，即使品牌化，也缺乏可持续性，无法占领行业的高端市场（赖俊明、徐保红，2017）。因此，本章将重点检验研发人员、研发经费保障能力以及企业创新产出水平对不同行业企业品牌价值的影响效应及其异质性。

（一）技术创新保障能力与品牌价值

1. 研发人员保障能力对企业品牌价值的影响

创新对于品牌价值的推动作用是显而易见的，创新对提高产品附加值和产品质量发挥着重要作用。为了考察企业技术创新对品牌价值的影响，并保证研究结论的稳健性，我们分别报告了研发投入中的研发人员保障能力（*Rdper*）对品牌价值（*lnbv*）的影响，以及研发人员保障能力（*Rdper*）对动态品牌价值（某个企业的品牌价值相对于同年度行业中值的变动，用 *adj*－*lnbv* 衡量）的影响。表4－5 报告了研发人员保障能力对企业品牌价值的影响，通过分行业的结果可以看到，研发人员占比对技术密集型企业的品牌价值具有 10% 显著性水平上的促进作用。而对于全样本和资本劳动密集型企业样本而言，研发人员占比对品牌价值的影响在统计上并不显著。且上述研究结论在稳健性检验后依然成立。在这里我们发现了支持假设 H4－1和假设 H4－3 的证据，也就是说，我们发现了研发人员投入对企业品牌价值产生积极影响的证据，且只存在于技术密集型企业样本中。

表 4－5　　研发人员保障能力对企业品牌价值的影响

变量	*lnbv*			*adj*－*lnbv*		
	全样本	技术密集	资本劳动密集	全样本	技术密集	资本劳动密集
Rdper	0.121 (1.23)	0.154 * (1.91)	0.108 (0.86)	0.526 (1.48)	0.707 * (1.95)	0.392 (1.09)
Cflow	2.011 ** (2.31)	2.046 ** (2.19)	2.915 ** (2.43)	2.302 ** (2.37)	2.454 ** (2.46)	2.118 ** (2.24)
Size	0.503 *** (9.86)	0.567 *** (8.35)	0.431 *** (5.90)	0.341 *** (5.46)	0.509 *** (5.10)	0.221 *** (2.79)

续表

变量	lnbv			adj - lnbv		
	全样本	技术密集	资本劳动密集	全样本	技术密集	资本劳动密集
Lev	-0.216** (-2.15)	-0.299** (-2.31)	-0.163* (-1.79)	-0.451** (-2.22)	-0.482** (-2.29)	-0.424* (-1.91)
Age	0.037* (1.74)	0.024* (1.87)	0.045* (1.69)	0.028* (1.88)	0.037* (1.81)	0.023* (1.93)
Balanc	0.131 (0.75)	0.037 (0.49)	0.236 (0.92)	0.076 (0.84)	0.088* (1.96)	0.047 (0.61)
Sale_gr	0.112* (1.69)	0.171* (1.78)	0.043 (1.35)	0.462* (1.68)	0.714* (1.89)	0.335 (0.57)
Profit	0.481 (0.95)	0.682* (1.87)	0.323 (0.46)	0.431* (1.81)	0.974* (1.93)	0.173 (1.45)
Inst	0.056** (2.17)	0.039** (2.32)	0.076* (1.74)	0.029** (2.08)	0.036** (2.21)	0.017* (1.66)
constant	4.687*** (5.31)	6.137*** (4.80)	3.221*** (2.89)	6.767*** (5.61)	9.598*** (4.77)	4.384*** (3.37)
Firm&Year	yes	yes	yes	yes	yes	yes
聚类到企业	yes	yes	yes	yes	yes	yes
N	1752	872	880	1752	872	880
Adj. R^2	0.463	0.440	0.392	0.376	0.472	0.395

注：（1）***、**和*表示统计上的显著性水平，分别表示在1%、5%和10%水平上显著，括号中是估计参数的t值。（2）被解释变量是 *lnbv* 和 *adj - lnbv*。（3）此外，模型中还设置了企业（*Firm*）、年度（*Year*）固定效应，并聚类到企业。

其他控制变量的回归也基本满足我们的预期，且较为显著。①企业的财务状况在一定程度上反映了资金的丰裕度，对企业品牌战略具有重要影响：具体表现在丰富的现金流（*Cflow*）对企业品牌价值具有显著的促进作用；而较高的资产负债率（*Lev*）对企业品牌价值具有显著的负向影响，且在技术密集型企业样本中这种负向影响更大，可能的原因是技术密集型企业本身的经营风险就比较高，为了降低负债带来的风险，可能会保持较低的资产负债率。②外部市场治理及内部组织结构治理对企业品牌战略决策存在潜在影响，具体表现在股权制衡（*Balanc*）和机构持股（*Inst*）对品牌价值都具有一定的治理作用，在一定程度上促进了企业品牌价值的提升。③企业特征在一定程度上影响了品牌战略的实施方式，通过研究，我们发现企业规模（*Size*）和企业年龄（*Age*）对企业品牌价值都具有一定的积极影响；销售增长率（*Sale_gr*）和公司利润率（*Profit*）对企业品牌价值的提升也能起到一定的积极作用。除此之外，模型还控制了企业（*Firm*）、年度（*Year*）固定效应，并聚类到企业。

2. 研发费用保障能力对企业品牌价值的影响

技术密集型企业是典型的知识、智力支撑型企业，以拥有高质量的无形资产为先决条件，其产品具有创新程度高、生命周期短、创新引领需求等特征。知识、技术等无形资产已成为技术密集型企业生产要素的重要组成部分，在生产经营消耗中占的比重相当大。据估算，半导体芯片的原材料成本只占总成本的13%左右，而它的研发和试验等知识型加工费用就高达70%。由此可见，技术密集型企业品牌价值创造的核心活动是新产品的研发，研发费用是形成人力资本和技术资本的根本保障。为了考察研发费用保障能力对企业品牌价值的影响，并保证研究结论的稳健性，我们分别报告了研发投入中的研发费用保障能力（*Rdspe*）对品牌价值（*lnbv*）的影响，以及研发费用保障能力（*Rdspe*）对动态品牌价值（某个企业的品牌价值相对于同年度行业中值的变动，用 $adj-lnbv$ 衡量）的影响。表4－6报告了研发费用保障能力对企业品牌价值的影响，通过分行业的结果可以看到，研发费用投入强度对技术密集型企业的品牌价值具有5%显著性水平上的促进作用。而对于全样本和资本劳动密集型企业样本而言，研发费用投入强度对品牌价值的影响在统计上并不显著。且上述研究结论在稳健性检验后依然成立。在这里我们发现了支持假设H4－1和假设H4－3的证据，也就是说，我们发现了研发经费投入强度是企业品牌价值提升的重要保障，且该研究结论在技术密集型企业样本中更为显著。

表 4-6　　研发费用保障能力对企业品牌价值的影响

变量	*lnbv*			*adj-lnbv*		
	全样本	技术密集	资本劳动密集	全样本	技术密集	资本劳动密集
Rdspe	1.226 (1.38)	2.173** (2.37)	0.809 (0.95)	1.998 (1.46)	2.597** (2.41)	1.338 (1.04)
Cflow	0.194** (2.30)	1.426** (2.37)	2.143** (2.23)	2.118** (2.29)	1.498** (2.40)	2.590** (2.21)
Size	0.531*** (15.01)	0.581*** (17.73)	0.500*** (11.19)	0.371*** (8.24)	0.444*** (9.41)	0.338*** (5.96)
Lev	-0.122** (-2.06)	-0.169** (-2.24)	-0.108* (-1.77)	-0.376** (-2.19)	-0.587** (-2.33)	-0.252* (-1.71)
Age	0.030** (2.37)	0.027** (2.13)	0.041*** (3.15)	0.028** (2.48)	0.016* (1.79)	0.038*** (3.26)
Balanc	0.081 (1.31)	0.006 (1.46)	0.164 (1.28)	0.106 (1.27)	0.048* (1.91)	0.223 (0.42)
Sale_gr	0.105* (1.81)	0.169* (1.86)	0.081* (1.75)	0.214* (1.92)	0.125** (2.27)	0.365* (1.70)
Profit	0.496 (1.52)	0.665* (1.91)	0.437 (1.25)	0.433* (1.74)	0.641* (1.88)	0.247 (1.37)
Inst	0.623** (2.30)	0.419** (2.36)	0.706* (1.84)	1.052** (2.27)	0.063** (2.35)	1.210* (1.76)
constant	2.591*** (4.32)	3.752*** (4.21)	2.034*** (5.27)	4.511*** (3.67)	5.088*** (3.93)	4.471*** (3.46)
Firm&Year	yes	yes	yes	yes	yes	yes
聚类到企业	yes	yes	yes	yes	yes	yes
N	1752	872	880	1752	872	880
Adj. R^2	0.541	0.493	0.476	0.562	0.488	0.395

注：(1) ***、** 和 * 表示统计上的显著性水平，分别表示在 1%、5% 和 10% 水平上显著，括号中是估计参数的 t 值。(2) 被解释变量是 *lnbv* 和 *adj-lnbv*。(3) 此外，模型中还设置了企业 (*Firm*)、年度 (*Year*) 固定效应，并聚类到企业。

其他控制变量的回归结果也与预期相符，具体来说：①企业的财务状况与品牌战略实施息息相关：充足的现金流（*Cflow*）对企业品牌价值具有积极的正向影响；而较高的资产负债率（*Lev*）将不利于企业品牌价值的提升，且在技术密集型企业样本中这种不利影响更显著，可能的原因是技术密集型企业本身的经营风险相对较高，为了使整体风险可控，倾向于保持较低的资产负债率。②外部市场治理及内部组织结构治理也是企业品牌价值的潜在影响因素，例如，股权制衡（*Balanc*）和机构持股（*Inst*）通过公司治理效应，对企业品牌价值产生积极影响。③企业个体特征决定了品牌战略的实施途径，例如，企业规模（*Size*）、企业年龄（*Age*）、销售增长率（*Sale_gr*）以及公司利润率（*Profit*）也能积极促进品牌价值的提升。除此之外，模型还控制了企业（*Firm*）、年度（*Year*）固定效应，并聚类到企业。

（二）多维创新水平与品牌价值

1. 总体创新水平对企业品牌价值的影响

研发成果主要是品牌研发的产出，是衡量品牌创新能力和创新水平的核心指标。研发成果可从专利拥有量、各类标准研制数、科技成果奖项数、专利授权收入等具体指标来体现。为了考察企业总创新水平对品牌价值的影响，并进一步检验研究结论的稳健性，本章分别报告了总创新水平（*ln_apply*）对品牌价值（*lnbv*）的影响，以及总创新水平（*ln_apply*）对动态品牌价值（某个企业的品牌价值相对于同年度行业中值的变动，用 *adj - lnbv* 衡量）的影响，研究结果见表 4 - 7。通过观察表 4 - 7 分行业的回归结果可以看出，总创新水平对企业品牌价值的提升具有积极作用，且在技术密集型企业样本中这种正向影响更为显著。且该研究结论进一步得到稳健性检验的支持。在这里我们发现了支持假设 H4 - 2 以及假设 H4 - 3 的经验证据，也就是说，我们发现了总创新水平对企业品牌价值产生正向影响的证据，且该研究结论在技术密集型企业样本中更为显著。

表 4-7　总创新产出能力对企业品牌价值的影响

变量	*lnbv*			*adj - lnbv*		
	全样本	技术密集	资本劳动密集	全样本	技术密集	资本劳动密集
ln_apply	0.076** (2.14)	0.117*** (3.25)	0.054* (1.77)	0.044** (2.28)	0.091*** (3.48)	0.025* (1.74)
Cflow	1.137*** (2.83)	0.148** (2.08)	1.075*** (3.26)	1.754*** (3.46)	3.297*** (4.31)	0.590*** (2.91)
Size	0.508*** (15.07)	0.532*** (18.37)	0.450*** (13.84)	0.344*** (8.76)	0.449*** (10.38)	0.247*** (5.53)
Lev	-0.212** (-2.19)	-0.256** (-2.42)	-0.158* (-1.81)	-0.277* (-1.90)	-0.314** (-2.13)	-0.198* (-1.74)
Age	0.027*** (3.47)	0.032*** (3.80)	0.021*** (2.83)	0.033*** (3.14)	0.035*** (3.87)	0.026*** (2.69)
Balanc	0.067 (1.40)	0.082 (1.54)	0.055 (1.22)	0.086 (1.21)	0.101* (1.83)	0.071 (0.77)
Sale_gr	0.221* (1.90)	0.262* (1.81)	0.117* (1.85)	0.318* (1.76)	0.125** (2.01)	0.416 (1.54)
Profit	0.502 (1.46)	1.265** (2.16)	0.215 (0.85)	0.464* (1.68)	1.176* (1.87)	0.026 (1.51)
Inst	0.195* (1.86)	0.306** (2.09)	0.107* (1.67)	1.839* (1.71)	2.916* (1.82)	1.053 (0.76)
constant	2.342*** (4.41)	3.231*** (3.94)	1.905*** (3.76)	2.275*** (3.71)	2.874*** (3.52)	2.039*** (4.13)
Firm&Year	yes	yes	yes	yes	yes	yes
聚类到企业	yes	yes	yes	yes	yes	yes
N	1752	872	880	1752	872	880
Adj. R^2	0.399	0.486	0.512	0.359	0.535	0.460

注：(1) ***、** 和 * 表示统计上的显著性水平，分别表示在 1%、5% 和 10% 水平上显著，括号中是估计参数的 t 值。(2) 被解释变量是 *lnbv* 和 *adj - lnbv*。(3) 此外，模型中还设置了企业 (*Firm*)、年度 (*Year*) 固定效应，并聚类到企业。

其他控制变量的回归结果也基本符合预期，具体来说：①良好的财务状况对企业品牌价值具有积极影响，例如，充足的现金流（*Cflow*）在一定程度上有利于品牌价值的提升；而较高的资产负债率（*Lev*）将在一定程度上损害企业的品牌价值，尤其在技术密集型企业样本中这种损害作用更为明显，可能是技术密集型企业本身具有高风险经营特征，为了降低整体的风险水平，往往回避高负债经营倾向。②内、外部治理环境也将对企业品牌价值产生潜移默化的影响作用，例如，股权制衡（*Balanc*）和机构持股（*Inst*）通过内、外部协同治理效应，对企业品牌价值的提升产生一定的推动作用。③企业个体异质性也是决定企业品牌价值的重要因素，例如，企业规模（*Size*）、企业年龄（*Age*）、销售增长率（*Sale_gr*）以及公司利润率（*Profit*）等对企业品牌价值的提升也具有积极的贡献。除此之外，模型还控制了企业（*Firm*）、年度（*Year*）固定效应，并聚类到企业。

2. 发明创新水平对企业品牌价值的影响

品牌特别是知名品牌和强势品牌能够转化为企业的市场竞争力，并创造更多的市场价值，因此知名品牌往往具有自己的核心优势，这种优势包括独特的产品设计、丰富的商业文化内涵、具有自主知识产权的核心技术等。其中，核心技术优势最为关键，是企业强化品牌建设的底气所在。当前，我们缺乏具有国际竞争力的民族品牌，主要原因不是品牌推广力度不够大，而是自主创新不够、缺乏核心技术支撑。加强品牌建设，对加大技术创新力度、推动核心技术的研发应用提出了紧迫要求（汪同三，2017）。为了考察最具创新水平的发明创新对企业品牌价值的影响，并保证研究结论的稳健性，本章分别报告了发明创新（*ln_iapply*）对品牌价值（*lnbv*）的影响，以及发明创新（*ln_iapply*）对动态品牌价值（某个企业的品牌价值相对于同年度行业中值的变动，用 *adj - lnbv* 衡量）的影响，研究结果见表4－8。通过观察表4－8分行业的回归结果可以看出，发明创新对企业品牌价值的提升具有积极作用，且在技术密集型企业样本中这种正向影响更为显著。经过进一步的稳健性检验，我们发现，上述研究结论依然成立。在这里我们发现了支持假设 H4－2、假设 H4－3 的经验证据，也就是说，我们发现了发明创新对企业品牌价值产生积极影响的证据，且该研究结论在技术密集型企业样本中更为显著。

表4-8　　　　发明创新产出能力对企业品牌价值的影响

变量	*lnbv*			*adj-lnbv*		
	全样本	技术密集	资本劳动密集	全样本	技术密集	资本劳动密集
ln_iapply	0.085** (2.22)	0.139*** (2.94)	0.069* (1.71)	0.067** (2.16)	0.112*** (2.77)	0.034* (1.69)
Cflow	1.263*** (3.08)	1.570** (2.42)	0.713*** (3.55)	1.754** (2.27)	3.297** (2.51)	0.590** (2.10)
Size	0.522*** (11.44)	0.539*** (8.75)	0.458*** (7.19)	0.353*** (6.64)	0.431*** (4.17)	0.254** (2.26)
Lev	-0.094* (-1.71)	-0.148** (-2.36)	-0.033 (-1.18)	-0.216* (-1.86)	-0.379** (-2.44)	-0.158 (-0.79)
Age	0.033*** (3.73)	0.034*** (4.01)	0.033*** (3.22)	0.034*** (3.18)	0.033*** (3.92)	0.037*** (2.69)
Balanc	0.083 (1.31)	0.122* (1.73)	0.074 (1.12)	0.097* (1.68)	0.182** (2.12)	0.081 (0.74)
Sale_gr	0.424* (1.69)	1.191** (2.24)	0.092 (0.75)	0.410 (1.53)	0.754* (1.84)	0.107 (1.19)
Profit	0.424* (1.76)	1.191** (2.35)	0.092 (0.87)	0.310 (1.54)	0.524* (1.67)	0.107 (1.37)
Inst	2.603* (1.92)	2.825** (2.16)	1.974 (1.61)	1.871* (1.70)	2.374** (2.03)	1.302 (1.09)
constant	1.710*** (2.81)	2.024*** (3.46)	1.271*** (3.04)	2.332*** (3.62)	2.595*** (2.91)	1.331*** (3.27)
Firm&Year	yes	yes	yes	yes	yes	yes
聚类到企业	yes	yes	yes	yes	yes	yes
N	1752	872	880	1752	872	880
Adj. R^2	0.506	0.433	0.427	0.481	0.475	0.394

注：（1）***、**和*表示统计上的显著性水平，分别表示在1%、5%和10%水平上显著，括号中是估计参数的t值。（2）被解释变量是*lnbv*和*adj-lnbv*。（3）此外，模型中还设置了企业（*Firm*）、年度（*Year*）固定效应，并聚类到企业。

模型中其他控制变量的回归系数和显著性水平也与预期高度一致，具体来说：①良好的财务状况对企业品牌价值的提升具有积极作用。例如，充足的现金流（Cflow）是企业品牌价值形成和提升的有力保障；而较高的资产负债率（*Lev*）将是企业品牌价值提升的绊脚石，在技术密集型企业样本中尤其如此，可能源于技术密集型企业本身具有较高的经营风险，为了保证整体风险可控，往往不主张高负债经营。②内、外部治理环境也是企业品牌价值的重要影响因素。例如，股权制衡（*Balanc*）和机构持股（*Inst*）通过内、外部协同治理效应，共同推动企业品牌价值的提升。③企业个体特征和异质性资源条件也在一定程度上影响着企业品牌价值的形成和提升。例如，企业规模（*Size*）、企业年龄（*Age*）、销售增长率（*Sale_gr*）以及公司利润率（*Profit*）等资源条件的差异，会引致营销网络、品牌设计及管理上的差异，最终会影响品牌价值的成长路径。最后，模型还控制了企业（*Firm*）、年度（*Year*）固定效应，并聚类到企业。

3. 实用新型创新水平对企业品牌价值的影响

不同类型的技术创新对品牌价值的影响效应截然不同。相对于发明创新而言，实用新型创新往往具有较低的新颖性和原创性、创新门槛不高。在发明创新高不可攀的背景下，实用新型创新自然就得到更多的青睐。然而，实用新型创新在企业品牌培育的过程中是否发挥了积极的促进效应，为了考察这种影响的大小，并保证研究结论稳健可靠，本章分别报告了实用新型创新（*ln_uapply*）对品牌价值（*lnbv*）的影响，以及实用新型创新（*ln_uapply*）对动态品牌价值（某个企业的品牌价值相对于同年度行业中值的变动，用 *adj - lnbv* 衡量）的影响，研究结果如表 4 -9 所示。通过观察表 4 -9 分行业的回归结果可以看出，实用新型创新对技术密集型企业的品牌价值具有积极的提升作用，在资本劳动密集型企业样本中这种正向影响在统计上并不显著。上述研究结论在稳健性检验后依然成立。进一步对比表 4 -8 的研究结果，我们发现，相对于发明创新，实用新型创新对品牌价值的影响无论是影响系数还是显著性水平都更逊一筹，这在一定程度上为假设 H4 -2 和假设 H4 -3 通过检验提供了经验证据。也就是说，我们发现了实用新型创新对技术密集型企业品牌价值产生积极影响的证据但影响效应不及发明创新强劲有力，同时发现，对资本劳动密集型企业品牌价值的影响并不具有统计上的显著性。

表 4-9　实用新型创新产出能力对企业品牌价值的影响

变量	*lnbv*			*adj-lnbv*		
	全样本	技术密集	资本劳动密集	全样本	技术密集	资本劳动密集
ln_uapply	0.034* (1.77)	0.047* (1.91)	0.032 (1.29)	0.021 (1.53)	0.036* (1.72)	0.008 (1.23)
Cflow	1.311*** (2.66)	1.771*** (2.99)	0.491* (1.87)	1.632*** (2.72)	3.025*** (4.07)	0.561* (1.79)
Size	0.538*** (10.71)	0.637*** (8.91)	0.442*** (6.18)	0.377*** (5.08)	0.566*** (4.30)	0.254*** (2.68)
Lev	-0.292 (-1.18)	-0.483* (-1.71)	-0.152 (-0.79)	-0.325* (-1.67)	-0.739** (-2.38)	-0.229 (-0.56)
Age	0.031*** (3.28)	0.038*** (4.19)	0.023*** (2.81)	0.041*** (4.17)	0.043*** (4.72)	0.039*** (2.87)
Balanc	0.044 (0.84)	0.052 (0.75)	0.056 (0.71)	0.092 (1.47)	0.217** (2.33)	0.050 (0.65)
Sale_gr	0.231* (1.72)	0.304** (2.19)	0.058 (0.30)	0.433* (1.88)	0.522** (1.98)	0.126 (1.47)
Profit	0.572* (1.86)	1.236** (2.13)	0.509 (1.50)	0.368 (1.48)	1.502** (2.27)	0.227 (1.51)
Inst	2.605* (1.66)	3.492** (2.29)	1.939 (0.62)	3.378*** (2.79)	5.893*** (3.54)	1.910* (1.92)
constant	2.904*** (2.71)	4.346*** (3.19)	1.553*** (2.67)	3.629*** (3.77)	4.451*** (2.96)	2.471*** (3.20)
Firm&Year	yes	yes	yes	yes	yes	yes
聚类到企业	yes	yes	yes	yes	yes	yes
N	1752	872	880	1752	872	880
Adj. R^2	0.439	0.385	0.366	0.413	0.408	0.370

注：(1) ***、** 和 * 表示统计上的显著性水平，分别表示在 1%、5% 和 10% 水平上显著，括号中是估计参数的 t 值。(2) 被解释变量是 *lnbv* 和 *adj-lnbv*。(3) 此外，模型中还设置了企业 (*Firm*)、年度 (*Year*) 固定效应，并聚类到企业。

模型主要控制变量的回归系数也与预期基本一致，具体来说：①良好的财务状况为企业品牌价值的提升起到基础保障条件。例如，充足的现金流（*Cflow*）为企业品牌价值的形成和发展起到坚实的财务支撑和保障作用；而较高的资产负债率（*Lev*）在技术密集型企业中并不受推崇，因为技术密集型企业本身要承担较高的研发风险和经营风险，为了保证整体风险可控，往往不愿意再过多承担高负债经营带来的财务风险。②内、外部治理环境也将共同影响企业品牌价值的形成和发展。例如，股权制衡（*Balanc*）和机构持股（*Inst*）通过内、外部协同治理效应，共同影响企业品牌价值的发展方向。③企业个体特征和异质性资源条件是企业品牌价值提升的重要影响因素。例如，企业规模（*Size*）、企业年龄（*Age*）、销售增长率（*Sale_gr*）以及公司利润率（*Profit*）等会引起企业品牌经营模式和管理模式的差异，最终会影响企业品牌价值的成长速度。最后，模型还控制了企业（*Firm*）、年度（*Year*）固定效应，并聚类到企业。

4. 外观设计创新水平对企业品牌价值的影响

不同类型的技术创新对品牌价值的形成和发展具有不同的作用。发明创新和实用新型创新往往能够打造新颖实用的功能，成为吸引消费者的主要抓手。然而，外观设计创新同样非常重要，新颖的外观造型和色彩搭配，能够先入为主地影响消费者情绪和心理的变化，从而在众多产品中脱颖而出，达到吸引消费者的目的。为了考察外观设计创新对企业品牌价值的影响，并保证研究结论的稳健性，本章分别报告了外观设计创新（*ln_dapply*）对品牌价值（*lnbv*）的影响，以及外观设计创新（*ln_dapply*）对动态品牌价值（某个企业的品牌价值相对于同年度行业中值的变动，用 *adj - lnbv* 衡量）的影响，研究结果如表 4 - 10 所示。通过观察表 4 - 10 分行业的回归结果可以看出，外观设计创新对不同行业类型的企业品牌价值都具有一定的积极影响，且对技术密集型企业的影响更为明显。上述研究结论在稳健性检验后依然成立。进一步对比表 4 - 8 的研究结果，我们发现，相对于发明创新，外观设计创新对品牌价值的影响无论是影响系数还是显著性水平都更逊一筹，这在一定程度上说明了产品功能创新是产品品牌竞争力的关键，而外观设计创新虽然能够提高产品附加值，但也仅仅具有锦上添花的作用，仍不能成为影响品牌价值的主导性因素。这为假设 H4 -2 和假设 H4 -3通过检验提供了经验证据。也就是说，我们发现了外观设计创新对企业品牌价值产生积极影响的证据，且在技术密集型企业中影响更为显著；但从总体上看，外观设计创新对企业品牌价值的影响力不如发明创新显著。

表 4 -10　　外观设计创新产出能力对企业品牌价值的影响

变量	*lnbv*			*adj - lnbv*		
	全样本	技术密集	资本劳动密集	全样本	技术密集	资本劳动密集
ln_dapply	0.051*** (2.67)	0.080*** (3.39)	0.018* (1.73)	0.029** (2.16)	0.036*** (2.79)	0.012* (1.68)
Cflow	0.504 (1.16)	0.510 (0.73)	0.368 (0.42)	0.855* (1.87)	1.839** (2.20)	0.561 (1.35)
Size	0.612*** (12.75)	0.620*** (7.14)	0.578*** (6.46)	0.422*** (5.00)	0.436*** (3.57)	0.389*** (3.21)
Lev	-0.470 (-1.09)	-0.774* (-1.73)	-0.313 (-0.94)	-0.116 (-1.39)	-0.334** (-2.02)	-0.001 (-0.06)
Age	0.029*** (3.94)	0.037*** (4.27)	0.027** (2.19)	0.037*** (3.71)	0.038*** (4.01)	0.036** (2.44)
Balanc	0.044 (0.84)	0.111 (1.62)	0.008 (0.10)	0.083 (1.11)	0.188* (1.96)	0.062 (1.04)
Sale_gr	0.226 (1.57)	0.331* (1.94)	0.066 (1.35)	0.249 (1.37)	0.524** (2.28)	0.223 (0.92)
Profit	0.611** (2.10)	1.488*** (3.15)	0.308 (0.77)	0.751 (1.50)	1.355** (2.29)	0.252 (0.70)
Inst	2.420* (1.81)	3.633** (2.09)	1.410* (1.66)	2.859*** (3.69)	5.010*** (4.39)	1.584*** (2.92)
constant	1.434*** (3.63)	1.937*** (3.46)	1.283*** (2.97)	3.995*** (3.16)	3.652*** (4.08)	2.853*** (2.75)
Firm&Year	yes	yes	yes	yes	yes	yes

续表

变量	lnbv			adj - lnbv		
	全样本	技术密集	资本劳动密集	全样本	技术密集	资本劳动密集
聚类到企业	yes	yes	yes	yes	yes	yes
N	1752	872	880	1752	872	880
Adj. R^2	0.486	0.471	0.452	0.511	0.467	0.363

注：（1）***、** 和 * 表示统计上的显著性水平，分别表示在 1%、5% 和 10% 水平上显著，括号中是估计参数的 t 值。（2）被解释变量是 *lnbv* 和 *adj - lnbv*。（3）此外，模型中还设置了企业（*Firm*）、年度（*Year*）固定效应，并聚类到企业。

纵观模型中的控制变量，也与预期相符：①充足的现金流（*Cflow*）是良好财务状况的体现，能够保障企业品牌价值的持续提升；而较高的资产负债率（*Lev*）在技术密集型企业中并不受推崇，因为技术密集型企业本身要承担较高的研发风险和经营风险，为了避免风险叠加，往往会主动回避高负债经营带来的财务风险。②良好的内、外部治理环境将是企业品牌价值提升的助推器。例如，股权制衡（*Balanc*）和机构持股（*Inst*）通过内、外部协同治理效应，共同对企业品牌价值的提升产生积极的正向影响。③企业个体特征和异质性资源条件也是影响品牌竞争力和品牌价值的重要因素。例如，企业规模（*Size*）、企业年龄（*Age*）、销售增长率（*Sale_gr*）以及公司利润率（*Profit*）等资源基础条件会影响企业品牌经营路径和品牌管理模式，最终会影响企业品牌价值成长速度。最后，模型还控制了企业（*Firm*）、年度（*Year*）固定效应，并聚类到企业。

三、异质性探讨

现有关于企业品牌价值形成的研究主要立足于业绩维度、品质维度、信誉维度及心理维度（刘平均，2016；闫明杰，2020），对企业自身的自主创新能力关注仍然不足，同时也忽视了对产权性质、行业竞争、知识产权保护及企业社会责任等品牌生态环境（张燚、张锐，2003）的促进与推动或制约与淘汰作用的关注。为了明晰企业自主创新对品牌价值生成的作用机理，本章在关注技术创新对企业品牌价值影响的同时，将研究视角集中在企业自身的产权性质、企业所处行业的市场竞争状况、企业创新是否能得到充分的知识产权保护、企业自身履行社会责任的情况等几个方面，关注其在企业技术创新与品牌价值生成关系中的异质性影响。

（一）产权性质的影响

由于我国特殊的制度环境，在研究企业问题时不可避免地要考虑企业的产权性质。不同产权性质的企业，其资源获取、责任目标及风险承担水平会迥然不同，技术创新的动机和动力也会有所不同，在实施品牌战略过程中的作用当然也就存在较大的差异，从而可能会影响技术创新对品牌价值提升作用的发挥。因此，我们认为不同产权性质下技术创新对品牌价值的影响可能存在差异。

首先，国有企业作为一种特殊的组织形式，其先天能够得到更多的政府支持并获取更多的发展资源，因此，相对于非国有企业而言，国有企业本身具有一定的声誉优势，品牌价值的提升更多地依靠声誉，技术创新对提升品牌价值而言，仅起到“锦上添花”的作用。相反，对非国有企业而言，由于不具备国有企业先天的资源优势及政策优势，其品牌价值的提升更多依靠后天的创建与努力，如通过不断的技术创新持续向市场推出新产品满足消费者的需求，从而把握市场的主动权，品牌价值方能得以维持和继续增长。其次，由于国有企业的管理者往往由政府直接委派指定，管理者往往更关注政治目标及政治抱负的实现。对于其任职期限内的周期较长、短期内不能带来显著经济效益的技术创新项目及相应的品牌培育，由于不能为其政治晋升及业绩考核带来积极的正面作用，因此并不能得到管理者青睐，这在一定程度上说明，国有企业的技术创新对品牌价值的提升空间受到限制。相反，对于非国有企业而言，由于其绩效考核目标比较单一，追求企业可持续发展及长期经济绩效最大化的生存使命决定了其必须增强其核心竞争力，加大技术创新，提升品牌价值。因此，如表 4－11 所示，与国有企业相比，非国有企业的技术创新对品牌价值的提升作用更为显著。据此，我们得到了支持假设 H4－4 的经验证据。为了进一步研究几种不同类型的创新对企业品牌价值的影响是否存在异质性，通过观察表 4-11 实证检验结果，我们发现，无论国有企业还是非国有企业，发明创新（*ln_iapply*）对企业品牌价值的影响力度最大，是企业品牌价值提升的主导性影响因素，该研究结论与预期高度一致。

表 4-11　　不同产权性质下技术创新对企业品牌价值的影响

变量	国有企业				非国有企业			
	(1)	(2)	(3)	(4)	(5)	(6)	(7)	(8)
ln_apply	0.024* (1.77)				0.105*** (5.18)			
ln_iapply		0.053* (1.69)				0.112*** (4.01)		
ln_uapply			0.022 (0.82)				0.039* (1.83)	
ln_dapply				0.028* (1.91)				0.107*** (6.08)
Cflow	0.146 (1.54)	0.961* (1.70)	0.164* (1.85)	1.124 (1.23)	0.240* (1.78)	1.593** (2.34)	1.844*** (3.25)	0.193 (1.51)
Size	0.542*** (21.37)	0.535*** (9.24)	0.669*** (13.11)	0.593*** (4.56)	0.510*** (14.01)	0.568*** (3.06)	0.437*** (3.13)	0.626*** (3.37)
Lev	-0.265* (-1.81)	-0.244* (-1.76)	-0.426* (-1.82)	-0.253* (-1.70)	-1.101*** (-2.90)	-0.064*** (-2.93)	-0.519** (-2.11)	-1.321*** (-2.78)
Age	0.026*** (3.16)	0.027*** (2.73)	0.035*** (3.45)	0.033*** (3.59)	0.077*** (4.89)	0.080*** (3.87)	0.078*** (4.56)	0.089*** (5.32)
Balanc	0.044 (1.23)	0.039 (1.48)	0.030 (0.39)	0.031 (1.57)	0.096* (1.80)	0.169* (1.84)	0.087* (1.69)	0.126* (1.78)
Sale_gr	0.287 (1.38)	1.018 (0.99)	0.171 (0.72)	0.307 (1.31)	0.169* (1.67)	1.235** (2.41)	0.617** (2.28)	0.354* (1.72)
Profit	0.067 (1.12)	0.079 (1.33)	0.341 (0.75)	0.195 (1.27)	1.674*** (3.90)	1.491*** (3.03)	1.499*** (2.80)	1.562*** (3.21)

续表

变量	国有企业				非国有企业			
	(1)	(2)	(3)	(4)	(5)	(6)	(7)	(8)
Inst	1.639** (2.33)	1.842* (1.91)	0.678** (2.24)	1.135** (2.26)	2.708** (2.41)	2.517** (2.18)	2.759** (2.03)	3.288** (2.29)
constant	3.198*** (3.75)	2.090*** (3.01)	1.085*** (4.87)	1.506*** (3.20)	3.760*** (3.08)	2.181*** (3.21)	2.093*** (3.80)	3.059*** (4.15)
Firm&Year	yes	yes	yes	yes	yes	yes	yes	yes
聚类到企业	yes	yes	yes	yes	yes	yes	yes	yes
N	950	950	950	950	802	802	802	802
Adj. R^2	0.387	0.364	0.429	0.513	0.447	0.355	0.381	0.465

注：（1）***、**和*表示统计上的显著性，分别表示在1%、5%和10%水平上显著，括号中是估计参数的t值。（2）被解释变量是 *lnbv*。（3）此外，模型中还设置了企业（*Firm*）、年度（*Year*）固定效应，并聚类到企业。

控制变量的回归系数和显著性水平也符合预期：①充足的现金流（*Cflow*）是企业持续经营和打造优秀品牌的财务保障；而较高的资产负债率（*Lev*）会使企业承担额外的财务风险，不利于品牌价值的提升。②良好的内、外部治理环境能够帮助企业及时纠正错误决策，促进企业的长远发展。例如，股权制衡（*Balanc*）和机构持股（*Inst*）通过内、外部协同治理效应，共同推动企业品牌价值的持续提升。③企业异质性资源条件和异质性特征也会对企业品牌价值产生持续影响。例如，企业规模（*Size*）、企业年龄（*Age*）、销售增长率（*Sale_gr*）以及公司利润率（*Profit*）等资源基础条件会影响企业品牌成长路径和品牌价值。最后，模型还控制了企业（*Firm*）、年度（*Year*）固定效应，并聚类到企业。

（二）行业竞争的影响

技术创新是影响高技术领域品牌价值的决定性要素，也是最活跃的要素。尤其是在激烈的全球化的竞争态势下，技术创新呈指数增长，创新周期大大缩短，产品寿命缩短、品种增加，新品种和改良品种的加速出现是当前竞争中的残酷现实。只有加强与消费者互动，并通过持续技术创新的支撑加快新产品研发，以此回应消费市场的新动向、满足消费者的新需求，才能把握市场的主动权，品牌价值才能自然而然地随之提升。反之，如果产品市场竞争程度较低，企业一般能够获取一定的垄断性，先天的声誉决定了消费者对其品牌的信任度和忠诚度较强，技术创新对企业品牌价值的提升作用有所减弱，其品牌价值的提升更多地依靠其自身的资源与地位。因此，我们认为异质性产品市场竞争情景下，技术创新对品牌价值的影响将存在巨大差异。基于此，本章根据产品市场竞争的50%分位数将其分为高、低两组，表4－12报告了产品市场竞争异质性分析结果，技术创新的系数和显著性随着产品市场竞争程度的加强均有所提升，表明技术创新对品牌价值的促进效应在产品市场竞争程度较高的情景下更加凸显，据此我们得到了假设H4－5通过检验的经验证据。为了进一步研究几种不同类型的创新对企业品牌价值的影响是否存在异质性，通过观察表4－12实证检验结果，我们发现，无论产品市场竞争程度是否激烈，发明创新（*ln_iapply*）对企业品牌价值都发挥着主导性的影响作用，研究结论与预期相符。

表4－12　　不同行业竞争下技术创新对企业品牌价值的影响

变量	产品市场竞争（低组）				产品市场竞争（高组）			
	(1)	(2)	(3)	(4)	(5)	(6)	(7)	(8)
ln_apply	0.018* (1.71)				0.124*** (4.38)			
ln_iapply		0.031* (1.79)				0.150*** (3.14)		
ln_uapply			0.093 (0.72)				0.045* (1.67)	
ln_dapply				0.026* (1.82)				0.117*** (3.46)
Cflow	0.126 (1.02)	1.140 (1.57)	1.153* (1.90)	0.451 (1.07)	0.217** (2.19)	1.931** (2.37)	1.872*** (3.14)	0.526 (1.02)
Size	0.475*** (4.22)	0.456*** (4.01)	0.590*** (4.19)	0.511*** (4.90)	0.556*** (9.87)	0.563*** (4.26)	0.645*** (6.31)	0.629*** (4.63)

续表

变量	产品市场竞争（低组）				产品市场竞争（高组）			
	(1)	(2)	(3)	(4)	(5)	(6)	(7)	(8)
Lev	-0.125 * (-1.86)	-0.146 (-1.38)	-0.520 * (-1.72)	-0.154 (-1.39)	-0.293 ** (-2.41)	-0.241 ** (-2.35)	-0.204 (-1.54)	-1.137 * (-1.68)
Age	0.023 * (1.74)	0.020 (1.53)	0.018 (1.21)	0.034 ** (2.08)	0.037 *** (3.82)	0.040 *** (3.97)	0.042 *** (4.26)	0.039 *** (3.90)
Balanc	0.069 (1.61)	0.189 * (1.80)	0.085 (0.74)	0.193 * (1.69)	0.112 (1.13)	0.119 (1.44)	0.126 (1.33)	0.044 (1.54)
Sale_gr	0.163 (1.23)	0.079 (1.30)	0.092 * (1.68)	0.048 (1.15)	0.285 * (1.70)	1.262 ** (2.28)	0.393 ** (2.29)	0.407 * (1.89)
Profit	0.333 *** (3.21)	0.432 ** (2.07)	0.281 *** (2.66)	0.920 ** (2.59)	1.356 ** (2.21)	1.489 ** (2.37)	1.531 ** (2.16)	1.573 *** (3.29)
Inst	1.034 * (1.91)	1.158 * (1.76)	1.745 * (1.68)	0.236 ** (2.02)	1.145 *** (2.68)	3.629 ** (2.33)	2.443 ** (2.10)	4.804 *** (2.77)
constant	1.711 *** (4.98)	2.300 *** (3.67)	5.752 *** (4.89)	1.525 *** (3.34)	5.636 *** (5.48)	2.020 *** (3.29)	3.602 *** (3.04)	3.105 *** (4.16)
Firm&Year	yes	yes	yes	yes	yes	yes	yes	yes
聚类到企业	yes	yes	yes	yes	yes	yes	yes	yes
N	902	902	902	902	850	850	850	850
Adj. R^2	0.422	0.368	0.371	0.439	0.385	0.393	0.446	0.418

注：（1）***、**和*表示统计上的显著性，分别表示在1%、5%和10%水平上显著，括号中是估计参数的t值。（2）被解释变量是*lnbv*。（3）此外，模型中还设置了企业（*Firm*）、年度（*Year*）固定效应，并聚类到企业。

模型中控制变量的回归系数和显著性水平也均得到了理论支持，具体来说：①充足的现金流（*Cflow*）是企业打造优势品牌的财务保障；而较高的资产负债率（*Lev*）会额外增大企业的财务风险，不利于品牌竞争力的持续提升。②良好的内、外部治理环境有利于及时纠正企业的错误经营决策，促进企业的健康发展。例如，股权制衡（*Balanc*）和机构持股（*Inst*）通过发挥良好的内、外部治理机制效应，共同推动企业品牌价值的持续提升。

③企业异质性特征和异质性资源条件也将会影响企业品牌价值的实现路径。例如，企业规模（*Size*）、企业年龄（*Age*）、销售增长率（*Sale_gr*）以及公司利润率（*Profit*）等异质性企业特征会影响企业品牌价值的提升速度。最后，模型还控制了企业（*Firm*）、年度（*Year*）固定效应，并聚类到企业。

（三）知识产权保护的影响

在全球金融危机冲击下，缺乏创新加持的众多出口制造企业面临极大的困境和挑战，而位于“中国品牌名镇”的科龙、容声、格兰仕等知名品牌企业却表现出非常强的抗风险能力。经验证明，技术创新及由此而塑造的强势品牌是“中国制造”升级的根本出路和中国经济高质量崛起的主要途径。实际上，在技术创新推动企业品牌价值提升的问题上，知识产权保护是至关重要的。单纯的技术创新成果并不能保证企业独占其创新收益，知识产权保护通过将创新研发的收益限制于投资者，进而激励企业继续创新，而企业持续创新是企业品牌价值提升的动力源泉。因此应将知识产权保护、技术创新与品牌价值置于同一个框架下进行分析。鉴于以上考虑，本章将根据知识产权保护的50%分位数将其分为高、低两组，以此为基础进一步实证检验知识产权保护和技术创新对企业品牌价值的影响以及异质性知识产权保护水平下技术创新对品牌价值的影响差异，相关研究结果如表4－13所示。通过观察表4－13的研究结果，我们发现，技术创新是品牌的技术基础和价值来源，是品牌成长的灵魂（林汉川等，2017），知识产权保护水平越高，技术创新对品牌价值的提升效应越显著，即在知识产权保护较高组别具有更大更显著的正向影响。这说明我国在实施创新驱动品牌发展战略的过程中，应该关注知识产权保护问题，从而可以达到事半功倍的效果。据此，假设H4－6得到了相应的经验支持。为了进一步考察几种不同类型的创新对企业品牌价值的影响是否存在异质性，通过观察表4－13实证检验结果，我们发现，无论知识产权保护程度的高低，发明创新（*ln_iapply*）对企业品牌价值的提升都具有更强的主导作用，研究结论与理论预期一致。

表 4-13　不同知识产权保护下技术创新对企业品牌价值的影响

变量	知识产权保护（低组）				知识产权保护（高组）			
	(1)	(2)	(3)	(4)	(5)	(6)	(7)	(8)
ln_apply	0.041 ** (2.29)				0.105 *** (4.76)			
ln_iapply		0.055 ** (2.14)				0.126 *** (3.58)		
ln_uapply			0.030 (1.57)				0.042 * (1.82)	
ln_dapply				0.023 ** (2.40)				0.086 *** (4.55)
Cflow	0.127 *** (2.84)	1.843 *** (3.03)	1.817 *** (3.19)	0.581 (1.18)	0.375 * (1.77)	1.301 * (1.84)	1.615 ** (2.08)	1.211 * (1.69)
Size	0.550 *** (10.14)	0.544 *** (10.39)	0.645 *** (10.30)	0.704 *** (11.97)	0.478 *** (8.88)	0.465 *** (8.13)	0.602 *** (9.26)	0.569 *** (10.46)
Lev	-0.849 ** (-2.32)	-0.115 ** (-2.39)	-0.844 ** (-1.98)	-0.224 (-0.56)	-0.086 * (-1.74)	-0.229 * (-1.85)	-0.170 (-1.43)	-0.823 * (-1.81)
Age	0.081 *** (6.27)	0.078 *** (6.20)	0.080 *** (5.72)	0.097 *** (7.54)	0.019 * (1.82)	0.011 ** (2.06)	0.021 * (1.74)	0.023 ** (2.17)
Balanc	0.034 (1.45)	0.049 * (1.71)	0.033 (0.49)	0.040 (1.52)	0.132 * (1.81)	0.201 * (1.68)	0.089 * (1.76)	0.218 * (1.85)
Sale_gr	0.275 * (1.77)	1.121 * (1.86)	0.373 ** (2.15)	0.182 * (1.67)	0.162 * (1.83)	1.198 ** (2.16)	0.066 (1.22)	0.411 * (1.90)
Profit	1.424 *** (3.08)	1.532 *** (3.39)	0.596 * (1.91)	0.419 * (1.78)	0.734 (1.30)	0.163 (1.25)	1.276 ** (2.02)	2.110 *** (3.10)
Inst	0.152 ** (2.17)	2.876 * (1.87)	2.744 * (1.74)	4.015 ** (2.25)	0.353 * (1.86)	0.719 ** (2.41)	3.533 ** (2.19)	2.756 * (1.68)
constant	4.753 *** (8.71)	1.735 *** (8.46)	3.590 *** (8.29)	1.497 *** (11.50)	2.441 *** (5.40)	2.132 *** (4.67)	5.085 *** (6.48)	2.708 *** (6.26)
Firm&Year	yes	yes	yes	yes	yes	yes	yes	yes

续表

变量	知识产权保护（低组）				知识产权保护（高组）			
	(1)	(2)	(3)	(4)	(5)	(6)	(7)	(8)
聚类到企业	yes	yes	yes	yes	yes	yes	yes	yes
N	914	914	914	914	838	838	838	838
Adj. R^2	0.348	0.317	0.296	0.362	0.339	0.436	0.287	0.375

注：(1) ***、** 和 * 表示统计上的显著性，分别表示在 1%、5% 和 10% 水平上显著，括号中是估计参数的 t 值。(2) 被解释变量是 *lnbv*。(3) 此外，模型中还设置了企业 (*Firm*)、年度 (*Year*) 固定效应，并聚类到企业。

模型中控制变量的回归结果也与理论预期相符，具体来说：①丰富的现金流量（*Cflow*）是企业打造优势品牌的财务基础；而较高的资产负债率（*Lev*）会额外增大企业的财务风险，从而对企业产生风险叠加效应，不利于企业的持续发展。②良好的内、外部治理环境能够起到及时纠偏作用，促进企业的快速成长。例如，股权制衡（*Balanc*）和机构持股（*Inst*）能够发挥内、外部协同治理效应，促进企业品牌价值的快速提升。③企业异质性特征和资源条件也会影响企业品牌的成长速度和成长路径。例如，企业规模（*Size*）、企业年龄（*Age*）、销售增长率（*Sale_gr*）以及公司利润率（*Profit*）都代表企业在某个领域具有较深的资历和资源积累，这些优势资源将有利于企业品牌价值的提升。最后，模型还控制了企业（*Firm*）、年度（*Year*）固定效应，并聚类到企业。

（四）企业社会责任的影响

在企业承担社会责任存在差异的情况下，技术创新对企业品牌价值的影响将存在一定的异质性，具体来说，首先，企业在员工待遇和员工发展方面履行的社会责任，通过影响研发人员的技术贡献率促进技术创新和品牌价值。在重视社会责任的企业中，研发人员的整体工作满意度较高，可以有效激发创新人员的技术贡献，对产品功能价值产生促进作用。其次，企业在慈善公益事业方面履行的社会责任能够增强企业的社会信誉，提升多方利益相关者对企业的信任程度（崔海云和魏国辰，2017；陈晓珊，

2017)。尤其当企业既能够向市场提供高品质的产品，又具有较强的企业社会责任时，多方利益相关者往往能够表现出更强的品牌信任度和品牌忠诚度，进而为品牌价值的提升起到良好的支撑作用（Huang & Watson，2015)。鉴于上述考虑，本章根据企业社会责任的50%分位数将其分为高、低两组，以此为基础实证考察异质性企业社会责任水平下技术创新对品牌价值的影响差异，相关研究结果如表4-14所示。技术创新是企业品牌价值的来源和灵魂（刘平均，2016；林汉川等，2017)，在企业社会责任较高组别，技术创新对品牌价值具有更大更显著的正向影响效应。这说明我国在实施创新驱动品牌发展战略的过程中，也应积极督促企业关注社会责任履行问题，例如，对企业精准扶贫的关注、对环境保护的关注、对员工发展的关注等，能够与技术创新产生协同效应，共同促进企业品牌价值的提升。据此，假设H4-7得到了相应的经验支持。通过进一步观察几种不同类型的创新对企业品牌价值影响的异质性，我们发现，不同企业社会责任下发明创新（*ln_iapply*）均对企业品牌价值的提升具有主导作用，与前面研究结论一致。

表4-14　不同企业社会责任下技术创新对企业品牌价值的影响

变量	企业社会责任（低组）				企业社会责任（高组）			
	(1)	(2)	(3)	(4)	(5)	(6)	(7)	(8)
ln_apply	0.028** (2.33)				0.123*** (4.54)			
ln_iapply		0.056** (2.40)				0.145*** (3.69)		
ln_uapply			0.023* (1.88)				0.044* (1.93)	
ln_dapply				0.027* (1.67)				0.091*** (3.28)
Cflow	0.322 (1.46)	1.267* (1.91)	0.134 (1.38)	0.528* (1.68)	0.195** (2.13)	1.819** (2.27)	1.898*** (3.05)	0.336 (1.43)

续表

变量	企业社会责任（低组）				企业社会责任（高组）			
	(1)	(2)	(3)	(4)	(5)	(6)	(7)	(8)
Size	0.564 *** (8.54)	0.552 *** (10.68)	0.619 *** (11.68)	0.651 *** (13.67)	0.492 *** (6.72)	0.486 *** (6.40)	0.664 *** (6.68)	0.531 *** (6.23)
Lev	-0.246 * (-1.86)	-0.182 ** (-2.15)	-0.347 * (-1.82)	-0.339 (-1.46)	-0.315 ** (-2.29)	-0.830 (-1.21)	-0.640 * (-1.83)	-0.859 * (-1.74)
Age	0.038 *** (2.89)	0.044 *** (2.97)	0.042 *** (3.67)	0.039 *** (3.35)	0.023 * (1.66)	0.026 * (1.68)	0.025 * (1.72)	0.020 (1.43)
Balanc	0.006 (1.07)	0.022 (1.25)	0.067 * (1.69)	0.035 (1.37)	0.149 (1.50)	0.128 * (1.75)	0.159 (1.54)	0.183 * (1.86)
Sale_gr	0.033 (1.15)	0.012 (1.05)	0.126 * (1.73)	0.114 (1.42)	0.290 * (1.91)	1.219 ** (2.27)	0.392 ** (2.38)	0.427 * (1.76)
Profit	1.155 ** (2.18)	0.850 *** (3.65)	1.070 ** (2.21)	1.535 *** (3.37)	1.671 ** (2.26)	1.936 *** (3.04)	1.544 * (1.67)	1.278 * (1.80)
Inst	0.281 * (1.71)	1.912 * (1.69)	3.050 * (1.87)	1.592 (1.43)	0.419 *** (2.64)	2.388 *** (2.69)	3.178 ** (2.52)	4.155 *** (2.62)
constant	4.843 *** (3.57)	1.232 *** (4.08)	3.111 *** (9.08)	1.624 *** (10.38)	3.073 *** (4.19)	2.529 *** (3.01)	5.835 *** (4.65)	3.215 *** (3.92)
Firm&Year	yes	yes	yes	yes	yes	yes	yes	yes
聚类到企业	yes	yes	yes	yes	yes	yes	yes	yes
N	932	932	932	932	820	820	820	820
Adj. R^2	0.421	0.463	0.481	0.528	0.457	0.533	0.396	0.449

注：(1) ***、** 和 * 表示统计上的显著性，分别表示在 1%、5% 和 10% 水平上显著，括号中是估计参数的 t 值。(2) 被解释变量是 *lnbv*。(3) 此外，模型中还设置了企业（*Firm*）、年度（*Year*）固定效应，并聚类到企业。

控制变量的回归结果也与理论预期一致：①充足的现金流（*Cflow*）是打造品牌的基本财务保障，对企业品牌价值的提升具有促进作用；而较高的资产负债率（*Lev*）会额外增大企业的财务风险，与技术研发风险叠加，不利于企业的长远健康发展。②股权制衡（*Balanc*）和机构持股（*Inst*）具有一定的治理效应，能够通过内、外部协同监督制衡快速提升企业的品牌价值。③企业异质性资源条件会影响企业品牌成长路径的选择。例如，企业规模（*Size*）、企业年龄（*Age*）、销售增长率（*Sale_gr*）以及公司利润率（*Profit*）等异质性资源禀赋都与企业品牌价值的提升速度具有较强的相关性。与前面研究一致，模型还控制了企业（*Firm*）、年度（*Year*）固定效应，并聚类到企业。

四、进一步分析：技术密集型企业的最适创新边界

对于目前较为关注的技术密集型企业而言，高质量的发明创新能够显著提升其品牌价值。那么，是否存在使品牌价值最大化的适度创新区间是学术界关注的主要问题之一，基于此，本章选择 Hansen（1999）门限模型进行探讨。首先设定如下的单门限模型：

$$\begin{aligned} Brandvalue_{i,t+1} = \beta_0 &+ \beta_1 ln\_iapply_{i,t} \times I(ln\_iapply_{i,t} \leqslant \gamma) \\ &+ \beta_2 ln\_iapply_{i,t} \times I(ln\_iapply_{i,t} > \gamma) \\ &+ \varphi Controls_{i,t} + u_{i,t} \end{aligned} \tag{4.2}$$

其中，*Brandvalue* 是被解释变量，表示品牌价值（用“品牌价值” *lnbv* 衡量，并采用“动态品牌价值” *adj - lnbv* 进行稳健性检验）。*ln_iapply* 是解释变量，表示发明专利申请量。括号中的 *ln_iapply* 和 γ 分别表示门槛变量和门槛值。*I*（＊）表示指标函数，视条件是否成立分别取 1 或 0。*Controls* 表示控制变量，主要包括现金流（*Cflow*）、公司规模（*Size*）、资本结构（*Lev*）、企业年龄（*Age*）、股权制衡（*Balanc*）、销售增长率（*Sale_gr*）、公司利润率（*Profit*）、机构持股（*Inst*）。对于单门限模型而言，首先计算出门槛估计值（$\hat{\gamma}$）及参数估计值（$\hat{\beta}$），在此基础上进行门槛显著性检验。多门限模型需要重复上述单门限模型的检验过程。

技术密集型企业是我国微观经济创新的主体，也是高质量创新的承载者。研究高质量的发明创新对技术密集型企业品牌价值的影响，并探讨其最佳创新区间显得尤为重要。表 4 - 15、表 4 - 16 说明技术密集型企业的发明创新（*ln_iapply*）对品牌价值（*lnbv*）的影响存在创新强度的最佳区间：当创新区间分别为（0，3.379）、（3.379，4.526）、（4.526，6.612）时，

发明创新（*ln_iapply*）对品牌价值（*lnbv*）的提升效应分别为 0.095、0.215、0.143，且均在 10% 及以上水平上显著。实证结果说明，对于技术密集型企业而言，高质量的发明创新有助于品牌价值的提升，且存在最佳创新边界。

表 4-15　门槛显著性检验和置信区间

被解释变量	门槛数	F 值	10%	5%	1%	门槛值	95% 置信区间
lnbv	单一	19.040**	16.517	18.083	20.805	3.379	(3.371, 3.425)
	双重	12.888**	9.578	11.162	15.154	4.526	(4.520, 4.544)
	三重	3.530	4.920	5.440	7.557		
adj-lnbv	单一	8.231**	3.759	5.750	9.043	3.007	(3.002, 3.158)
	双重	13.477**	5.783	7.675	14.682	5.611	(5.607, 5.639)
	三重	3.575	4.022	5.868	11.455		

注：参数值为 Bootstrap500 次的结果；* 为统计显著性。

表 4-16　创新区间与品牌价值

变量	*lnbv*			*adj-lnbv*		
	估计值	*t-ols*	*t-white*	估计值	*t-ols*	*t-white*
ln_iapply（*L*）	0.095	2.11**	1.91*	0.082	1.98*	1.72*
ln_iapply（*M*）	0.215	2.36**	2.42**	0.179	1.94*	1.78*
ln_iapply（*H*）	0.143	4.08***	3.30***	0.116	2.87***	2.39**
Cflow	1.235	3.70***	3.18***	1.157	3.43***	3.06***
Size	0.480	5.19***	3.39***	0.342	2.97***	3.41***
Lev	-0.242	-1.85*	-1.79*	-0.266	-1.81*	-1.77*
Age	0.025	3.90***	3.26***	0.030	4.11***	3.25***
Balanc	0.102	2.18**	1.75*	0.018	1.91*	1.78*
Sale_gr	0.115	1.89*	1.72*	0.069	1.73*	1.70*
Profit	0.321	2.19**	1.73*	0.098	2.20**	1.84*
Inst	0.226	2.94***	2.31**	0.767	2.82***	2.17**

注：（1）*ln_iapply*（*L*）、*ln_iapply*（*M*）、*ln_iapply*（*H*）的系数分别表示在技术密集型企业发明创新的低、中、高三档水平下，发明创新对品牌价值影响的估计结果。（2）* 表示统计显著性，*t-ols*、*t-white* 分别表示同、异方差假设下的 t 值。（3）被解释变量分别为 *lnbv*、*adj-lnbv*。

通过表4－15、表4－16发现，技术密集型企业开展高质量的发明创新（*ln_iapply*）对提升自身品牌在行业中的影响力（*adj－lnbv*）也具有非常重要的作用，且存在适度的创新边界：当创新区间分别为（0，3.007）、（3.007，5.611）、（5.611，6.612）时，发明创新对企业品牌相对价值的影响系数分别为0.082、0.179、0.116，且均具有统计显著性。研究结果证明，对于技术密集型企业而言，高质量的发明创新同样有助于提升企业品牌的行业影响力和企业品牌的行业地位，且存在驱动品牌相对价值最大化的适度创新边界。

前述结论证明，技术密集型企业开展高质量的发明创新对其品牌具有重塑效应，且存在最佳的创新边界，假设H4－8得到了相应的经验支持。本章的研究为技术密集型企业进行创新资源管理和品牌培育提供了有益参考。

本章小结

本章品牌价值数据来源于世界品牌实验室（World Brand Lab）每年发布的《中国最具价值品牌》、其他数据来源于国泰安数据库（CSMAR）。借鉴鲁桐和党印（2014）的做法，以证监会的行业分类为基础，剔除金融行业后，将制造业的细分行业与其他行业并列，按固定资产比重和研发支出比重将行业的要素密集情况进行聚类分析，将最终的21个行业划分为劳动密集型、资本密集型和技术密集型三类，本章拟在行业分类的基础上，考察技术创新对不同行业企业品牌价值的影响是否存在异质性。以品牌价值（*lnbv*）和动态品牌价值（*adj－lnbv*）为因变量，分别检验以研发人员投入（*Rdper*）和研发经费投入（*Rdspe*）为代表的技术创新保障能力对企业品牌价值的影响，以及以总创新（*ln_apply*）、发明创新（*ln_iapply*）、实用新型创新（*ln_uapply*）和外观设计创新（*ln_dapply*）为代表的多维创新水平和创新能力对企业品牌价值的影响。研究结果发现：①研发人员和研发经费投入都对技术密集型企业的品牌价值提升具有积极的正向影响，但对资本劳动密集型行业的企业品牌价值促进作用不具有统计上的显著性；②企业多维创新水平对企业品牌培育和品牌价值提升具有显著的积极影响，且发明创新相对于实用新型创新和外观设计创新而言，对企业品牌价值的正向影响更为显著。按照行业类型进一步分组研究，研究结果发现，相对于资本劳动密集型企业，技术创新对技术密集型企业品牌价值的促进作用更显著，其中几种不同类型的创新对比后发现，发明创新在技术密集型企业品牌价值的提升中仍然占主导作用。

为了进一步检验外部治理环境的异质性作用，本章拟从产权性质、行业竞争、知识产权保护、企业社会责任四个方面进一步考察这些异质性企业特征和外部治理环境因素在技术创新与品牌价值之间关系中的异质性影响效应。研究结果如下：①按照产权性质分组研究发现，相对于国有企业，非国有企业的技术创新对企业品牌价值的影响更显著。这表明国有企业由于受到产权性质的约束，对品牌价值的提升作用并没有发挥出来。②考虑到企业所面临的产品市场竞争环境，将研究样本按照产品市场竞争强弱进一步分组研究发现，相对于竞争程度较低的行业，技术创新对品牌价值的促进作用在竞争程度较高的行业中表现得更为积极显著。③考虑到技术创新过程中知识产权保护的重要性，将研究样本按照知识产权保护强弱进一步分组研究，研究结果发现，相对于知识产权保护强度较弱的制度环境，较高的知识产权保护水平通过将创新研发收益限制于创新者，使得技术创新对企业品牌价值具有更积极显著的提升作用。④考虑到企业履行社会责任的异质性，将研究样本按照企业社会责任的高低进一步分组研究，研究结果显示，当企业履行社会责任不同时，技术创新对企业品牌价值的影响是存在异质性的。具体而言，相对于企业履行社会责任较低组别，企业履行社会责任较高组别的品牌价值受到技术创新的正向影响更显著。

本章基于面板门限模型考察了高质量的发明创新对技术密集型企业品牌价值的影响及发明创新的最适边界。研究发现，技术密集型企业的发明创新对品牌价值及品牌行业影响力均存在创新强度的最佳区间，本章的研究结论能够为技术密集型企业的技术创新及品牌价值培育等实践活动提供理论依据。

本章的主要研究贡献为：研究结论验证了技术创新保障能力及不同类型的技术创新对企业品牌价值的提升均具有显著的促进作用，为企业实施自主品牌战略，提升品牌价值指明了方向；而且充分考虑了外部治理环境，如产权性质、行业竞争、知识产权保护以及企业社会责任等在技术创新与品牌价值之间关系中可能产生的异质性影响，为企业特别是技术密集型企业合理制定品牌培育战略提供理论依据；技术密集型企业的发明创新对品牌价值及品牌行业影响力均存在创新强度的最佳区间，从而为企业合理分配创新资源提供参考。

第五章

技术创新影响品牌价值的进一步检验："突破性"创新 VS. "渐进性"创新

第一节　理论分析与研究假设

我国宏观经济环境的巨变引领着企业间竞争形式的升级。不同于价格战、广告战等传统竞争模式，以技术创新为基础形成的差异化产品优势日益成为企业间竞争的主战场。以华为为例，2021 年和 2022 年的研发支出为 1 427 亿元和 1 615 亿元，占销售收入的比重高达 22.4% 和 25.1%，近 10 年研发支出总额更是超过 9 773 亿元。暗中较劲的技术创新大赛使企业的技术创新形式也悄然发生改变，逐渐从"渐进性"技术创新升级为"突破性"技术创新。根据第四章的研究结果，技术创新是企业品牌价值提升的关键因素之一，尤其对于创新型企业而言，技术创新往往是企业品牌价值成长的生命线。那么，当企业间技术创新的竞争形式日益升级，从"渐进性"技术创新向"突破性"技术创新演进的过程中，持续高强度的技术创新竞赛到底是罔顾风险的盲目跟风行为，还是理性明智的科学决策？这一现象令人深思：如果说差异化竞争优势的获取和品牌价值的提升是领军企业实施"突破性"技术创新所获得的风险补偿，那么这种成功仅是个别孤例还是具有统计意义的普适经验？本章的研究将从实证领域对这一问题提供可信的答案。

一、技术创新类型对品牌价值的影响

技术创新是企业为了获取差异化竞争优势而采取的一种积极主动的进取型竞争战略（Miller & Triana，2009；Coccia，2017）。Benner 和 Tushman（2002）按照技术创新的难度和不确定性程度，将企业技术创新分为保守的“渐进性”创新和进取的“突破性”创新两种技术创新类型。那么，相对“渐进性”创新而言，企业实施“突破性”创新到底对品牌价值产生怎样的影响，本章将从收益和风险两个方面进行分析。

一方面，相对“渐进性”创新而言，“突破性”创新具有更高的创新质量和创新价值，可能对品牌价值具有更强的促进效果。这是因为：第一，持续高强度的“突破性”创新能够帮助企业实现前沿尖端技术的重点突破，在全球产业链中横向深化，构建核心优势，为提升品牌的功能价值奠定了坚实的基础（张强，2018；伦蕊，2020）；第二，高质量的技术创新有利于增强消费者和市场中的其他利益相关者对产品品牌的认同，进而提升品牌的认知价值（张强，2018）；第三，“突破性”创新相对“渐进性”创新的难度、风险和周期等陡然增大，企业坚持实施“突破性”技术创新向公众传达了创新型企业的品牌形象，从而促进了品牌价值的提升（Siggelkow & Levinthal，2003；伦蕊，2020）。相关研究也支持了上述逻辑推断，例如，Helmut（2006）通过对德国和英国的隐形冠军企业进行研究，证实了高质量的技术创新活动是这些新兴企业品牌价值迅速提升的关键。

另一方面，相比于“渐进性”创新，持续高强度的技术创新乃至实施“突破性”技术创新战略也可能对企业品牌价值的提升产生冲击效应（Hartmann et al.，2006），形成创新活动“加速化陷阱”现象（冯·布朗，1999）。其原因在于创新活动是一项系统工程，在技术、生产、营销等方面无法形成全方位配套的情况下，贸然采取“突破性”技术创新战略势必会置企业于极其危险的境地（刘辉、滕浩，2019），使企业付出高昂代价（Stiglitz，2015），从而不利于企业品牌价值的提升（Muller & Zimmermann，2009）。只有与生产、营销等活动进行有机整合，才能实现品牌价值的最大化；过高的创新强度如果与商业化推广不能产生很好的协调作用，"突破性"创新还可能引发极具破坏性的、连锁化的系统风险（Jones，1995；张信东、姜小丽，2008；Chen et al.，2016）。过高的系统风险分散了企业的注意力，从而挤占了企业对于市场拓展的关注和投入力度，使新产品在市场初期遭遇市场滑铁卢，最终被迫终止对"突破性"技术的应用（Chesbrough & Rosenbloom，2002），从而抑制了"突破性"创新提升品牌价值的效果。

综上所述，虽然理论上会有极少数企业家可能贸然实施"突破性"创新，并由此引发一系列风险，然而多数企业家通常是理性的，其参与"突破性"创新的角逐也并非一时兴起，而是经过深思熟虑后的抉择，其通常也做好了化解风险的充分准备。而一旦创新取得突破性进展，便可能培育出划时代意义的全新产品，促使企业品牌价值产生质的飞跃。因此，提出以下假设 H5－1 以待检验：

H5－1：如果将创新质量分为保守的"渐进性"创新和进取的"突破性"创新两种类型，那么相比"渐进性"创新而言，"突破性"创新更有助于提升企业的品牌价值。

二、不同情景因素的异质性影响

从企业进行技术创新类型的选择，到品牌价值的提升，该过程受到诸多情景因素的综合影响，为此，本章通过梳理相关文献，借鉴吴超鹏和唐菂（2016）以及郭玥（2018）的研究，进一步引入产权性质、知识产权保护环境、企业生命周期 3 个情景变量，揭示创新类型对品牌价值影响可能存在的异质性，为企业实现持续健康发展提供全面的科学依据。

就所有制而言，高质量的技术创新对品牌价值的驱动效应在国有企业和非国有企业中将表现出显著的差异。具体分析如下：第一，民营企业缺乏政府的庇护，生存和发展压力较大，为了在激烈的市场竞争中占据一席之地，民营企业需要更专注于专业领域的研发和创新，从研究开发到生产实施再到市场价值的实现，周期短、节奏快，民营企业始终能够为客户提供优质、快捷的消费体验。因此，民营企业能够在精准把握市场需求的脉搏中实现消费者对品牌的认同和品牌价值的提升（李春涛等，2020）。第二，相比之下，国有企业的持续经营往往并不依赖于新产品的研发，其与地方政府的天然联系使其在资源获取中具有得天独厚的优势，成为替代技术创新，推动品牌价值提升的强劲动力。因此，国有企业品牌价值提升对技术创新具有较小的依赖性（刘斐然、胡立君，2020）。第三，国有企业承担更多的政策性使命，更多专注于关键共性技术的研发、社会保障等民生领域的重大工程项目，因此，国有企业的重大技术创新与产品的市场表现缺乏密切的关联关系。由此可见，过重的政策性负担和过多的委托代理环节使其与市场的距离较远，国有产权性质严重削弱了技术创新对品牌价值的促进作用（张璇等，2017）。基于此，本章提出假设 H5 - 2 以待进一步实证检验：

H5 - 2：相比国有企业，高质量的技术创新（本章指“突破性”创新）对非国有企业的品牌价值具有更强的促进效应。

就知识产权保护而言，高质量的技术创新在不同的知识产权保护环境下对品牌价值的影响将具有显著差异。具体而言：第一，知识产权保护水平的加强使得实施高质量技术创新的企业在市场竞争压力的驱使下，主动向外界披露企业正在实施高质量的“突破性”技术创新的信息，改善了企业与消费者、企业与投资者等利益相关者之间的信息不对称问题，更容易获得利益相关者对企业发展前景的认可，也更容易获得嵌入更高端创新网络和价值网络的机会，从而更容易抵御创新风险，促进品牌价值提升（吴超鹏、唐菂，2016）。第二，较强的知识产权保护有助于促进市场对企业的信息搜集和创新能力的甄别，增强市场参与者对优质高效的创新型企业的关注度，并通过降低创新型企业的交易成本、提高创新型企业的资源配置效率、加大高端创新网络对创新型企业的支持力度等途径提升创新型企业的品牌价值（黄群慧等，2019；张璇等，2020）。第三，较强的知识产权保护提高了侵权成本，缓解了真正从事技术创新企业的后顾之忧，使得创新型企业更专注于原始创新和企业的长远发展，为品牌沉淀和品牌价值的提升奠定了坚实的基础（吴超鹏、唐菂，2016；郑玉，2017）。基于以上分析，本章提出如下的假设 H5 - 3：

H5 - 3：相比知识产权保护水平较低的情景，高质量的技术创新（本章指"突破性"创新）在知识产权保护水平较高的情景下对企业品牌价值具有更强的正向影响。

就企业所处的生命周期阶段而言，成长期、成熟期和衰退期不同阶段的企业在资源禀赋、研发需求、外部环境等多方面都存在显著差异（Dickinson，2011；郭玥，2018），因此"突破性"创新对品牌价值的影响也将截然不同。分析如下：第一，"突破性"技术创新的成功实施不仅需要丰富的资源条件，而且需要管理层有强烈的创新意愿和谋求长远发展的决心，否则"突破性"技术创新对品牌价值的提升作用将大打折扣。相比成熟期和衰退期企业，成长期企业的产品成本不断降低、生产逐渐实现规模化、利润开始迅速增长、权益融资优势巨大（刘晔、林陈聃，2021；翟胜宝等，2021），为企业实施"突破性"技术创新创造了得天独厚的资源基础，避免了资源约束带来的不利影响；此外，与成熟期和衰退期企业相比，处于成长阶段的企业为了抢占市场先机，通常通过精准把握差异化、动态化的客户需求与市场建立紧密的链接，此时企业实施"突破性"技术创新开疆拓土稳固市场地位的意愿达到峰值（童锦治等，2018；张训常等，2019），成长阶段的企业注重高质量创新的品牌形象加速了品牌价值的提升。第二，相比成长期企业，成熟期企业和衰退期企业对实施"突破性"创新的热情都有不同程度的减退。具体而言，成熟期企业往往存在制度僵化、科层冗余、管理层卸责、创新意识不足等问题（李云鹤等，2011；刘诗源等，2020），这可能使成熟期企业变得相对保守，往往仅在原有技术的基础上进行"小修小补"，不愿意在"突破性"技术创新上投入太多精力和资源（Kueng et al.，2014），因此，相比成长期企业，"突破性"技术创新对成熟期企业品牌价值的正向影响开始逐渐降低。同理，衰退期企业由于财务恶化、人才流失、市场反应迟缓，企业陷入"捉襟见肘"的困境。在技术更替迅猛、行业竞争激烈的环境中，衰退期企业在高质量的技术创新上显得力不从心，从而致使创新对品牌价值带来的正向影响最为微弱。基于此，本章提出假设 H5 - 4：

H5-4：在生命周期的不同阶段，“突破性”技术创新对品牌价值的影响存在异质性，其中，对成长期企业品牌价值的促进作用最显著，对成熟期企业品牌价值的作用开始下降，对衰退期企业品牌价值的作用最为微弱。

三、关注度的信号传递效应

高质量的技术创新被认为是推动供给侧结构性改革的一项重要举措，国家对技术创新的重视引起了媒体对企业创新情况的关注。为了研究媒体对不同类型创新关注度的异质性，及其给企业品牌价值带来的影响差异，本章进行以下分析，并提出待检验的理论假设。

创新质量越高，获得媒体的关注度效应越高。由此可见，实施“突破性”创新的企业相比实施“渐进性”创新的企业，可能会获得更高的媒体关注度。具体而言，“突破性”创新相比“渐进性”创新具有更高的创新质量，实施“突破性”技术创新的企业一般都扮演着行业中“领头羊”的角色，在国家创新驱动发展战略中也具有更多的创新担当，因此其实施“突破性”创新的行为不但会受到国家的支持和重视，也会引起媒体更多的关注。

媒体对企业高质量技术创新的关注，有助于企业品牌价值的提高。具体来说，第一，媒体关注的压力效应。媒体对企业实施“突破性”创新信息的关注、传播使企业管理层面临较大的压力，为了满足资本市场和利益相关者的期望，进而采取一系列的协同措施保障“突破性”技术创新从技术开发阶段顺利过渡到技术应用阶段，从而实现市场的巨大成功，成为品牌价值迅速提升的重要推动力。第二，媒体关注的信号效应。针对“突破性”技术创新的媒体关注大部分均为正面报道，不但能够彰显企业的创新实力，而且为社会公众呈现了一个勇于承担社会责任的创新型企业形象。一方面，有能力实施“突破性”技术创新的企业，一般创新能力和创新意愿都较强，投资者、消费者等利益相关者坚信，具有这种品质的企业日后必将获得巨大的市场成功，从而推动品牌价值的提升；另一方面，实施高水平的“突破性”技术创新象征着企业具有更高的社会责任担当，利益相关者倾向于选择社会责任声誉较高的企业建立市场链接关系。"突破性"技术创新前期有巨大的研发风险，一旦取得市场成功，后期又面临被竞争者"搭便车"的风险，企业只有将实施"突破性"技术创新作为对国家创新驱动发展战略的回应，作为企业的责任和担当，才能在"突破性"技术创新的道路上毅然决然地启航远征。这种勇气和魄力帮助企业带来更多的声誉资本和品牌资本。由此，提出假设 H5 - 5：

H5 - 5：相比"渐进性"创新，实施"突破性"创新的企业能获得更高的媒体关注度，媒体关注度在一定程度上能够促进品牌价值的提升。即，"突破性"创新通过媒体关注，正向影响品牌价值。

第二节 研究设计

一、数据来源及变量定义

（一）样本选择与数据来源

第四章研究发现技术创新对企业品牌价值的提升具有显著的正向影响，尤其对于技术密集型行业的企业更是如此。本章是第四章内容的延续，进一步探讨企业创新质量逐渐提高，从"渐进性"技术创新逐渐过渡到"突破性"技术创新，将会对企业品牌价值产生怎样的影响。

本章的数据主要有三个来源。首先，品牌价值数据来自世界品牌实验室（World Brand Lab）发布的《中国最具价值品牌》，具体从《2011 年（第八届）中国 500 最具价值品牌》至《2022 年（第十九届）中国 500 最具价值品牌》；其次，专利 IPC 分类号数据以及发明专利的被引次数数据来自国家知识产权局网站，通过该网站的专利检索功能进行手工检索获取；最后，上市公司基本信息和财务数据来自国泰安（CSMAR）数据库。上述三个来源的数据通过匹配，作为本章的主要样本数据。除此以外，本章还进行了以下数据处理：剔除品牌发源地不在中国的企业；如果同一公司有多个上榜品牌，将这些品牌价值数据予以合并；由于《世界品牌实验室（World Brand Lab）》每年发布的品牌价值数据都是基于上一年的统计资料计算的，因此通常将发布年份减 1 作为品牌价值的实际所属年份；剔除金融企业样本；剔除观测期内经过 ST 或 *ST 处理的公司；为了避免异常值的影响，对主要连续变量在 1% 水平上进行 winsor 处理。数据处理主要采用的是 Stata 软件。

（二）变量解释说明及定义

1. 被解释变量：品牌价值（*lnbv*）。具体衡量方法如下：借鉴赵蓓和张小三（2013）以及王秋红（2016）的研究，采用世界品牌实验室（World Brand Lab）每年发布的《中国最具价值品牌》中的数值，并取自然对数。

本章还使用了动态品牌价值（*adj - lnbv*）进行稳健性检验。动态品牌价值（*adj - lnbv*）的计算方法为企业品牌价值（*lnbv*）减去其同年度行业中值后的净值。

2. 解释变量：技术创新类型（*Techtype*）。为了考察“突破性”技术创新与“渐进性”技术创新对企业品牌价值的异质性影响，本章引入技术创新类型（*Techtype*）变量。显然，技术创新的突破性、新颖性越高，创新的价值越大，因此，“突破性”创新往往比“渐进性”创新更富有意义。然而，有关“突破性”创新和“渐进性”创新在学术界并没有形成统一的测量方法，本章主要借鉴国内外文献尝试构建多种测量方法以考察技术创新类型（*Techtype*）对品牌价值的异质性影响。

首先，遵循 Akcigit 等（2016）、Wirsich 等（2016）、张杰和郑文平（2018）、刘斐然等（2020）的研究思路：专利所包含的知识越复杂、越广泛，说明该项专利所承载的技术具有越强的新颖性和突破性，因此，采用专利知识宽度衡量企业专利质量乃至技术创新质量具有一定的合理性。具体而言，发明专利和实用新型专利的 IPC 分类号格式为“部—大类—小类—大组—小组”，例如，“H04L27/26”，第 1 个字母“H”表示部，第 2 至第 3 个数字“04”表示大类，第 4 个字母“L”表示小类，大组“27”和小组“26”之间用“/”隔开。因此，某一项专利的 IPC 分类号信息能够反映该项专利涉及的技术领域是否宽广，技术知识是否具有复杂性、跨越性和突破性（冯仁涛、余翔，2021）。例如，某个发明专利的 IPC 分类号有 5 个，它们共涉及 2 个部、3 个大类、5 个小类、5 个大组和 5 个小组；而另一个发明专利的 IPC 分类号也有 5 个，它们共涉及 1 个部、1 个大类、1 个小类、1 个大组和 5 个小组。显然，虽然这两项发明专利的 IPC 分类号数量相同，但前一项发明专利所涉及的知识复杂度和技术范围要远大于后者。上述研究思路为本章对技术创新类型的衡量提供了借鉴和启发，本章首先借鉴张杰和郑文平（2018）以及刘斐然等（2020）的方法，采用 IPC 分类号大组层面的赫芬达尔—赫希曼指数（HHI 指数）衡量专利质量，具体计算方法为：$1-\sum a^2$，其中，a 表示 IPC 专利分类号中各大组分类号所占比重。该指标越大，表明企业创造专利所用的知识宽度越大，"突破性"创新倾向越大。在计算了专利层面的知识宽度指标之后，借鉴张杰和郑文平（2018）的方法，根据"企业—年份—专利类型"采用中位数法将专利层面的知识宽度信息加总到企业层面，作为企业当年的创新质量指标。当企业当年的技术创新质量高于同年度行业平均水平时，将企业定义为"突破性"技术创新的实施者，此时 *Techtype*1 取值为 1，否则为 0。

其次，除了使用专利知识宽度法对企业创新质量进行衡量外，为了保证研究的稳健性，本章借鉴 Gilsing 等（2008）以及宋艳等（2020）的研究思路，将发明专利作为研究对象，将每家企业每年申请的所有发明专利 IPC 分类号的前四位与前 5 年进行比较（如果企业当年申请的发明专利类别在过去 5 年没被申请过，将该专利定义为"突破性"技术创新的成果，否则定义为"渐进性"技术创新的成果），分别计算企业每年实施"突破性"技术创新的数量和"渐进性"技术创新的数量，将数量较多的一类作为企业当年实施技术创新的类型，并用 *Techtype*2 表示。当企业当年实施的是"突破性"技术创新时，定义 *Techtype*2 为 1，否则为 0。

最后，Carpenter 等（1981）以及万小丽（2014）研究发现，专利对本领域后续创新的贡献越大，被引次数越高。累积性技术创新领域，后续的"渐进性"创新当然大都引用原始的"突破性"创新成果。因此，专利被引次数成为衡量技术创新质量的重要标准。借鉴万小丽（2014）以及宋艳等（2020）的研究思路：将企业当年每项专利的平均被引次数作为区分企业当年实施的是"突破性"技术创新抑或是"渐进性"技术创新的标准。同时，考虑到不同技术领域的技术更新速度存在差异，因此不同领域的技术创新对原始创新的依赖性不同，专利被引用的次数也存在差异（Hall et al.，2001；万小丽，2014）。鉴于此，本章以发明专利为研究对象，计算每个公司每年所有发明专利的平均被引次数，如果高于同年度同行业的平均水平，则视为企业当年实施"突破性"技术创新，定义 *Techtype*3 为 1，否则定义 *Techtype*3 为 0。

3. 控制变量。结合相关理论研究的结果，充分借鉴前期有关技术创新和品牌价值的相关文献，并结合数据的可得性，主要选择以下变量作为本章的控制变量：①企业特征影响品牌战略的实施方式，故而控制企业规模（*Size*）、企业年龄（*Age*）、销售增长率（*Sale_gr*）、公司利润率（*Profit*）对企业品牌价值的影响；②外部市场治理及内部组织结构治理对企业品牌战略决策存在潜在影响，因此控制股权制衡（*Balanc*）、机构持股（*Inst*）等变量；③财务状况是企业一切经营决策的基础和保障，品牌战略的实施也不例外，因此控制现金流（*Cflow*）、资本结构（*Lev*）可能对企业品牌价值产生的影响。

二、描述性统计

相关变量的定义、测量指标说明以及描述性统计如表 5－1 所示。

表 5－1　　样本描述性统计

变量名称	变量含义	计算方法	mean	sd	min	max
被解释变量						
lnbv	品牌价值	衡量品牌在财务上的价值，由世界品牌实验室每年发布《中国最具价值品牌》取自然对数	5.002	1.093	2.373	8.313

续表

变量名称	变量含义	计算方法	mean	sd	min	max
被解释变量						
adj - lnbv	动态品牌价值	企业品牌价值（*lnbv*）减去其同年度行业中值后的净值	0.032	0.880	-2.340	2.982
解释变量						
*Techtype*1	专利知识宽度	IPC 分类号大组层面的赫芬达尔—赫希曼指数（HHI 指数）并经综合运算所得	0.293	0.349	0.000	1.000
*Techtype*2	专利知识新颖	企业每年申请的发明专利 IPC 分类号的前四位与前 5 年进行比较，并经综合计算所得	0.169	0.377	0.000	1.000
*Techtype*3	专利被引情况	发明专利的平均被引次数高于同年度行业的平均水平时，取值为 1，否则为 0	0.326	0.398	0.000	1.000
控制变量						
Cflow	现金流	经营活动产生的现金流量净额/总资产	0.070	0.080	-0.250	0.279
Size	公司规模	总资产的自然对数	23.331	1.505	18.831	26.284
Lev	资本结构	总负债/总资产	0.512	0.183	0.086	1.613
Age	企业年龄	样本最后一年减公司成立年份	22.416	4.277	10.000	33.000
Balanc	股权制衡	第 2 ~ 10 大股东持股/第 1 大股东持股	0.652	0.603	0.031	3.268
Sale_gr	销售增长率	取完对数的销售额的差分表示	0.106	0.253	-1.243	2.146
Profit	公司利润率	营业利润/营业收入	0.095	0.158	-2.142	0.779
Inst	机构持股	机构投资者持股比例	0.108	0.146	0.000	0.593

三、估计方法

（一）模型设定

本章主要构建模型（5.1）来考察企业技术创新类型（"突破性"技术

创新抑或是“渐进性”技术创新）对品牌价值的影响。

$$Brandvalue_{i,t+1} = \beta_0 + \beta_1 Techtype_{i,t} + \beta_2 Cflow_{i,t} + \beta_3 Size_{i,t} + \beta_4 Lev_{i,t} + \beta_5 Age_{i,t} + \beta_6 Balanc_{i,t} + \beta_7 Sale\_gr_{i,t} + \beta_8 Profit_{i,t} + \beta_9 Inst_{i,t} + u_{i,t} \tag{5.1}$$

其中，各变量的下标 i 表示企业，t 表示年份，*Brandvalue* 是被解释变量，表示品牌价值（用“品牌价值”*lnbv* 衡量，并采用“动态品牌价值”*adj－lnbv* 进行稳健性检验）。由于技术创新对品牌价值的影响具有一定的滞后性，这里将代表品牌价值的被解释变量做滞后一期处理。技术创新类型（*Techtype*）是本章的主要解释变量，是一个表示“突破性”技术创新或“渐进性”技术创新的二分类变量。本章拟从所有制类型、知识产权保护水平、企业所处的生命周期等方面对样本进行分组检验，探究技术创新类型在异质性内外部环境下对企业品牌价值的影响是否存在差异。其他变量表示理论上可能影响企业品牌价值的控制变量，u_{it}表示残差项。

（二）信号机制检验

高水平的技术创新能够构建信号传递通道，向外界传递创新能力优势的积极信号。为了进一步考察高质量的“突破性”技术创新对企业品牌价值的影响是否存在信号传递机制，本章选择媒体关注、分析师关注和研报关注三个被关注度变量，构造如下模型（5.2）和模型（5.3），连同模型（5.1）共同构成中介效应模型：

$$Attention_{i,t} = \beta_0 + \beta_1 Techtype_{i,t} + \beta_2 Cflow_{i,t} + \beta_3 Size_{i,t} + \beta_4 Lev_{i,t} + \beta_5 Age_{i,t} + \beta_6 Balanc_{i,t} + \beta_7 Sale\_gr_{i,t} + \beta_8 Profit_{i,t} + \beta_9 Inst_{i,t} + u_{i,t} \tag{5.2}$$

$$Brandvalue_{i,t+1} = \beta_0 + \beta_1 Techtype_{i,t} + \beta_2 Attention_{i,t} + \beta_3 Cflow_{i,t} + \beta_4 Size_{i,t} + \beta_5 Lev_{i,t} + \beta_6 Age_{i,t} + \beta_7 Balanc_{i,t} + \beta_8 Sale\_gr_{i,t} + \beta_9 Profit_{i,t} + \beta_{10} Inst_{i,t} + u_{i,t} \tag{5.3}$$

其中，*Attention* 表示被关注度变量（*Attention*1 表示媒体关注、*Attention*2 表示分析师关注、*Attention*3 表示研报关注），在此基础上，将被关注度变量取自然对数转化为正态分布，具体转化方式为 *Attention*→*ln*（1＋*At-*

tention），原因是部分数据为零（万小丽，2014）。高质量的“突破性”技术创新在一定程度上向外界传递企业技术创新能力和水平的积极信号，从而有利于提高消费者、投资者等外部利益相关者对企业的关注程度，提高企业声誉和产品形象，获取更多的社会资源和技术合作途径，这些优势都是品牌价值稳步提升的基础和软实力。考虑到企业被关注对企业品牌价值提升影响的滞后性，这里将代表品牌价值的被解释变量做滞后一期处理。另外，*Brandvalue* 表示品牌价值（用“品牌价值”*lnbv* 衡量，并采用“动态品牌价值”*adj* - *lnbv* 进行稳健性检验）；技术创新类型（*Techtype*）表示“突破性”技术创新或“渐进性”技术创新的二分类变量。其他变量表示理论上可能影响企业品牌价值的控制变量，u_{it}表示残差项。

“中介效应”模型的估计步骤如下：首先，检验 *Techtype* 与 *Brandvalue* 间的相关关系，具体见模型（5.1）；其次，检验 *Techtype* 与 *Attention* 间的相关关系，具体见模型（5.2）；最后，将 *Techtype* 与 *Attention* 同时纳入模型，检验与 *Brandvalue* 之间的相关关系，参见模型（5.3）。如果模型（5.3）中 *Techtype* 的回归系数的绝对值比模型（5.1）中回归系数的绝对值低且不显著，则可推断 *Attention* 在 *Techtype* 与 *Brandvalue* 的关系中起到“完全中介”作用；如果模型（5.3）中 *Techtype* 的回归系数的绝对值比模型（5.1）中回归系数的绝对值低但仍然显著，则可推断 *Attention* 在 *Techtype* 与 *Brandvalue* 的关系中起到“部分中介”作用。

第三节　实证结果分析

一、单变量分析

表 5 - 2 为主要变量间的皮尔逊相关系数，被解释变量 *lnbv* 与稳健性检验采用的被解释变量 *adj* - *lnbv* 之间的相关系数为 0.796，具有较高的相关性，说明稳健性检验所选取的被解释变量较为合理；解释变量 *Techtype*1 和稳健性检验部分采用的解释变量 *Techtype*2 和 *Techtype*3 之间也具有较高的相

关性，表明稳健性检验所选取的解释变量也较为合理。除此之外，本章中其他变量之间的相关系数较低，说明变量间不存在多重共线性，因此可以同时作为解释变量纳入回归分析。然而，单变量分析很难克服其他相关因素的影响，因此进一步用回归分析检验不同类型的技术创新（“突破性”创新或“渐进性”创新）对品牌价值的影响有何差异及其影响机制。

二、实证结果

针对模型（5.1），检验创新类型对品牌价值的影响如表5-3所示。其中，表5-3列（1）至列（3）的被解释变量为品牌价值（*lnbv*），解释变量分别为“专利知识宽度”“专利知识新颖度”“专利被引情况”表示的企业创新类型指标 *Techtype*1、*Techtype*2、*Techtype*3。可以看到，列（1）至列（3）中的创新类型变量系数均显著为正，这说明企业技术创新的复杂性、新颖性越高，其对品牌价值（*lnbv*）的正向激励效应越大。为验证研究结果的稳健性，这里用动态品牌价值（*adj-lnbv*）作为被解释变量进行稳健性检验，估计结果列示在表5-3列（4）至列（6），可以看到不同指标衡量的创新类型 *Techtype*1、*Techtype*2、*Techtype*3 均对动态品牌价值（*adj-lnbv*）具有显著的激励效应，说明研究结果比较稳健。创新类型（*Techtype*）对品牌价值（*lnbv*）及动态品牌价值（*adj-lnbv*）的回归结果表明，企业在创新的道路上亦步亦趋难以实现超越，只有将创新资源投入实质性、突破性的创新活动中，通过技术进步和产品升级打造优势品牌，才能稳居行业领头羊的宝座。由此证实了本章的理论假设H5-1。

控制变量的回归结果与预期一致且显著，具体来说：①企业的财务状况影响企业品牌战略实施路径和实施效果：充足的现金流（*Cflow*）有助于提升企业品牌价值；而较高的资产负债率（*Lev*）往往会增加企业的财务风险，对企业产生不利影响。②内、外部治理环境也是影响企业品牌价值的重要因素，例如，股权制衡（*Balanc*）和机构持股（*Inst*）能够对企业经营产生积极的治理效应。③企业个体特征也与企业实施什么样的品牌战略具有较强的相关性，例如，企业规模（*Size*）、企业年龄（*Age*）、销售增长率

表 5－2　　皮尔逊相关系数

变量	*lnbv*	*adj－lnbv*	*Techtype1*	*Techtype2*	*Techtype3*	*Cflow*	*Size*	*Lev*	*Age*	*Balanc*	*Sale_gr*	*Profit*
adj－lnbv	0.796 ***											
Techtype1	0.427 ***	0.279 ***										
Techtype2	0.409 ***	0.306 ***	0.632 ***									
Techtype3	0.454 ***	0.341 ***	0.617 ***	0.603 ***								
Cflow	0.106 ***	0.162 ***	0.018 *	0.012 *	0.005 *							
Size	0.680 ***	0.469 ***	0.350 **	0.371 **	0.061 *	0.068 **						
Lev	－0.212 **	－0.169 **	－0.229 **	－0.214 **	－0.077 *	－0.261 ***	0.348 ***					
Age	0.106 **	0.043 **	0.194 *	0.195 *	0.112	0.128	0.248 *	0.071				
Balanc	0.007	0.037	0.037	0.029 *	0.211	0.048	0.009	0.019	0.132 ***			
Sale_gr	0.051 *	0.032 *	0.019	－0.024	0.070	0.057 *	0.017	0.092 *	－0.016	0.078 *		
Profit	0.014	0.022 *	0.184 *	0.252 *	0.229 *	0.294 ***	0.072 **	－0.395 ***	0.006	0.046	0.192 ***	
Inst	0.086 **	0.044 *	0.066 **	0.074 **	0.042 *	0.141 ***	0.106 *	0.179	0.015	0.037	0.040 ***	0.061 **

注：***、** 和 * 代表统计上的显著性，分别表示在 1%、5% 和 10% 水平上显著。

（*Sale_gr*）以及公司利润率（*Profit*）均对企业品牌价值的提升产生不同程度的正向影响。除此之外，模型还控制了企业（*Firm*）、年度（*Year*）固定效应，并聚类到企业。

表5-3　　　　　　　　创新类型对品牌价值的影响

变量	*lnbv*			*adj-lnbv*		
	(1)	(2)	(3)	(4)	(5)	(6)
Techtype1	0.011** (2.30)			0.005* (1.85)		
Techtype2		0.009** (2.26)			0.006** (2.35)	
Techtype3			0.026** (2.47)			0.017** (2.29)
Cflow	0.354*** (5.94)	0.311*** (6.19)	0.088*** (4.92)	0.041*** (5.76)	0.038*** (6.03)	1.193*** (5.11)
Size	0.778*** (9.72)	0.797*** (3.39)	0.634*** (4.53)	0.080*** (8.56)	0.075*** (5.44)	0.654*** (8.30)
Lev	-0.803* (-1.78)	-0.814* (-1.81)	-0.579*** (-4.00)	-0.146* (-1.81)	-0.143* (-1.88)	-1.247*** (-2.73)
Age	0.037** (2.24)	0.043*** (3.01)	0.036 (1.52)	0.027** (2.18)	0.015** (2.15)	0.023* (1.91)
Balanc	0.013 (1.34)	0.011 (1.27)	0.024 (0.69)	0.017 (1.45)	0.033 (1.29)	0.277* (1.73)
Sale_gr	0.016* (1.90)	0.031 (1.24)	0.148*** (2.65)	0.011* (1.72)	0.009 (1.31)	0.243*** (2.76)
Profit	0.144* (1.90)	0.038* (1.77)	0.153 (1.16)	0.137* (1.87)	0.149* (1.89)	0.084* (1.75)
Inst	1.005*** (3.51)	1.001*** (3.47)	0.656* (1.70)	0.067* (1.84)	0.083 (1.46)	1.012*** (3.14)
constant	5.601*** (4.37)	6.875*** (3.79)	3.787*** (3.94)	2.013*** (4.52)	3.906*** (5.17)	7.015*** (5.11)

续表

变量	lnbv			adj - lnbv		
	(1)	(2)	(3)	(4)	(5)	(6)
Firm&Year	yes	yes	yes	yes	yes	yes
聚类到企业	yes	yes	yes	yes	yes	yes
N	1752	1752	1752	1752	1752	1752
Adj. R^2	0.394	0.511	0.427	0.376	0.408	0.369

注：(1) ***、** 和 * 代表统计上的显著性，分别表示在 1%、5% 和 10% 水平上显著，括号中是估计参数的 t 值。(2) 被解释变量是 *lnbv*，并采用 *adj - lnbv* 进行稳健性检验。(3) 此外，模型中还设置了企业（*Firm*）、年度（*Year*）固定效应，并聚类到企业。

三、异质性探讨

为了进一步检验创新类型对品牌价值的激励效应在异质性企业间的差异，本章主要呈现了根据所有制类型、知识产权保护水平、企业所处的生命周期进行分组后的检验结果，如表 5－4 和表 5－5 所示。其中，知识产权保护借鉴 Ang 等（2014）、林玲等（2018）、王旭和褚旭（2021）的方法，用"技术市场成交额占地区生产总值的比重"衡量，由于知识产权保护是连续变量，以 50% 分位数作为临界点将知识产权保护分为高、低两组；企业所处的生命周期借鉴 Dickinson（2011）、谢佩洪和汪春霞（2017）以及刘诗源等（2020）基于组合现金流的划分方法，根据经营、投资、筹资净现金流量的组合把企业划分成成长期、成熟期和衰退期三个阶段。

（一）产权性质的影响

根据所有制类型划分国有企业和非国有企业样本，研究创新类型对企业品牌价值的影响是否因企业的最终控制权不同而有所差异，研究结果如表 5－4 列（1）至列（4）所示。通过对比列（1）和列（3）发现，创新类型（*Techtype*1）与品牌价值（*lnbv*）呈现出显著的正相关关系，且在非国有企业样本中创新成效更显著。该研究结论与直觉相符，非国有企业面临更强的生存压力，如何在激烈的市场竞争中脱颖而出，一直是以民营企业为代表的非国有企业深思的问题。唯有扎根于高质量的技术创新，通过实质性、突破性技术创新获取行业先发优势和发展的主动权，才能以此打造长期竞争优势并为品牌价值的提升增加筹码。为了考察结论的稳健性，本章同样将被解释变量中的品牌价值（*lnbv*）替换为动态品牌价值（*adj - lnbv*），研究结果见列（2）和列（4）所示，通过对比发现上述的研究结论依然成立，即创新类型（*Techtype*1）在非国有企业样本中的系数更为显著。企业所有制类型的异质性检验结果表明，高质量的“突破性”创新对非国有企业品牌价值的提升具有更积极的正向影响，从而为本章的理论假设H5 -2通过检验提供了丰富的经验证据。

（二）知识产权保护的影响

党的十九届五中全会突出强调微观企业实施实质性、突破性创新对我国实现创新型国家的重要意义。但对于企业来说，能否获取差异化竞争优势和长期价值才是企业实施高质量“突破性”创新的动力源泉。鉴于知识产权保护是企业是否有意愿实施高质量“突破性”技术创新的外部治理环境，为了考察创新类型对企业品牌价值的影响是否因知识产权保护水平的不同而有所差异，本章将知识产权保护分成高、低两组，相关回归结果如表5 -4 列（5）至列（8）所示。通过对比列（5）和列（7）发现，高质量的“突破性”技术创新对品牌价值具有显著的驱动作用，且较高的知识产权保护水平与高质量的原始性、突破性创新形成有效协同，提升了高质量创新对品牌价值的正向作用效果。为了考察研究结论的稳健性，本章同样将被解释变量中的品牌价值（*lnbv*）替换为动态品牌价值（*adj - lnbv*），研究结果如表5 -4 中列（6）和列（8）所示，高质量的“突破性”技术创新依然对动态品牌价值具有显著的正向影响，且较高的知识产权保护情景进一步加强了高质量创新对动态品牌价值的正向影响，这说明在替换被解释变量后本章的研究结论依然稳健。知识产权保护水平的异质性检验结果表明，高质量的“突破性”创新在知识产权保护水平较高的情景下对企业品牌价值具有更积极显著的激励效应，由此证实本章的假设 H5 -3。

表 5－4　创新类型对品牌价值影响的分组研究：按所有制类型和知识产权保护水平分组

变量	按所有制类型分				按知识产权保护水平分			
	国有企业		非国有企业		知识产权保护（低组）		知识产权保护（高组）	
	lnbv	*adj－lnbv*	*lnbv*	*adj－lnbv*	*lnbv*	*adj－lnbv*	*lnbv*	*adj－lnbv*
*Techtype*1	0.007 * (1.77)	0.003 * (1.69)	0.015 ** (2.43)	0.008 * (1.91)	0.003 * (1.82)	0.002 * (1.71)	0.026 ** (2.45)	0.011 * (1.88)
Cflow	0.154 ** (2.33)	0.016 * (1.89)	0.466 *** (7.96)	0.064 *** (8.23)	0.204 * (1.87)	0.023 ** (2.34)	0.477 *** (8.62)	0.070 *** (7.91)
Size	0.716 *** (7.24)	0.128 *** (9.62)	0.771 *** (10.18)	0.063 *** (5.63)	0.752 *** (8.83)	0.068 *** (9.21)	0.594 *** (10.33)	0.076 *** (7.94)
Lev	－0.044 * (－1.82)	－0.017 * (－1.73)	－0.867 ** (－2.45)	－0.253 ** (－2.09)	－0.801 * (－1.67)	－0.093 * (－1.86)	－0.743 * (－1.91)	－0.211 * (－1.78)
Age	0.023 *** (2.86)	0.037 *** (3.69)	0.040 *** (4.00)	0.052 *** (4.03)	0.031 *** (2.70)	0.049 *** (3.65)	0.019 ** (2.41)	0.028 *** (2.65)
Balanc	0.058 * (1.93)	0.029 (1.36)	0.047 (1.52)	0.156 * (1.69)	0.042 (1.46)	0.184 ** (2.14)	0.067 (1.49)	0.019 (1.27)
Sale_gr	0.048 * (1.70)	0.113 (1.49)	0.011 * (1.75)	0.039 * (1.91)	0.074 (1.27)	0.415 (1.48)	0.021 ** (2.16)	0.037 ** (2.23)
Profit	0.079 * (1.81)	0.086 (1.50)	0.018 (1.49)	0.039 ** (2.33)	0.648 (1.61)	0.313 (1.49)	0.077 (1.33)	0.221 *** (3.00)
Inst	0.186 (1.41)	0.134 (1.26)	0.764 *** (3.19)	0.309 ** (2.08)	0.384 (1.40)	0.218 * (1.73)	0.767 ** (2.54)	0.242 ** (2.22)
constant	4.757 *** (7.17)	3.291 *** (8.21)	3.823 *** (9.63)	5.307 *** (7.45)	4.389 *** (7.86)	5.779 *** (9.23)	5.318 *** (9.58)	6.737 *** (7.74)
Firm&Year	yes	yes	yes	yes	yes	yes	yes	yes
聚类到企业	yes	yes	yes	yes	yes	yes	yes	yes
N	950	950	802	802	914	914	838	838
Adj. R^2	0.359	0.364	0.447	0.372	0.493	0.481	0.535	0.475

注：（1）***、** 和 * 代表统计上的显著性，分别表示在 1%、5% 和 10% 水平上显著，括号中是估计参数的 t 值。（2）被解释变量是 *lnbv*，并采用 *adj－lnbv* 进行稳健性检验。（3）此外，模型中还设置了企业（*Firm*）、年度（*Year*）固定效应，并聚类到企业。

（三）生命周期的影响

处于不同生命周期的企业获取资源的能力和发展的重心都存在差异。一方面，成熟期企业拥有充足的现金流，而且积累了丰富的创新经验，从而降低了创新带来的风险（Coad et al.，2016）；另一方面，成熟期企业容易满足于现状，缺乏实施原始性、突破性技术创新的激情与动力，而成长期企业基于竞争压力和组织灵活性使其创新更富有成效和价值（Huergo，2006；郭玥，2018）。表5－5中列（1）、列（3）和列（5）呈现了生命周期与高质量创新在共同推动品牌价值提升方面的协同效应，可以看出，高质量的原始性、突破性创新对处于成长期和成熟期企业的品牌价值均具有正向激励效应，但相比较而言，成长期企业将高质量的“突破性”创新转化为品牌价值的优势更强。然而，对处于衰退期企业而言，高质量创新虽然对品牌价值有正向影响但并不显著，这说明衰退期企业通过高质量的技术创新提升品牌价值方面具有很大的局限性。为了考察研究结论的稳健性，同样将被解释变量中的品牌价值（*lnbv*）替换为动态品牌价值（*adj－lnbv*），研究结果如表5－5中列（2）、列（4）和列（6）所示：高质量的“突破性”技术创新仍然对动态品牌价值具有显著的正向影响，且对衰退期、成熟期及成长期企业品牌价值的正向影响逐渐增强，证明了研究结论的稳健性。企业所处的生命周期作为异质性影响因素的研究结果表明，高质量的“突破性”创新对成长期企业品牌价值具有更显著的正向推动作用，为成长期企业积极开展高质量的研发创新活动提供了决策依据。至此，理论假设H5－4也得到了经验支持。

表5－5　创新类型对品牌价值影响的分组研究：按企业所处生命周期分组

变量	成长期		成熟期		衰退期	
	lnbv	*adj－lnbv*	*lnbv*	*adj－lnbv*	*lnbv*	*adj－lnbv*
Techtype1	0.028*** (5.22)	0.019** (2.18)	0.022*** (3.51)	0.010* (1.94)	0.057 (1.38)	0.005 (1.59)

续表

变量	成长期		成熟期		衰退期	
	lnbv	*adj* – *lnbv*	*lnbv*	*adj* – *lnbv*	*lnbv*	*adj* – *lnbv*
Cflow	0. 329 *** (3. 15)	0. 079 ** (2. 23)	0. 098 *** (2. 89)	0. 063 * (1. 91)	0. 076 ** (2. 15)	0. 025 * (1. 74)
Size	1. 247 *** (10. 55)	0. 132 *** (6. 35)	0. 584 *** (11. 30)	0. 074 *** (8. 42)	0. 413 *** (8. 31)	0. 035 *** (6. 49)
Lev	–0. 584 ** (–2. 21)	–0. 282 ** (–2. 30)	–0. 473 * (–1. 89)	–0. 055 * (–1. 70)	–0. 208 * (–1. 92)	–0. 052 * (–1. 75)
Age	0. 022 ** (2. 29)	0. 043 *** (3. 81)	0. 024 ** (2. 41)	0. 030 ** (2. 36)	0. 043 * (1. 78)	0. 013 (1. 37)
Balanc	0. 077 (1. 06)	0. 037 (1. 45)	0. 013 (1. 09)	0. 149 ** (2. 25)	0. 225 (1. 42)	0. 077 (1. 30)
Sale_gr	0. 145 * (1. 89)	0. 139 ** (2. 16)	0. 328 * (1. 70)	0. 112 ** (2. 09)	0. 488 (1. 54)	0. 188 * (1. 92)
Profit	1. 269 ** (2. 33)	0. 963 ** (2. 20)	0. 498 (1. 49)	0. 431 * (1. 81)	0. 601 * (1. 70)	0. 878 (1. 25)
Inst	0. 317 *** (3. 71)	0. 089 *** (3. 06)	0. 392 * (1. 87)	0. 072 ** (2. 15)	0. 557 (1. 37)	0. 021 (1. 44)
constant	4. 808 *** (6. 44)	4. 158 *** (7. 20)	3. 248 *** (6. 82)	3. 960 *** (7. 76)	4. 539 *** (4. 51)	5. 443 *** (5. 87)
Firm&Year	yes	yes	yes	yes	yes	yes
聚类到企业	yes	yes	yes	yes	yes	yes
N	910	910	580	580	262	262
Adj. R^2	0. 297	0. 364	0. 429	0. 362	0. 381	0. 445

注：(1) ***、** 和 * 代表统计上的显著性，分别表示在 1%、5% 和 10% 水平上显著，括号中是估计参数的 t 值。(2) 被解释变量是 *lnbv*，并采用 *adj* – *lnbv* 进行稳健性检验。(3) 此外，模型中还设置了企业 (*Firm*)、年度 (*Year*) 固定效应，并聚类到企业。

表 5 -6　　创新类型对品牌价值的影响：信号传递机制（被关注度）

变量	(1)			(2)			(3)		
	*Attention*1	*lnbv*	*adj* – *lnbv*	*Attention*2	*lnbv*	*adj* – *lnbv*	*Attention*3	*lnbv*	*adj* – *lnbv*
*Techtype*1	0. 102 *** (7. 29)	0. 006 ** (2. 23)	0. 002 * (1. 70)	0. 081 *** (7. 18)	0. 007 ** (2. 26)	0. 003 * (1. 72)	0. 096 *** (5. 99)	0. 009 ** (2. 28)	0. 004 * (1. 77)
*Attention*1		0. 133 *** (4. 61)	0. 116 *** (6. 80)						
*Attention*2					0. 109 *** (6. 57)	0. 058 *** (4. 46)			
*Attention*3								0. 113 *** (7. 31)	0. 060 *** (6. 84)
Cflow	4. 558 *** (6. 10)	0. 549 ** (2. 26)	1. 089 *** (2. 89)	3. 274 *** (5. 97)	1. 014 ** (2. 30)	1. 069 * (1. 91)	5. 078 *** (5. 48)	1. 112 ** (2. 27)	1. 104 ** (2. 01)
Size	2. 915 *** (7. 90)	0. 480 *** (6. 91)	0. 340 *** (9. 09)	2. 213 *** (5. 38)	0. 554 *** (6. 24)	0. 347 *** (8. 40)	3. 055 *** (9. 14)	0. 558 *** (7. 21)	0. 343 *** (9. 17)
Lev	-4. 448 *** (-11. 65)	-0. 108 * (-1. 72)	-0. 135 * (-1. 76)	-1. 289 *** (-6. 62)	-0. 161 * (-1. 81)	-0. 083 * (-1. 70)	-2. 394 *** (-6. 17)	-0. 172 * (-1. 77)	-0. 057 * (-1. 89)
Age	0. 114 (1. 45)	0. 024 *** (3. 43)	0. 035 *** (3. 92)	0. 052 (1. 56)	0. 025 *** (3. 54)	0. 037 *** (4. 25)	0. 003 (1. 37)	0. 025 *** (3. 50)	0. 036 *** (4. 16)

续表

变量	(1)			(2)			(3)		
	*Attention*1	*lnbv*	*adj - lnbv*	*Attention*2	*lnbv*	*adj - lnbv*	*Attention*3	*lnbv*	*adj - lnbv*
Balanc	2.091 *** (4.83)	0.137 (1.47)	0.057 (1.29)	1.055 *** (4.58)	0.129 (1.44)	0.062 (1.33)	2.667 *** (4.42)	0.123 (1.42)	0.069 (1.35)
Sale_gr	1.506 *** (3.14)	0.033 * (1.69)	0.027 * (1.72)	1.299 *** (4.50)	0.336 * (1.76)	0.206 * (1.91)	1.128 *** (3.74)	0.356 * (1.85)	0.226 * (1.73)
Profit	2.655 *** (3.39)	0.104 * (1.82)	0.061 * (1.70)	1.786 *** (6.35)	0.217 * (1.84)	0.087 * (1.72)	2.392 *** (5.51)	0.198 * (1.76)	0.071 * (1.91)
Inst	0.516 ** (2.24)	0.040 ** (2.13)	0.064 * (1.78)	0.528 ** (2.14)	0.153 * (1.90)	0.590 * (1.69)	0.719 ** (2.26)	0.154 * (1.89)	0.237 * (1.72)
constant	5.336 *** (8.22)	4.621 *** (6.06)	5.950 *** (7.03)	5.584 *** (6.48)	6.107 *** (5.29)	5.121 *** (7.16)	4.748 *** (5.33)	4.197 *** (5.31)	3.993 *** (4.89)
Firm&Year	yes	yes	yes	yes	yes	yes	yes	yes	yes
聚类到企业	yes	yes	yes	yes	yes	yes	yes	yes	yes
N	1910	1752	1752	1910	1752	1752	1910	1752	1752
Adj. R^2	0.372	0.480	0.394	0.469	0.475	0.536	0.383	0.397	0.451

注：(1) ***、** 和 * 代表统计上的显著性，分别表示在 1%、5% 和 10% 水平上显著，括号中是估计参数的 t 值。(2) 被解释变量是 *lnbv*，并采用 *adj - lnbv* 进行稳健性检验。(3) 表中 3 个模型分别用于检验被关注度是否是创新类型影响品牌价值的重要渠道。(4) 此外，模型中还设置了企业 (*Firm*)、年度 (*Year*) 固定效应，并聚类到企业。

四、信号传递的中介机制检验

为了考察高质量的“突破性”技术创新所传递出的技术优势积极信号是否能够得到利益相关者的高度关注，并由此对品牌价值具有强烈的提升效应。鉴于此，本章引入被关注度变量，其中 *Attention*1、*Attention*2 和 *Attention*3 分别表示某个上市公司在某个观测年度内在互联网上出现的频次、被分析师（团队）跟踪分析的频次和被研报跟踪分析的频次。通过观察表 5-6 中列（1）、列（4）和列（7）可以看出，高质量的“突破性”技术创新对企业获得利益相关者关注的影响显著为正，说明高质量的“突破性”技术创新能够向外传递积极信号并受到外部利益相关者的关注。而媒体关注、分析师关注以及研报关注在一定程度上代表了外部的消费者、投资者以及其他利益相关者对企业的关注程度，关注度越高，企业获得的认可度和美誉度理应越高，表 5-6 中列（2）、列（5）和列（8）的研究结果显示。关注度确实对企业品牌价值的提升具有积极影响，且对比表 5-3 中列（1），发现“突破性”技术创新的系数有所降低，但仍然显著，说明被关注度（其中，*Attention*1 表示媒体关注、*Attention*2 表示分析师关注、*Attention*3 表示研报关注）在“突破性”技术创新影响企业品牌价值的过程中发挥“部分中介”效应。自此，本章验证了信号传递机制是高质量的“突破性”技术创新影响品牌价值的一条重要渠道。为了进一步考察研究结果的稳健性，同样将被解释变量中的品牌价值（*lnbv*）替换为动态品牌价值（*adj-lnbv*），研究结果请参见表 5-6 中列（3）、列（6）和列（9）：通过对比表 5-3 中列（4），发现高质量的“突破性”创新对动态品牌价值影响的信号传递机制依然存在，表明本章的研究结论较为稳健可靠。总而言之，这为理论假设 H5-5 通过检验提供了直观的经验证据。

五、稳健性检验：Heckman 两步法和两阶段最小二乘法

从创新类型与品牌价值间的互动逻辑来看，可能存在样本选择性偏误

和互为因果引起的内生性问题：一方面，为避免由于信息缺漏而造成的估计偏误，对于世界品牌实验室每年仅发布最具价值的中国500家企业的品牌价值，而大量未被披露品牌价值的企业，品牌价值变量按缺漏值处理，这样选择品牌价值作为被解释变量意味着自动忽略了那些没有披露品牌价值的样本，这样非随机的选择会使估计有偏；另一方面，那些本来自身品牌价值高的企业更倾向于主动将资源投入实质性、突破性的创新活动中，企业创新类型的内生性问题同样会导致估计是有偏的。为同时考虑样本选择偏误和内生性问题，参考杨汝岱等（2011）、郭玥（2018）、刘斐然等（2020）以及许玲玲等（2021）的做法，结合Heckman两步法和2SLS进行估计，其估计思路是：利用2SLS的第一阶段回归结果得到企业创新类型的预测值，用预测的企业创新类型代替真实的企业创新类型，以此为基础进行Heckman两步法回归。其中，2SLS的第一阶段回归中，因变量为企业创新类型，相应的工具变量为企业创新类型的年份—省份—行业平均值①。

Heckman两步法的步骤如下：第一步，是否入选世界品牌实验室发布的《中国最具价值品牌》榜单；第二步，如果入选《中国最具价值品牌》榜单，评估的企业品牌价值是多少。前者称为选择方程，后者称为回归方程。选择方程的形式如模型（5.4）所示：

$$Prob(List = 1) = \Phi(\beta Techtype + \delta X_2) \tag{5.4}$$

其中，$Prob$（$List=1$）为企业入选《中国最具价值品牌》榜单的概率，$Techtype$ 表示企业创新类型相关指标，X_2 表示影响企业是否入选《中国最具价值品牌》榜单的因素，由此得到回归方程的形式如模型（5.5）所示：

$$Brandvalue = \alpha + \rho Techtype + \lambda X_1 + \frac{\eta\phi(\beta Techtype + \delta X_2)}{\Phi(\beta Techtype + \delta X_2)} + u \tag{5.5}$$

其中，$Brandvalue$ 表示企业的品牌价值（用"品牌价值" $lnbv$ 衡量，

① 本章验证了工具变量选取的有效性：工具变量"企业创新类型的年份—省份—行业平均值"对企业创新类型的影响在1%水平上显著为正，说明工具变量与内生解释变量是相关的；在控制了企业创新类型后，"企业创新类型的年份—省份—行业平均值"对企业品牌价值的影响不显著，说明工具变量对被解释变量没有直接影响，即工具变量满足排斥性约束；工具变量是年份—省份—行业层面，显然与企业层面的扰动项不相关，说明工具变量具有外生性。

并采用"动态品牌价值" $adj-lnbv$ 进行稳健性检验），$Techtype$ 表示创新类型相关指标，X_1 表示影响企业品牌价值的相关因素，ϕ（$\beta Techtype+\delta X_2$）/$\Phi$（$\beta Techtype+\delta X_2$）为修正项，即逆 *Mills* 率（*IMR*），α 为常数项，u 为残差项。根据世界品牌实验室测评企业品牌价值的参考因素以及表 5－3 的实证结果可知，X_1 主要包括：现金流（*Cflow*）、公司规模（*Size*）、资本结构（*Lev*）、企业年龄（*Age*）、股权制衡（*Balanc*）、销售增长率（*Sale_gr*）、公司利润率（*Profit*）、机构持股（*Inst*）。

Heckman 两步法中，选择方程和回归方程的被解释变量有较强的相关性，然而如果选择方程的解释变量与回归方程的解释变量完全相同将带来多重共线性致使估计系数无法识别（Huergo，2006）。因此，选择方程需要引入具有排他性条件的解释变量，也就是说，引入的变量影响企业是否入选《中国最具价值品牌》，而不直接影响企业品牌价值是多少。根据品牌理论，企业自身的品牌意识以及所在地区的品牌法律保护状况都会影响到企业入选品牌榜单的概率。企业中高学历员工比重越大，企业品牌意识越强；品牌法律越健全，企业越注重品牌建设。因此，本章选择人力资本、知识产权保护①作为选择方程的排他性识别变量，代表能否入选《中国最具价值品牌》的影响因素。

估计结果如表 5－7 所示，表 5－7 的前 5 个模型中逆 Mills 率（*IMR*）显著为正，说明模型存在选择性偏误，修正选择性偏误并考虑到企业创新类型的内生性问题后，企业创新类型的估计系数依然显著为正，说明研究结论比较稳健。

表 5－7　　Heckman 和 2SLS 回归：创新类型对品牌价值的影响

变量	*lnbv*			*adj－lnbv*		
	(1)	(2)	(3)	(4)	(5)	(6)
*Techtype*1	0.021** (2.23)			0.013* (1.80)		

① 目前涉及品牌保护的法律主要是《商标法》，属于广义的知识产权保护范畴。

续表

变量	lnbv			adj - lnbv		
	(1)	(2)	(3)	(4)	(5)	(6)
Techtype2		0.024** (2.35)			0.015** (2.18)	
Techtype3			0.037** (2.40)			0.026** (2.22)
IMR	0.087*** (2.74)	0.175*** (2.83)	0.074** (2.28)	0.091** (2.41)	0.112* (1.91)	0.071 (1.45)
Cflow	0.366*** (5.11)	0.323*** (5.69)	0.121*** (4.77)	0.058*** (5.34)	0.042*** (5.64)	1.188*** (4.82)
Size	0.744*** (8.37)	0.721*** (3.26)	0.653*** (4.41)	0.115*** (7.39)	0.086*** (5.20)	0.627*** (7.66)
Lev	-0.783* (-1.84)	-0.805* (-1.87)	-0.593*** (-3.36)	-0.161* (-1.88)	-0.149* (-1.92)	-1.237*** (-2.81)
Age	0.051** (2.33)	0.047*** (3.24)	0.044 (1.52)	0.039** (2.24)	0.027** (2.31)	0.025* (1.89)
Balanc	0.019 (1.30)	0.022 (1.35)	0.037 (0.86)	0.018 (1.46)	0.051 (1.39)	0.256* (1.82)
Sale_gr	0.023* (1.91)	0.037 (1.30)	0.131*** (2.72)	0.020* (1.77)	0.014 (1.35)	0.233*** (2.85)
Profit	0.156* (1.87)	0.057* (1.82)	0.166 (1.31)	0.134* (1.90)	0.160* (1.88)	0.094* (1.83)
Inst	0.905*** (3.62)	0.924*** (3.37)	0.670* (1.78)	0.072* (1.87)	0.092* (1.76)	0.893** (2.41)
constant	5.504*** (6.37)	5.413*** (4.80)	3.187*** (3.32)	2.152*** (4.18)	3.855*** (4.66)	6.279*** (7.03)
Firm&Year	yes	yes	yes	yes	yes	yes
聚类到企业	yes	yes	yes	yes	yes	yes

续表

变量	*lnbv*			*adj-lnbv*		
	(1)	(2)	(3)	(4)	(5)	(6)
N	1752	1752	1752	1752	1752	1752
Adj. R^2	0.498	0.464	0.537	0.641	0.556	0.393

注：(1) ***、** 和 * 代表统计上的显著性，分别表示在1%、5%和10%水平上显著，括号中是估计参数的t值。(2) 被解释变量是 *lnbv*，并采用 *adj-lnbv* 进行稳健性检验。(3) 模型中还设置了企业（*Firm*）、年度（*Year*）固定效应，并聚类到企业。

本章小结

本章的品牌价值数据来源于世界品牌实验室（World Brand Lab）每年发布的《中国最具价值品牌》、专利IPC分类号数据以及发明专利的被引次数数据来自国家知识产权局网站、上市公司基本信息和财务数据来自国泰安数据库（CSMAR），上述三个来源的数据通过匹配，作为本章的主要样本数据。本章的研究思路如下：首先，考察“突破性”技术创新（*Techtype*）对企业品牌价值（*lnbv*）以及动态品牌价值（*adj-lnbv*）的影响，考察这种影响随着内、外部治理环境的变化有何差异；其次在此基础上进一步探讨了高质量的“突破性”技术创新对品牌价值影响的微观机制；最后通过Heckman两步法和两阶段最小二乘法（2SLS）对本章的研究结论进行稳健性检验。研究发现：①“突破性”技术创新（*Techtype*）对企业品牌价值（*lnbv*）及动态品牌价值（*adj-lnbv*）均具有积极且显著的提升作用。这表明，高风险的研发项目虽然充满不确定性，但也暗示着某种可期待的美好未来。实际上，创新是一项特殊的投资，高质量的技术创新很可能会带来颠覆性的技术变革，培育出划时代意义的全新产品，成为推动品牌价值增长的源泉。②为了进一步检验内、外部治理环境的异质性影响，本章拟从产权性质、知识产权保护、生命周期三个方面进一步考察这些异质性内、外部治理环境因素在高质量的“突破性”技术创新与企业品牌价值关系间的异质性影响效应。研究发现：相比于国有企业，非国有企业实施"突破性"技术创新对品牌价值的提升效应更显著；相比于知识产权保护水平较低的情景，较高的知识产权保护水平能够与高质量的"突破性"技术创新形成有效协同，增强了高质量技术创新对品牌价值的促进效果；在生命周期的不同阶段，"突破性"技术创新对企业品牌价值的影响也存在差异，其中对成长期企业品牌价值的激励效应最大、对成熟期企业品牌价值的激励作用开始下降、对衰退期企业品牌价值的作用相对最为微弱。③为了考察高质量的"突破性"技术创新所传递出的技术优势积极信号是否能够得到利益相关者的高度关注，并由此对品牌价值产生积极的提升效应。研究结果发现，"突破性"创新相比于"渐进性"创新确实能够获得更高的媒体关注度，媒体关注度确实有益于品牌价值的提升。即媒体关注是"突破性"创新影响品牌价值的重要渠道。④最后，为了克服样本选择性偏误和互为因果引起的内生性问题，本章进一步采用 Heckman 两步法和两阶段最小二乘法（2SLS）进行稳健性检验，检验结果尽管表明存在一定程度的自选择偏误，但并不严重，高质量的"突破性"技术创新对品牌价值依然具有积极显著的正向激励作用，说明回归结果较为稳健可靠。

本章的主要研究贡献为：研究结果揭示了"突破性"技术创新对企业品牌价值及动态品牌价值均具有积极显著的影响。本章的研究为管理实践领域领军企业积极响应国家创新发展号召、大胆参与"突破性"技术创新竞赛的行为提供了合理化解释。但本章研究的结论依然需要谨慎对待：第一，本章发现"突破性"技术创新对企业品牌价值的提升具有积极显著的正向影响，说明我国目前已经存在一批创新型企业，具备充足的经验去集成技术优势、控制过程风险，最终将企业迎难而上的胆识与勇气转化成可见的利润和可期的未来。但本章的研究结论只是一个大概率的统计事件，可能一般企业并不具备在技术、生产、市场各部门的协同能力，并不具备有效化解创新活动中系统风险的能力，因此一般企业不能盲目跟从，但鼓励具备适宜条件的企业能够审时度势、放手一搏。第二，本章并未发现"研发创新投资的边际收益递减"现象，可能的原因是在"突破性"创新模式下，边际收益曲线的形态可能发生变异。传统的倒"U"形曲线变为

"N"形甚至波浪形，使创新投资收益的边际递减阶段向后推延，而本章样本恰好位于边际收益曲线的拐点之前。因此，随着未来进一步发展和研发创新强度的进一步提高，将来有必要继续关注"研发创新投资的边际收益"变化趋势。第三，本章对"突破性"技术创新的衡量标准仍需谨慎对待。由于数据获取困难，为"突破性"技术创新指标的选取带来一定的限制，本章通过借鉴专利质量方面的文献（Akcigit et al.，2016；Wirsich et al.，2016；张杰和郑文平，2018；刘斐然等，2020），仅从专利知识的宽度、专利知识的新颖度以及专利被引情况等专利质量视角判断企业到底实施的是"突破性"技术创新还是"渐进性"技术创新，显然这种衡量方式有些偏颇，笔者会继续关注相关领域的进展，以期获取更标准的有关"突破性"技术创新的衡量指标。

第六章

品牌价值影响企业绩效的机制检验

第一节　理论分析与研究假设

2017 年，党的十九大提出“推进我国经济由高速增长向高质量发展阶段转变”。目前，我国经济发展速度有所放缓，但经济增长质量仍任重道远。其中一个最突出的表现是品牌影响力较小，较长时间处于全球价值链底端，获取增加值的能力非常有限。据《2020 年（第十七届）世界品牌价值 500 强》统计，我国上榜的品牌价值仅占全球品牌价值的 18%，与美国的 48.6% 相比还有非常大的差距。品牌价值的高低反映了企业竞争力的强弱，反映了国家实施经济高质量发展的潜力（蒋丹等，2019；杨保军、秦艳昭，2020）。因此，如果说品牌影响力在助力我国经济高质量发展方面功不可没，那么，作为微观市场主体的企业有充足的动力吗？较强的品牌影响力或较高的品牌价值有助于企业绩效提升吗？本章将从实证领域考察品牌价值对企业绩效的影响效应。

一、品牌价值对企业绩效的影响

品牌是企业一切生产运营资源得以更加高效运转的核心枢纽（杨懿等，2017），是企业进入高端产品市场并获取高额利润的通行证（王积田、黄梦楠，2018），因此培育和建设知名的自主品牌，有助于提升企业绩效。

具体而言，第一，强势品牌往往具有更高的品牌忠诚度和客户黏性。一旦企业的产品或服务赢得了顾客的信任，就会成为顾客寻找替代品或转向竞争者的壁垒（Kallapur & Kwan，2004；Fine et al.，2016）。满意的顾客传播积极的口碑从而吸引新的顾客（杨雪，2016；Basgoze et al.，2016），积极的口碑传播或品牌推崇对于开发新客户并扩大产品知名度以及提高企业绩效都会大有裨益（Doss，2014；袁登华等，2016；王林等，2019）。据研究，多保持仅仅5%的顾客就会为企业带来25%～85%的利润（刘平均，2016）。第二，强势品牌往往具有更高的品牌溢价能力。知名品牌产品无论在功能体验还是外形设计上带给消费者的感知价值都远远超过其他同类产品，从而使得消费者宁愿选择支付溢价消费该项知名品牌的产品或服务，成为该产品的“铁粉”（Sattler et al.，2010；庄飞鹏、韩慧林，2018）。有研究表明，日本著名拉链产品YKK的市场价格是普通拉链产品的140多倍（芮明杰、杨锐，2015），国际著名品牌的获利能力我们有目共睹，其对企业绩效的贡献自然功不可没。同时我们也发现，即使是区域性的一般品牌，其提供产品或服务的价格也比其竞争对手高出8%以上（刘平均，2016），这说明品牌产品确实能够提升企业绩效。据此，提出本章的第一个假设：

H6-1：品牌价值有助于企业绩效的提升。

二、内、外部治理环境的异质性影响

产品市场竞争作为连接企业外部宏观经济环境与微观企业内部的重要桥梁，产品市场竞争直接影响着具有一定价值的品牌产品为企业带来经济效应的大小。Mase（2009）研究发现，强势品牌会带来更强的客户忠诚度和客户黏性，当面临激烈的市场竞争态势或不利的经济贸易环境时，这种强势品牌带来的客户忠诚度，会帮助企业抵御外部因素给企业带来的冲击或不利影响（Fischer & Himme，2017；齐永智、闫瑶，2018）。当产品市场竞争非常激烈时，市场中充斥着大量同质化产品，碍于多种风险的存在和对风险认知的不确定性，顾客宁愿选择支付溢价消费品牌产品，即对品牌产品形成偏好，使得品牌产品比一般产品获得更多的销售额或利润，进而赋予品牌产品差异化的竞争优势并给予企业更高的业绩回报。根据上述分析，提出如下的假设：

H6－2：相对于产业市场竞争程度较低的行业，在产业市场竞争更激烈的行业中品牌价值对企业绩效的提升效应更积极显著。

社会责任的履行直接关系到企业的正面形象，一个企业的社会责任心往往是企业声誉的独特指示器，对企业品牌价值经济效应的发挥具有协同促进作用。其一，增强利益相关者对企业产品品牌的认同感（Cristian & Nicoleta，2015；邹萍，2018）。利益相关者控制着许多关键资源，一个积极履行社会责任的企业，往往能够向外部传递积极的信誉口碑，继而增强利益相关者对企业产品品牌的信任度（Rhou et al.，2016；潘孝珍、傅超，2020），促使利益相关者将更多的资源投入企业经营中，从而有利于企业的长远发展。其二，正向影响消费者对企业产品的响应态度及购买意向（Maung et al.，2020）。尤其在行业内社会责任履行存在差异的情况下，消费者更倾向于信赖社会责任较强的企业（吴金海，2020），进而提升对该企业产品的信任度和忠诚度，促使企业绩效的不断提高。根据上述理论分析，提出以下假设：

H6－3：相对于履行社会责任较低的企业，品牌价值对企业绩效的促进效应在履行社会责任较多的企业中表现更积极显著。

较高的互联网普及率不但方便了移动购物，而且有利于信息的披露和传播，因此，在互联网普及率较高的情景下，更有利于品牌美誉度的传播，从而促进品牌价值对企业绩效的正向影响。具体而言，第一，较高的互联网普及率有利于媒体对信息的深度挖掘和专业报道，缓解了信息不对称。媒体关注度越高，产品市场上的投机行为受到的威胁就越大，一向以完美形象著称的高价值品牌产品受到的青睐就越高。第二，互联网普及率越高，移动购物越便捷。在移动购物的环境下，来自消费者的网络口碑被认为是可信且有效的信息源（杨雪，2016），积极的口碑传播或品牌推崇极大地降低了开发新客户的成本，推动了企业绩效的提升（王林等，2019）。研究发现，获取新客户的成本往往是非常高的，吸引一位新客户的成本通常高达维护一位老客户成本的5倍（刘平均，2016）。口碑相传对于品牌声誉的塑造作用不言而喻，其对企业绩效的正向影响自然也不容小觑。在此基础上，提出假设：

H6－4：相对于互联网普及率较低的地区，在互联网普及率较高的地区中品牌价值对企业绩效的提升效应更积极显著。

三、品牌信任和品牌溢价的中介作用

品牌价值可以通过品牌信任为企业绩效提供保障。消费者是影响品牌价值向企业绩效转化的关键主体，因此消费者对品牌的支持和信任直接影响到企业绩效的好坏。并且消费者对品牌的信任，不仅有助于通过自身消费带动企业绩效的提升，同时还通过积极的口碑传播提升品牌的声誉进而获取更多的用户资源，提升品牌产品的关注度和企业绩效。事实上，高价值品牌产品能够持续满足消费者对产品性能、质量、情感等方面的消费体验，从而增强了客户粘性，建立了消费者对品牌产品的信任（蒋廉雄等，2012；黄永春等，2012），由此带动企业绩效的提升。高价值品牌不仅有助于老顾客的信任，还可以在口碑相传的品牌声誉下，助推品牌产品吸引更多的优质顾客，实现消费者队伍的自我强化（Beck et al.，2020），从而推动企业绩效的不断提升。因此，提出品牌价值影响企业绩效的如下微观机制：

H6－5：品牌价值通过品牌信任效应，正向影响企业绩效。

品牌价值可以通过品牌溢价促进企业绩效的提升。高价值品牌能够增强消费者的感知价值，获取顾客对品牌产品的信赖。追求品质与效率的消费者为了规避信息不对称带来的“踩雷”风险，更愿意选择和信任高价值品牌产品（胡其波等，2021）。消费者通过全新的消费体验获得对品牌产品的深度认可和信赖后，从而具有更高的价格承受能力，也更愿意接受更高的品牌溢价（Herbst et al.，2012；Adam & Anna，2021）。品牌溢价是获取丰厚超额利润的基础，更是企业绩效的源泉（芮明杰、杨锐，2015）。正如苹果公司通过超高的品牌溢价和客户粘性成为全球公认的最赚钱的公司，为企业绩效的提升作出了巨大的贡献。因此，本章提出以下理论假设以待实证检验：

H6-6：品牌价值通过品牌溢价效应，正向影响企业绩效。

第二节　研究设计

一、数据来源及变量定义

（一）样本选择与数据来源

品牌价值数据来自世界品牌实验室（World Brand Lab）发布的《中国最具价值品牌》，具体从《2011年（第八届）中国500最具价值品牌》至《2022年（第十九届）中国500最具价值品牌》；互联网普及率数据来自“中经网统计数据库”；品牌信任数据来自知网“中国重要报纸全文数据库”；品牌溢价数据来自“京东商城网站”；其他数据来自“国泰安数据库”。本章主要进行如下数据处理：剔除品牌发源地不在中国的企业；如果同一公司有多个上榜品牌，将这些品牌价值数据予以合并；由于《世界品牌实验室（World Brand Lab）》每年发布的品牌价值数据都是基于上一年的统计资料计算的，因此通常将发布年份减1作为品牌价值的实际所属年份；剔除金融企业样本以及ST或*ST处理的样本；为了避免异常值的影响，对主要连续变量在1%水平上进行winsor处理。数据处理采用的是Stata软件。

（二）变量解释说明及定义

1. 被解释变量：企业绩效。借鉴李科和徐龙炳（2011）、Vomberg等（2015）、池仁勇和何明明（2017）、蒋丹等（2019）及Khan等（2020）的研究，主要采用企业价值（*Tobinq*）、企业竞争力（*Competi*）、资产利润率（*Roa*）以及销售净利率（*Ros*）四个指标对企业绩效进行衡量。

2. 解释变量：品牌价值。借鉴赵蓓和张小三（2013）以及王秋红（2016）的研究，采用世界品牌实验室（World Brand Lab）每年发布的

《中国最具价值品牌》榜单中的品牌价值数据，并取自然对数作为品牌价值（*lnbv*）的度量指标。

本章进一步采用 PSM 方法考察研究结论的稳健性，借鉴王刚刚等（2017）以及郑玉（2020b）的方法，设置上榜品牌虚拟变量，并用 *Brandlist* 表示。如果企业当年进入《中国最具价值品牌》榜单，则 *Brandlist* 取值为 1，否则 *Brandlist* 取值为 0。

3. 控制变量。为了考察品牌经济效应，本章借鉴刘东胜和周玲玲（2016）、李园园等（2019）、刘建华等（2020）、郑玉（2020a）等学者的研究，并基于数据可得性，主要控制以下变量可能产生的影响：①企业特征在一定程度上影响了其品牌战略的实施方式，故对企业规模（*Size*）、企业年龄（*Age*）、销售增长率（*Sale_gr*）、公司利润率（*Profit*）进行控制；②外部市场治理及内部组织结构治理对企业品牌战略决策存在潜在影响，因此本章隔离了股权制衡（*Balanc*）、机构持股（*Inst*）等产生的影响；③企业的财务状况在一定程度上反映了资金的丰裕度，对企业品牌战略具有重要影响，因此本章控制了现金流（*Cflow*）、资本结构（*Lev*）等企业财务层面的因素。

4. 异质性变量。借鉴王秋红（2016）、张婧和朱苗（2016）以及李园园等（2019）等研究，本章主要选取行业竞争（*hhi*）、企业社会责任（*Csr*）、互联网普及率（*Netrat*）进一步考察品牌价值对企业绩效的异质性影响效应。

5. 机制变量。借鉴 Herbst 等（2012）、芮明杰和杨锐（2015）以及胡其波等（2021）等文献的思想，主要从品牌信任（*Brandtru*）和品牌溢价（*Brandpre*）两个方面考察品牌价值影响企业绩效的主要微观渠道。其中，品牌信任指标主要借助知网“中国重要报纸全文数据库”搜索相关品牌的主题报道，通过人工阅读对品牌信任倾向进行判断，品牌信任倾向从认可到中性再到否定依次用 1、0、－1 表示；品牌溢价通过 python 软件抓取“京东商城网站”相关商品的价格数据，通过计算代表性品牌商品的价格相对于行业均值的溢价得到，即 *Brandpre* =（品牌商品的价格 - 行业均值）/行业均值。

二、描述性统计

表6-1给出了本章主要变量的名称、含义以及计算方法，并从均值、标准差、最值等方面进行描述性统计，从而从不同方面展示了相关变量的差异性和多样性。

表6-1　样本描述性统计

变量名称	变量含义	计算方法	mean	sd	min	max
被解释变量						
Tobinq	企业价值	托宾Q值，即公司市值/总资产	1.587	1.576	0.187	15.714
Competi	企业竞争力	（营业收入-营业成本-销售费用-管理费用）/营业收入	0.118	0.130	-0.538	0.564
Roa	资产利润率	净利润/总资产	0.060	0.063	-0.296	0.232
Ros	销售净利率	净利润/主营业务收入	0.153	0.181	-0.306	0.544
解释变量						
lnbv	品牌价值	衡量品牌在财务上的价值，由世界品牌实验室每年发布《中国最具价值品牌》取自然对数	5.002	1.093	2.373	8.313
控制变量						
Cflow	现金流	经营活动产生的现金流量净额/总资产	0.070	0.080	-0.250	0.279
Size	公司规模	总资产的自然对数	23.331	1.505	18.831	26.284
Lev	资本结构	总负债/总资产	0.512	0.183	0.086	1.613
Age	企业年龄	样本最后一年减公司成立年份	22.416	4.277	10.000	33.000
Balanc	股权制衡	第2~10大股东持股/第1大股东持股	0.652	0.603	0.031	3.268
Sale_gr	销售增长率	取完对数的销售额的差分表示	0.106	0.253	-1.243	2.146
Profit	公司利润率	营业利润/营业收入	0.095	0.158	-2.142	0.779
Inst	机构持股	机构投资者持股比例	0.108	0.146	0.000	0.593

续表

变量名称	变量含义	计算方法	mean	sd	min	max
异质性变量						
hhi	行业竞争	行业（两位数）赫芬达尔指数①	0.096	0.074	0.028	0.371
Csr	社会责任	根据 CSMAR 社会责任数据库中社会责任信息披露的相关指标打分，经标准化处理后获得②	0.641	0.108	0.333	0.833
Netrat	互联网普及率	互联网用户的比例	0.509	0.823	0.107	0.851
机制变量						
Brandtru	品牌信任	信任倾向从认可到中性再到否定依次用 1、0、-1 表示	0.346	0.669	-1.000	1.000
Brandpre	品牌溢价	(品牌商品价格 - 行业均值)/行业均值	0.208	0.612	0.077	0.529

注：① $hhi = \sum_{i=1}^{n}(x_i/x)^2$，其中 $x = \sum_{i=1}^{n}x_i$、x_i 表示 i 企业的销售额、x 表示某个行业中所有企业的销售额之和。

②本研究选取国泰安数据库中社会责任研究子库中“上市公司社会责任报告基本信息表”中的 12 个方面作为衡量企业社会责任信息质量的基本标准，具体包括：是否经第三方机构审验、是否参照 GRI《可持续发展报告指南》、是否披露股东权益保护、是否披露债权人权益保护、是否披露职工权益保护、是否披露供应商权益保护、是否披露客户及消费者权益保护、是否披露环境和可持续发展、是否披露公共关系和社会公益事业、是否披露社会责任制度建设和改善措施、是否披露安全生产内容、是否披露公司存在的不足。本研究将这 12 个方面的标准进行 0～1 赋值，比如披露了该利益相关者信息的赋值为 1，否则为 0。然后，将每家公司的这 12 个标准得分进行加总，得分区间在 0～12 之间，为了使数据更加利于研究，进一步将之除以 12 使得取值标准化，最终得到社会责任（Csr）的衡量指标，该指标越大，说明企业的社会责任越高。

三、估计方法

（一）品牌价值对企业绩效的影响

主要构建模型（6.1）来考察品牌价值对企业绩效的影响效应。

$$\begin{aligned} Performance_{i,t+1} = {} & \beta_0 + \beta_1 lnbv_{i,t} + \beta_2 Cflow_{i,t} + \beta_3 Size_{i,t} + \beta_4 Lev_{i,t} \\ & + \beta_5 Age_{i,t} + \beta_6 Balanc_{i,t} + \beta_7 Sale\_gr_{i,t} \\ & + \beta_8 Profit_{i,t} + \beta_9 Inst_{i,t} + u_{i,t} \end{aligned} \quad (6.1)$$

模型中各变量的下标 i、t 分别表示企业、年份，*Performance* 是被解释变量，表示企业绩效，主要采用企业价值（*Tobinq*）、企业竞争力（*Competi*）、资产利润率（*Roa*）以及销售净利率（*Ros*）四个指标衡量；*lnbv* 是本章主要的解释变量，表示品牌价值；现金流（*Cflow*）、公司规模（*Size*）、资本结构（*Lev*）、企业年龄（*Age*）、股权制衡（*Balanc*）、销售增长率（*Sale_gr*）、公司利润率（*Profit*）、机构持股（*Inst*）为本章的主要控制变量。当企业品牌价值的估计系数显著为正时，表示品牌价值的提升能够对企业绩效产生积极显著的正向影响。值得说明的是，由于品牌价值对企业绩效的影响可能存在滞后效应，因此被解释变量做滞后一期处理，u_{it} 表示残差项。

在此基础上，本章拟进一步检验企业自身特征和外部治理环境的异质性影响：本章拟从行业竞争（*hhi*）、企业社会责任（*Csr*）以及互联网普及率（*Netrat*）三个方面进一步考察企业特征及外部治理环境对品牌价值与企业绩效之间关系的异质性影响。

（二）品牌价值影响企业绩效的机制检验

为了考察品牌价值对企业绩效影响的微观通道，本章主要从品牌信任（*Brandtru*）、品牌溢价（*Brandpre*）两个方面进行考察。

1. 品牌信任中介机制检验。

考察品牌信任（*Brandtru*）在品牌价值与企业绩效关系中的中介效应，构造模型（6.2）和模型（6.3），连同模型（6.1）共同构成中介效应检验模型：

$$\begin{aligned} Brandtru_{i,t} = \beta_0 &+ \beta_1 lnbv_{i,t} + \beta_2 Cflow_{i,t} + \beta_3 Size_{i,t} + \beta_4 Lev_{i,t} \\ &+ \beta_5 Age_{i,t} + \beta_6 Balanc_{i,t} + \beta_7 Sale\_gr_{i,t} + \beta_8 Profit_{i,t} \\ &+ \beta_9 Inst_{i,t} + u_{i,t} \end{aligned} \tag{6.2}$$

$$\begin{aligned} Performance_{i,t+1} = \beta_0 &+ \beta_1 lnbv_{i,t} + \beta_2 Brandtru_{i,t} + \beta_3 Cflow_{i,t} \\ &+ \beta_4 Size_{i,t} + \beta_5 Lev_{i,t} + \beta_6 Age_{i,t} + \beta_7 Balanc_{i,t} \\ &+ \beta_8 Sale\_gr_{i,t} + \beta_9 Profit_{i,t} + \beta_{10} Inst_{i,t} + u_{i,t} \end{aligned} \tag{6.3}$$

其中，*Brandtru* 表示品牌信任；*lnbv* 表示品牌价值；*Performance* 表示

企业绩效，主要采用企业价值（*Tobinq*）、企业竞争力（*Competi*）、资产利润率（*Roa*）以及销售净利率（*Ros*）四个指标衡量；控制变量主要包括现金流（*Cflow*）、公司规模（*Size*）、资本结构（*Lev*）、企业年龄（*Age*）、股权制衡（*Balanc*）、销售增长率（*Sale_gr*）、公司利润率（*Profit*）、机构持股（*Inst*）；$u_{i,t}$代表误差项。

中介模型估计步骤如下：基准回归模型（6.1）检验 *lnbv* 与 *Performance* 之间的相关关系；模型（6.2）检验 *lnbv* 与 *Brandtru* 之间的相关关系；模型（6.3）将 *lnbv* 和 *Brandtru* 同时纳入模型，检验与 *Performance* 之间的关系。如果模型（6.3）中 *lnbv* 系数的绝对值较模型（6.1）中 *lnbv* 系数的绝对值低且不显著，则认为 *Brandtru* 在 *lnbv* 与 *Performance* 的关系中发挥"完全中介"角色；如果模型（6.3）中 *lnbv* 系数的绝对值较模型（6.1）中 *lnbv* 系数的绝对值低但仍显著，则认为 *Brandtru* 在 *lnbv* 与 *Performance* 的关系中具有"部分中介"作用。

2. 品牌溢价中介机制检验。

考察品牌溢价（*Brandpre*）在品牌价值与企业绩效关系中的中介效应，构造模型（6.4）和模型（6.5），连同模型（6.1）共同构成中介效应检验模型：

$$
\begin{aligned}
Brandpre_{i,t} = {} & \beta_0 + \beta_1 lnbv_{i,t} + \beta_2 Cflow_{i,t} + \beta_3 Size_{i,t} + \beta_4 Lev_{i,t} \\
& + \beta_5 Age_{i,t} + \beta_6 Balanc_{i,t} + \beta_7 Sale\_gr_{i,t} + \beta_8 Profit_{i,t} \\
& + \beta_9 Inst_{i,t} + u_{i,t}
\end{aligned} \tag{6.4}
$$

$$
\begin{aligned}
Performance_{i,t+1} = {} & \beta_0 + \beta_1 lnbv_{i,t} + \beta_2 Brandpre_{i,t} + \beta_3 Cflow_{i,t} \\
& + \beta_4 Size_{i,t} + \beta_5 Lev_{i,t} + \beta_6 Age_{i,t} + \beta_7 Balanc_{i,t} \\
& + \beta_8 Sale\_gr_{i,t} + \beta_9 Profit_{i,t} + \beta_{10} Inst_{i,t} + u_{i,t}
\end{aligned} \tag{6.5}
$$

其中，*Brandpre* 表示品牌溢价；*lnbv* 表示品牌价值；*Performance* 表示企业绩效，主要采用企业价值（*Tobinq*）、企业竞争力（*Competi*）、资产利润率（*Roa*）以及销售净利率（*Ros*）四个指标衡量；控制变量主要包括现金流（*Cflow*）、公司规模（*Size*）、资本结构（*Lev*）、企业年龄（*Age*）、股权制衡（*Balanc*）、销售增长率（*Sale_gr*）、公司利润率（*Profit*）、机构持股（*Inst*）；$u_{i,t}$代表误差项。

中介模型估计步骤如下：基准回归模型（6.1）检验 *lnbv* 与 *Performance* 之间的相关关系；模型（6.4）检验 *lnbv* 与 *Brandpre* 之间的相关关系；模型（6.5）将 *lnbv* 和 *Brandpre* 同时纳入模型，检验与 *Performance* 之间的关系。如果模型（6.5）中 *lnbv* 系数的绝对值较模型（6.1）中 *lnbv* 系数的绝对值低且不显著，则认为 *Brandpre* 在 *lnbv* 与 *Performance* 的关系中发挥“完全中介”角色；如果模型（6.5）中 *lnbv* 系数的绝对值较模型（6.1）中 *lnbv* 系数的绝对值低但仍显著，则认为 *Brandpre* 在 *lnbv* 与 *Performance* 的关系中具有“部分中介”作用。

（三）稳健性检验

除此之外，本章拟进行如下的稳健性检验：由于模型（6.1）主要以世界品牌实验室（World Brand Lab）每年发布的《中国最具价值品牌》上榜企业的品牌价值为自变量，考察品牌价值可能为企业带来的绩效效应。

由于品牌价值越高，上榜《中国最具价值品牌》榜单的可能性越大，因此是否上榜成为衡量品牌价值高低的一个重要参考依据。基于此，本章拟以是否上榜《中国最具价值品牌》榜单构建虚拟变量，进一步采用倾向得分匹配法（PSM）进行稳健性检验。研究思路为：以上榜企业样本（处理组，$Brandlist=1$）与未上榜企业样本（对照组，$Brandlist=0$）为研究对象，考察在有效解决对照组与处理组的样本选择偏差后，上榜企业样本相对于未上榜企业样本而言所产生的额外绩效效应。为了有效解决样本选择偏差问题，本章借鉴王刚刚等（2017）以及郑玉（2020b）的研究方法，采用倾向得分匹配法（PSM）寻找与处理组在协变量维度上类似的样本作为对照组，这样通过倾向得分概率为处理组匹配对照组后，上榜企业相对于未上榜企业所产生的额外绩效效应 ATT（Becker & Ichino，2002）表达式如下：

$$
\begin{aligned}
ATT &= E[Y_{1i} - Y_{0i} \mid D_i = 1] \\
&= E\{E[Y_{1i} - Y_{0i} \mid D_i = 1, P(X_i)]\} \\
&= E\{E[Y_{1i} \mid D_i = 1, P(X_i)] - E[Y_{0i} \mid D_i = 0, P(X_i)] \mid D_i = 1\}
\end{aligned}
\tag{6.6}
$$

其中，Y_{1i}和Y_{0i}分别表示上榜企业品牌价值的额外绩效效应（激励效果），以及该企业在反事实下的潜在结果，这体现了 PSM 的匹配过程也是为处理组样本寻找无限接近的对照组匹配对象的过程。

第三节 实证结果分析

一、单变量分析

表6－2 为主要变量的皮尔逊相关系数，自变量（*lnbv*）与因变量（*Tobinq*、*Competi*、*Roa*、*Ros*）之间以及控制变量中的大部分指标都与因变量之间具有较强的相关性。其他相关变量之间的相关系数较低，说明各个变量间不存在多重共线性，因此这些变量可以同时纳入回归模型。然而，由于单变量分析难以避免被其他因素干扰，仅仅是初步检验变量间的关系，以及变量间是否存在严重的多重共线性，具体变量之间的关系以及品牌价值可能产生的绩效效应有待后面的回归分析进一步检验。

二、实证结果

表6－3 报告了品牌价值对企业绩效影响的回归结果。其中，列（1）和列（2）的被解释变量是企业价值（*Tobinq*），列（3）和列（4）的被解释变量是企业竞争力（*Competi*），列（5）和列（6）的被解释变量是资产利润率（*Roa*），列（7）和列（8）的被解释变量是销售净利率（*Ros*）。企业价值层面的回归结果显示，品牌价值（*lnbv*）对企业价值（*Tobinq*）具有显著的促进作用，在加入控制变量后，仍未改变品牌价值（*lnbv*）的统计显著性；企业竞争力层面的回归结果显示，品牌价值（*lnbv*）对企业竞争力（*Competi*）具有显著的正向影响，加入控制变量后回归结果依然稳健；资产利润率层面的回归结果显示，品牌价值（*lnbv*）越大，资产利润率（*Roa*）越高，加入控制变量后品牌价值（*lnbv*）的系数依然在5%水平

表 6 – 2 皮尔逊相关系数

变量	*Tobinq*	*Competi*	*Roa*	*Ros*	*lnbv*	*Cflow*	*Size*	*Lev*	*Age*	*Balanc*	*Sale_gr*	*Profit*
Competi	0. 315 ***											
Roa	0. 549 ***	0. 605 ***										
Ros	0. 406 ***	0. 317 ***	0. 355 ***									
lnbv	0. 262 ***	0. 032 **	0. 103 ***	0. 141 ***								
Cflow	0. 350 ***	0. 375 ***	0. 529 ***	0. 277 ***	0. 106 ***							
Size	-0. 483 ***	0. 110 *	-0. 030 ***	-0. 018 **	0. 680 ***	0. 068 **						
Lev	-0. 430 ***	-0. 318 ***	-0. 442 **	-0. 263 **	-0. 212 **	-0. 261 ***	0. 348 ***					
Age	-0. 047 *	-0. 055	-0. 038 *	-0. 041 *	0. 106 **	0. 128	0. 248 *	0. 071				
Balanc	0. 149 ***	0. 070 **	0. 011 *	0. 015 *	0. 007	0. 048	0. 009	0. 019	0. 132 ***			
Sale_gr	0. 124 ***	0. 169 ***	0. 252 **	0. 181 **	0. 051 *	0. 057 *	0. 017	0. 092 *	-0. 016	0. 078 *		
Profit	0. 294 ***	0. 792 ***	0. 683 ***	0. 516 ***	0. 014	0. 294 ***	0. 072 **	-0. 395 ***	0. 006	0. 046	0. 192 ***	
Inst	0. 391 ***	0. 198 **	0. 174 ***	0. 190 **	0. 086 **	0. 141 ***	0. 106 *	0. 179	0. 015	0. 037	0. 040 ***	0. 061 **

注：*** 、** 和 * 代表统计上的显著性，分别表示在 1% 、5% 和 10% 水平上显著。

上显著为正；销售净利率层面的回归结果说明，品牌价值（*lnbv*）与销售净利率（*Ros*）之间具有显著的正相关关系，且回归结果具有稳健性。因此，假设 H6－1 得到经验支持。

控制变量的回归结果与预期一致且显著，具体来说：①良好的财务基础和财务状况，有利于企业长远健康发展。充足的现金流（*Cflow*）和较低的资产负债率（*Lev*）是企业财务状况良好的表现，为企业发展提供了充分的财务保障。②良好的内、外部治理环境为企业发展战略的实施提供良好的监督和制衡机制。例如，股权制衡（*Balanc*）和机构持股（*Inst*）通过积极的治理机制促进了企业绩效的提升。③企业个体特征，如规模（*Size*）和年龄（*Age*）、销售增长率（*Sale_gr*）和利润率（*Profit*）等均对企业品牌价值经济效应的发挥产生影响。

表 6－3　品牌价值对企业绩效的影响

变量	*Tobinq*		*Competi*		*Roa*		*Ros*	
	(1)	(2)	(3)	(4)	(5)	(6)	(7)	(8)
lnbv	0.077*** (3.32)	0.060*** (2.87)	0.029*** (3.19)	0.026*** (2.83)	0.031** (2.24)	0.033** (2.18)	0.082*** (7.41)	0.057*** (4.06)
Cflow		0.796*** (5.94)		0.245*** (4.71)		0.166*** (6.84)		0.229*** (9.77)
Size		−0.141** (−2.27)		0.008* (1.70)		−0.023** (−2.31)		−0.019* (−1.83)
Lev		−0.158*** (−3.36)		−0.092** (−2.41)		−0.035** (−2.17)		−0.094** (−2.29)
Age		−0.012* (−1.81)		0.048 (1.35)		−0.009* (−1.70)		0.036 (1.44)
Balanc		0.126* (1.87)		0.140** (2.35)		0.015* (1.90)		0.027 (1.39)
Sale_gr		0.379*** (3.25)		0.151** (2.42)		0.032** (2.36)		0.043** (2.42)

续表

变量	*Tobinq*		*Competi*		*Roa*		*Ros*	
	(1)	(2)	(3)	(4)	(5)	(6)	(7)	(8)
Profit		0.793** (2.40)		0.349*** (7.02)		0.307*** (5.96)		0.411*** (6.72)
Inst		0.126** (2.38)		0.273** (2.15)		0.054* (1.72)		0.079* (1.88)
constant	1.964*** (19.64)	3.176*** (8.35)	2.029*** (4.68)	2.060*** (6.77)	1.758*** (3.84)	3.028*** (2.73)	3.754*** (6.02)	2.391*** (4.55)
Firm&Year	yes	yes	yes	yes	yes	yes	yes	yes
聚类到企业	yes	yes	yes	yes	yes	yes	yes	yes
N	1752	1752	1752	1752	1752	1752	1752	1752
Adj. R^2	0.436	0.467	0.442	0.557	0.581	0.653	0.507	0.619

注：(1) ***、** 和 * 代表统计上的显著性，分别表示在 1%、5% 和 10% 水平上显著，括号中是估计参数的 t 值。(2) 被解释变量分别为 *Tobinq*、*Competi*、*Roa*、*Ros*。(3) 此外，模型中还设置了企业（*Firm*）、年度（*Year*）固定效应，并聚类到企业。

三、异质性探讨

（一）行业竞争的影响

从市场特点看，企业品牌价值在什么市场特征下更有利于企业绩效的提升？对此，本章基于产品市场竞争的激烈程度进行异质性分析，根据产品市场竞争的50%分位数将其分为高、低两组。表6－4报告了产品市场竞争异质性分析结果，品牌价值（*lnbv*）的系数和显著性随着产品市场竞争程度的加强均有所提升，表明行业竞争正向影响品牌价值与企业绩效之间的关系。至此，假设 H6－2 得到经验支持。高品牌价值传递的是一种信誉、一种质量、一种市场合法性（Coase，2013；张兆国等，2017；张弛等，2020），由此通过赢得消费者以及其他利益相关者的认可和支持，促进企业品牌价值转化为企业价值和企业竞争力以及财务绩效。

表6-4　　　　不同行业竞争下品牌价值对企业绩效的影响

变量	产品市场竞争（低组）				产品市场竞争（高组）			
	Tobinq	*Competi*	*Roa*	*Ros*	*Tobinq*	*Competi*	*Roa*	*Ros*
	(1)	(2)	(3)	(4)	(5)	(6)	(7)	(8)
lnbv	0.021**	0.012**	0.019**	0.032**	0.113***	0.047***	0.054**	0.078***
	(2.13)	(2.35)	(2.42)	(2.28)	(3.19)	(2.76)	(2.30)	(5.66)
Cflow	4.131***	0.127***	0.106***	0.047***	4.814***	0.151***	0.539***	0.092***
	(7.41)	(5.27)	(6.95)	(3.52)	(5.70)	(4.50)	(5.00)	(4.06)
Size	-0.638***	0.014	-0.003	-0.009*	-0.535***	-0.010*	-0.028***	-0.042***
	(-10.41)	(0.98)	(-1.42)	(-1.71)	(-6.10)	(-1.90)	(-3.45)	(-3.71)
Lev	-0.854**	-0.013*	-0.030**	-0.018**	-1.546***	-0.015**	-0.028*	-0.012*
	(-2.19)	(-1.84)	(-2.57)	(-2.23)	(-3.29)	(-2.21)	(-1.72)	(-1.70)
Age	-0.033**	-0.013	-0.017	-0.009	-0.024*	0.018	0.013	-0.052
	(-2.02)	(-0.89)	(-1.28)	(-1.31)	(-1.75)	(1.29)	(1.37)	(-0.96)
Balanc	0.203**	0.018***	0.014	0.031*	0.192	0.024**	0.018*	0.027*
	(2.29)	(4.10)	(1.51)	(1.84)	(1.46)	(2.13)	(1.76)	(1.89)
Sale_gr	0.655***	0.018***	0.025***	0.030***	0.571***	0.014*	0.025*	0.016*
	(4.20)	(2.76)	(5.94)	(3.82)	(2.71)	(1.73)	(1.88)	(1.83)
Profit	1.431***	0.738***	0.319***	0.422***	0.743**	0.369***	0.162***	0.275***
	(3.49)	(29.07)	(27.22)	(14.58)	(2.08)	(26.30)	(3.54)	(3.12)
Inst	0.107*	0.021*	0.018**	0.026***	1.910***	0.030*	0.213***	0.094***
	(1.91)	(1.76)	(2.12)	(3.55)	(9.14)	(1.80)	(3.76)	(3.19)
constant	16.271***	1.021***	0.094**	2.284***	14.325***	0.181***	0.515***	1.957***
	(12.66)	(3.02)	(2.19)	(6.65)	(7.63)	(3.17)	(3.05)	(5.21)
Firm&Year	yes	yes	yes	yes	yes	yes	yes	yes
聚类到企业	yes	yes	yes	yes	yes	yes	yes	yes
N	902	902	902	902	850	850	850	850
Adj. R^2	0.384	0.392	0.475	0.527	0.369	0.531	0.495	0.518

注：（1）***、**和*代表统计上的显著性，分别表示在1%、5%和10%水平上显著，括号中是估计参数的t值。（2）被解释变量分别为*Tobinq*、*Competi*、*Roa*、*Ros*。（3）此外，模型中还设置了企业（*Firm*）、年度（*Year*）固定效应，并聚类到企业。

控制变量也具有较强的理论意义和实践价值：①良好的财务基础和财务状况，例如，充足的现金流（*Cflow*）和较低的资产负债率（*Lev*）是企业长远健康发展的财务基础和财务保障；②良好的内、外部治理环境（*Balanc*、*Inst*）能够对企业经营产生积极的治理效应；③企业个体特征（*Size*、*Age*、*Sale_gr*、*Profit*）等均对企业品牌价值经济效应产生显著的正向影响。除此之外，模型还控制了企业（*Firm*）、年度（*Year*）固定效应，并聚类到企业。

（二）企业社会责任的影响

从企业社会责任看，品牌价值是否会因企业自身责任与担当的不同而对企业绩效呈现出差异化的激励效果？对此，本章将进行企业社会责任的异质性检验。根据企业社会责任的50%分位数将其分为高、低两组。表6－5呈现了企业社会责任异质性分析结果，结果说明品牌价值在社会责任强的企业中更有利于企业绩效的提升，为假设H6－3通过检验提供了经验证据。企业品牌价值的经济效应实质上是企业与消费者之间相互吸引与排斥的结果（李增福等，2016；Kao et al.，2018）。尽管较高的品牌价值赋予企业产品一定程度的吸引力，但囿于企业的社会责任缺失形成的负面形象，消费者"用脚投票"加速了负面消息在产品市场上的传播，最终使社会责任感缺失的企业受损（齐丽云等，2017；Pope & Kim，2022），并对其企业绩效形成不利冲击。

表6－5　　　不同企业社会责任下品牌价值对企业绩效的影响

变量	企业社会责任（低组）				企业社会责任（高组）			
	Tobinq	*Competi*	*Roa*	*Ros*	*Tobinq*	*Competi*	*Roa*	*Ros*
	(1)	(2)	(3)	(4)	(5)	(6)	(7)	(8)
lnbv	0.016* (1.82)	0.008* (1.69)	0.015* (1.88)	0.027** (2.04)	0.117*** (3.53)	0.039*** (3.28)	0.061*** (2.74)	0.090*** (5.16)
Cflow	3.192*** (6.88)	0.221*** (7.02)	0.442*** (7.34)	0.281*** (2.95)	4.579*** (6.93)	0.089*** (3.80)	0.101*** (5.09)	0.094*** (5.01)

续表

变量	企业社会责任（低组）				企业社会责任（高组）			
	Tobinq	*Competi*	*Roa*	*Ros*	*Tobinq*	*Competi*	*Roa*	*Ros*
	(1)	(2)	(3)	(4)	(5)	(6)	(7)	(8)
Size	-0.675*** (-9.74)	0.005 (1.12)	-0.022*** (-4.55)	-0.013** (-2.09)	-0.606*** (-7.45)	0.005 (0.94)	-0.007* (-1.91)	-0.005* (-1.78)
Lev	-0.715*** (-3.59)	-0.023** (-2.04)	-0.037** (-2.28)	-0.021** (-2.13)	-0.350* (-1.69)	-0.019* (-1.73)	-0.021* (-1.87)	-0.013* (-1.75)
Age	-0.013 (-1.48)	-0.011 (-1.29)	-0.012* (-1.90)	-0.029 (-1.04)	-0.020 (-1.36)	-0.012 (-1.51)	-0.018* (-1.73)	-0.006* (-1.69)
Balanc	0.265*** (2.61)	0.014* (1.75)	0.019* (1.81)	0.036* (1.89)	0.061** (2.28)	0.016** (2.05)	0.028** (2.32)	0.032** (2.39)
Sale_gr	0.508*** (3.15)	0.021* (1.76)	0.020 (1.24)	0.026* (1.73)	0.544*** (2.90)	0.018*** (2.97)	0.046*** (7.80)	0.031*** (8.92)
Profit	1.121*** (3.67)	0.485*** (21.36)	0.206*** (6.98)	0.319*** (4.05)	2.030*** (3.25)	0.715*** (22.64)	0.369*** (13.77)	0.375*** (9.64)
Inst	1.915*** (6.44)	0.016* (1.87)	0.113*** (3.73)	0.077*** (3.92)	1.602*** (3.44)	0.038* (1.89)	0.127** (2.14)	0.068** (2.32)
constant	6.570*** (7.39)	0.119*** (2.91)	0.358*** (3.74)	0.709*** (4.96)	7.046*** (8.79)	0.061*** (5.57)	0.135** (2.12)	0.302*** (4.49)
Firm&Year	yes	yes	yes	yes	yes	yes	yes	yes
聚类到企业	yes	yes	yes	yes	yes	yes	yes	yes
N	932	932	932	932	820	820	820	820
Adj. R^2	0.527	0.532	0.478	0.549	0.481	0.516	0.492	0.563

注：（1）***、**和*代表统计上的显著性，分别表示在1%、5%和10%水平上显著，括号中是估计参数的t值。（2）被解释变量分别为*Tobinq*、*Competi*、*Roa*、*Ros*。（3）此外，模型中还设置了企业（*Firm*）、年度（*Year*）固定效应，并聚类到企业。

控制变量的回归结果也与理论预期相符，具体而言：①充足的现金流（*Cflow*）和较低的资产负债率（*Lev*）是企业财务基础良好的表现，为企业的长远发展提供了坚实的后盾和保障；②良好的内、外部治理环境（*Balanc*、*Inst*）能够对企业经营决策起到监督和制衡作用，提高企业决策的正确性；③企业个体特征（*Size*、*Age*、*Sale_gr*、*Profit*）代表企业的经营积累和资源禀赋状况，与企业的发展前景具有较强的相关性。除此之外，模型还控制了企业（*Firm*）、年度（*Year*）固定效应，并聚类到企业。

（三）互联网普及率的影响

互联网普及率会影响到购物的方式，也会影响到产品声誉的传播。那么，品牌价值经济效应的发挥会在不同互联网普及率的组别中产生异质性效果吗？对此，本章以互联网普及率的 50% 分位数将其分为高、低两组。估计结果呈现在表 6－6 中，结果显示，高品牌价值产品自身的吸引力与高互联网普及率产生的积极作用相互协同，对企业绩效产生更强的提升效应。至此，假设 H6－4 通过了实证检验。这也启示，政府需要继续关注网络基础设施建设，提升服务效能。

表 6－6　不同互联网普及率下品牌价值对企业绩效的影响

变量	互联网普及率（低组）				互联网普及率（高组）			
	Tobinq	*Competi*	*Roa*	*Ros*	*Tobinq*	*Competi*	*Roa*	*Ros*
	(1)	(2)	(3)	(4)	(5)	(6)	(7)	(8)
lnbv	0.028**	0.019**	0.014**	0.035***	0.081***	0.031***	0.050**	0.073***
	(2.42)	(2.06)	(2.12)	(3.39)	(3.09)	(2.75)	(2.41)	(3.94)
Cflow	0.769***	0.282***	0.164***	0.077***	1.266***	0.218***	0.179***	0.094***
	(3.65)	(4.57)	(6.03)	(3.18)	(4.39)	(5.92)	(7.73)	(3.30)
Size	−0.094**	0.042	−0.028	−0.013*	−0.073**	−0.021*	−0.005*	−0.010*
	(−2.31)	(1.26)	(−1.15)	(−1.77)	(−2.28)	(−1.90)	(−1.83)	(−1.71)
Lev	−0.505***	−0.103*	−0.029**	−0.024**	−0.446***	−0.136**	−0.071**	−0.035**
	(−3.72)	(−1.89)	(−2.37)	(−2.21)	(−5.17)	(−2.28)	(−2.42)	(−2.30)
Age	−0.040**	0.026	−0.039	−0.061	−0.024*	0.072	−0.065	−0.036*
	(−2.15)	(1.22)	(−1.18)	(−1.39)	(−1.78)	(1.03)	(−1.42)	(−1.71)
Balanc	0.052**	0.071***	0.019*	0.026*	0.075**	0.060***	0.027*	0.014*
	(2.37)	(4.08)	(1.85)	(1.83)	(2.40)	(3.23)	(1.82)	(1.91)
Sale_gr	0.143***	0.152***	0.081***	0.054***	0.129***	0.136**	0.075**	0.046***
	(3.28)	(2.79)	(4.36)	(3.68)	(2.76)	(2.35)	(2.33)	(2.92)

续表

变量	互联网普及率（低组）				互联网普及率（高组）			
	Tobinq	*Competi*	*Roa*	*Ros*	*Tobinq*	*Competi*	*Roa*	*Ros*
	(1)	(2)	(3)	(4)	(5)	(6)	(7)	(8)
Profit	0.923 *** (4.59)	0.617 *** (13.25)	0.290 *** (21.44)	0.384 *** (15.73)	0.897 *** (3.70)	0.624 *** (18.58)	0.247 *** (18.82)	0.379 *** (13.64)
Inst	0.115 * (1.86)	0.128 * (1.71)	0.022 ** (2.14)	0.031 *** (3.72)	0.397 *** (5.64)	0.163 ** (2.35)	0.051 ** (2.07)	0.068 *** (4.16)
constant	2.174 *** (10.15)	1.351 *** (4.14)	0.360 *** (3.27)	0.576 *** (5.93)	5.952 *** (5.71)	0.944 *** (4.08)	0.327 *** (6.92)	0.857 *** (6.10)
Firm & Year	yes	yes	yes	yes	yes	yes	yes	yes
聚类到企业	yes	yes	yes	yes	yes	yes	yes	yes
N	900	900	900	900	852	852	852	852
Adj. R^2	0.562	0.539	0.551	0.504	0.528	0.513	0.484	0.517

注：(1) ***、** 和 * 代表统计上的显著性，分别表示在1%、5%和10%水平上显著，括号中是估计参数的t值。(2) 被解释变量分别为 *Tobinq*、*Competi*、*Roa*、*Ros*。(3) 此外，模型中还设置了企业（*Firm*）、年度（*Year*）固定效应，并聚类到企业。

控制变量的回归结果也与理论预期相符，具体而言：①充足的现金流（*Cflow*）和合理的资产负债率（*Lev*）是企业财务状况良好的表现，是企业健康发展的坚强后盾；②良好的内、外部治理环境（*Balanc*、*Inst*）能够帮助企业提高生产经营决策的正确性，并提高生产经营决策的效率，助推企业绩效的提升；③企业个体特征（*Size*、*Age*、*Sale_gr*、*Profit*）代表企业的自身禀赋状况，与企业发展也息息相关。除此之外，模型还控制了企业（*Firm*）、年度（*Year*）固定效应，并聚类到企业。

四、品牌信任和品牌溢价的中介机制检验

（一）品牌信任效应

随着消费的升级，不少高价值的强势品牌逐渐进入普通大众的消费视野，受到消费者的追捧。消费者在与高价值品牌产品的互动中不仅获得了

全新的消费体验，也满足了个性化高品质的情感需求（徐虹等，2021）。由此提升了消费者对品牌产品的信任度和品牌忠诚度，并进一步激发了消费者的购买行为和口碑传播行为（赵卫宏、谢升成，2021），从而构成企业绩效持续提升的基石（陈洪涌，2019）。因此，品牌信任可能是品牌价值影响企业绩效的重要渠道。为验证这一机制的存在性，本章对品牌价值影响企业绩效的品牌信任渠道进行检验。

中介效应模型的回归结果如表6-7所示，结合表6-3的基准回归结果分析如下：①表6-3的列（2）、表6-7的列（1）和列（2）检验了品牌信任（*Brandtru*）在品牌价值（*lnbv*）与企业价值（*Tobinq*）关系中的“中介效应”。由表6-7的列（1）可知，*lnbv*的回归系数在1%水平上显著为正，表明品牌价值（*lnbv*）能够产生品牌信任（*Brandtru*）。相比于表6-3的列（2），表6-7的列（2）在加入中介变量（*Brandtru*）后的回归结果显示，一方面中介变量（*Brandtru*）的估计系数在1%水平上显著为正，表明品牌信任（*Brandtru*）的提高显著提升了企业价值（*Tobinq*）衡量的企业绩效；另一方面，表6-7中列（2）的自变量（*lnbv*）的系数值较表6-3的列（2）有所降低，这印证了品牌信任（*Brandtru*）“中介效应”的存在，即品牌信任（*Brandtru*）是品牌价值（*lnbv*）促进企业价值（*Tobinq*）提升的一个重要渠道。②表6-3的列（4）、表6-7的列（1）和列（3）检验了品牌信任（*Brandtru*）在品牌价值（*lnbv*）与企业竞争力（*Competi*）关系中的“中介效应”。相比于表6-3的列（4），表6-7的列（3）在加入中介变量（*Brandtru*）后的回归结果显示，一方面中介变量（*Brandtru*）的估计系数在1%水平上显著为正，表明品牌信任（*Brandtru*）的提高显著提升了企业竞争力（*Competi*）衡量的企业绩效；另一方面，表6-7中列（3）的自变量（*lnbv*）的系数值较表6-3的列（4）有所降低，这印证了品牌信任（*Brandtru*）“中介效应”的存在，即品牌信任（*Brandtru*）是品牌价值（*lnbv*）促进企业竞争力（*Competi*）提升的一个重要渠道。③表6-3的列（6）、表6-7的列（1）和列（4）检验了品牌信任（*Brandtru*）在品牌价值（*lnbv*）与资产利润率（*Roa*）关系中的“中介效应”。相比于表6-3的列（6），表6-7的列（4）在加入中介变量

(*Brandtru*) 后的回归结果显示，一方面中介变量 (*Brandtru*) 的估计系数在1%水平上显著为正，表明品牌信任 (*Brandtru*) 的提高显著提升了资产利润率 (*Roa*) 衡量的企业绩效；另一方面，表6-7中列 (4) 的自变量 (*lnbv*) 的系数值较表6-3的列 (6) 有所降低，这印证了品牌信任 (*Brandtru*) "中介效应" 的存在，即品牌信任 (*Brandtru*) 是品牌价值 (*lnbv*) 促进资产利润率 (*Roa*) 提升的一个重要渠道。④表6-3的列 (8)、表6-7的列 (1) 和列 (5) 检验了品牌信任 (*Brandtru*) 在品牌价值 (*lnbv*) 与销售净利率 (*Ros*) 关系中的 "中介效应"。相比于表6-3的列 (8)，表6-7的列 (5) 在加入中介变量 (*Brandtru*) 后的回归结果显示，一方面中介变量 (*Brandtru*) 的估计系数在1%水平上显著为正，表明品牌信任 (*Brandtru*) 的提高显著提升了销售净利率 (*Ros*) 衡量的企业绩效；另一方面，表6-7中列 (5) 的自变量 (*lnbv*) 的系数值较表6-3的列 (8) 有所降低，这印证了品牌信任 (*Brandtru*) "中介效应" 的存在，即品牌信任 (*Brandtru*) 是品牌价值 (*lnbv*) 促进销售净利率 (*Ros*) 提升的一个重要渠道。至此，品牌价值 (*lnbv*) 影响企业绩效 (分别用 *Tobinq*、*Competi*、*Roa*、*Ros* 衡量) 的品牌信任 (*Brandtru*) 微观机制得到验证，假设H6-5得到支持。

表6-7　品牌价值对企业绩效影响的品牌信任机制检验结果

变量	品牌信任机制检验				
	Brandtru	*Tobinq*	*Competi*	*Roa*	*Ros*
	(1)	(2)	(3)	(4)	(5)
lnbv	0.076*** (3.97)	0.034*** (3.16)	0.005*** (2.78)	0.012** (2.15)	0.026*** (4.93)
Brandtru		0.087*** (4.22)	0.025*** (3.92)	0.031*** (2.89)	0.083*** (3.51)
Cflow	0.086*** (2.77)	0.395*** (3.04)	0.165*** (3.14)	0.058*** (4.62)	0.225*** (6.44)

续表

变量	品牌信任机制检验				
	Brandtru	*Tobinq*	*Competi*	*Roa*	*Ros*
	(1)	(2)	(3)	(4)	(5)
Size	0.051** (2.28)	-0.058* (-1.72)	0.013* (1.82)	-0.031** (-2.27)	-0.024* (-1.69)
Lev	-0.096** (-2.33)	-0.138** (-2.24)	-0.071** (-2.19)	-0.029** (-2.16)	-0.125** (-2.21)
Age	0.043** (2.10)	-0.065* (-1.88)	0.054 (1.38)	-0.003* (-1.90)	0.057 (1.28)
Balanc	0.191*** (2.86)	0.179** (2.35)	0.151** (2.37)	0.032** (2.39)	0.068* (1.89)
Sale_gr	0.054*** (2.93)	0.268*** (4.91)	0.204** (2.33)	0.131** (2.28)	0.074** (2.26)
Profit	0.637*** (4.41)	0.810*** (5.06)	0.412*** (6.05)	0.277*** (5.91)	0.183*** (4.72)
Inst	0.165*** (3.02)	0.091** (2.33)	0.136** (2.24)	0.062* (1.77)	0.066* (1.85)
constant	1.417*** (5.53)	2.508*** (5.92)	1.007*** (4.84)	2.079*** (3.61)	2.336*** (3.57)
Firm & Year	yes	yes	yes	yes	yes
聚类到企业	yes	yes	yes	yes	yes
N	1752	1752	1752	1752	1752
Adj. R^2	0.430	0.466	0.538	0.659	0.476

注：(1) ***、** 和 * 代表统计上的显著性，分别表示在 1%、5% 和 10% 水平上显著，括号中是估计参数的 t 值。(2) 被解释变量分别为 *Tobinq*、*Competi*、*Roa*、*Ros*。(3) 中介变量为 *Brandtru*。(4) 此外，模型中还设置了企业 (*Firm*)、年度 (*Year*) 固定效应，并聚类到企业。

(二) 品牌溢价效应

品牌价值 (*lnbv*) 越高，该品牌产品的溢价能力就越强 (Malhotra et al.,2017)，因此品牌价值经济效应的发挥离不开品牌溢价的有效支撑

(Um & Kim，2016)。本章认为，品牌溢价可能是品牌价值影响企业绩效的另一重要渠道。为验证这一机制的存在性，本章对品牌价值影响企业绩效的品牌溢价渠道进行检验。

中介效应模型的回归结果如表 6－8 所示，结合表 6－3 的基准回归结果分析如下：①表 6－3 的列（2）、表 6－8 的列（1）和列（2）检验了品牌溢价（*Brandpre*）在品牌价值（*lnbv*）与企业价值（*Tobinq*）关系中的"中介效应"。由表 6－8 的列（1）可知，*lnbv* 的回归系数在 1% 水平上显著为正，表明品牌价值（*lnbv*）能够产生品牌溢价（*Brandpre*）。相比于表 6－3 的列（2），表 6－8 的列（2）在加入中介变量（*Brandpre*）后的回归结果显示，一方面中介变量（*Brandpre*）的估计系数在 1% 水平上显著为正，表明品牌溢价（*Brandpre*）的提高显著提升了企业价值（*Tobinq*）衡量的企业绩效；另一方面，表 6－8 中列（2）的自变量（*lnbv*）的系数值较表 6－3 的列（2）有所降低，这印证了品牌溢价（*Brandpre*）"中介效应"的存在，即品牌溢价（*Brandpre*）是品牌价值（*lnbv*）促进企业价值（*Tobinq*）提升的一个重要渠道。②表 6－3 的列（4）、表 6－8 的列（1）和列（3）检验了品牌溢价（*Brandpre*）在品牌价值（*lnbv*）与企业竞争力（*Competi*）关系中的"中介效应"。相比于表 6－3 的列（4），表 6－8 的列（3）在加入中介变量（*Brandpre*）后的回归结果显示，一方面中介变量（*Brandpre*）的估计系数在 1% 水平上显著为正，表明品牌溢价（*Brandpre*）的提高显著提升了企业竞争力（*Competi*）衡量的企业绩效；另一方面，表 6－8 中列（3）的自变量（*lnbv*）的系数值较表 6－3 的列（4）有所降低，这印证了品牌溢价（*Brandpre*）"中介效应"的存在，即品牌溢价（*Brandpre*）是品牌价值（*lnbv*）促进企业竞争力（*Competi*）提升的一个重要渠道。③表 6－3 的列（6）、表 6－8 的列（1）和列（4）检验了品牌溢价（*Brandpre*）在品牌价值（*lnbv*）与资产利润率（*Roa*）关系中的"中介效应"。相比于表 6－3 的列（6），表 6－8 的列（4）在加入中介变量（*Brandpre*）后的回归结果显示，一方面中介变量（*Brandpre*）的估计系数在 1% 水平上显著为正，表明品牌溢价（*Brandpre*）的提高显著提升了资产利润率（*Roa*）衡量的企业绩效；另一方面，表 6－8 中列（4）的自变量

（*lnbv*）的系数值较表 6 - 3 的列（6）有所降低，这印证了品牌溢价（*Brandpre*）“中介效应”的存在，即品牌溢价（*Brandpre*）是品牌价值（*lnbv*）促进资产利润率（*Roa*）提升的一个重要渠道。④表 6 - 3 的列（8）、表6-8 的列（1）和列（5）检验了品牌溢价（*Brandpre*）在品牌价值（*lnbv*）与销售净利率（*Ros*）关系中的“中介效应”。相比于表6-3 的列（8），表6-8 的列（5）在加入中介变量（*Brandpre*）后的回归结果显示，一方面中介变量（*Brandpre*）的估计系数在1%水平上显著为正，表明品牌溢价（*Brandpre*）的提高显著提升了销售净利率（*Ros*）衡量的企业绩效；另一方面，表6-8 中列（5）的自变量（*lnbv*）的系数值较表6-3 的列（8）有所降低，这印证了品牌溢价（*Brandpre*）“中介效应”的存在，即品牌溢价（*Brandpre*）是品牌价值（*lnbv*）促进销售净利率（*Ros*）提升的一个重要渠道。有关品牌溢价机制检验结果说明，在品牌溢价的作用下，强势品牌的经济价值会得到进一步挖掘，进而提升企业绩效（姚蓓艳，2015）。至此，品牌价值（*lnbv*）影响企业绩效（分别用 *Tobinq*、*Competi*、*Roa*、*Ros* 衡量）的品牌溢价（*Brandpre*）微观机制得到验证，假设 H6 - 6 得到支持。

表 6 - 8　品牌价值对企业绩效影响的品牌溢价机制检验结果

变量	品牌溢价机制检验				
	Brandpre	*Tobinq*	*Competi*	*Roa*	*Ros*
	（1）	（2）	（3）	（4）	（5）
lnbv	0.064*** （3.08）	0.041*** （2.81）	0.008*** （2.75）	0.015** （2.32）	0.032*** （3.91）
Brandpre		0.105*** （3.62）	0.069*** （4.17）	0.081*** （2.86）	0.097*** （5.35）
Cflow	0.112*** （3.14）	0.470*** （4.79）	0.226*** （4.59）	0.125*** （5.07）	0.183*** （5.84）
Size	0.036*** （2.68）	-0.136* （-1.78）	0.016* （1.87）	-0.029** （-2.30）	-0.012* （-1.76）

续表

变量	品牌溢价机制检验				
	Brandpre	*Tobinq*	*Competi*	*Roa*	*Ros*
	(1)	(2)	(3)	(4)	(5)
Lev	-0.120** (-2.24)	-0.102** (-2.33)	-0.060** (-2.11)	-0.026** (-2.08)	-0.077** (-2.30)
Age	0.038** (2.17)	-0.008* (-1.69)	0.063 (1.37)	-0.006* (-1.87)	0.044 (1.38)
Balanc	0.223*** (2.74)	0.139* (1.85)	0.143** (2.40)	0.020** (2.12)	0.019* (1.80)
Sale_gr	0.062*** (3.69)	0.315*** (3.78)	0.169** (2.32)	0.053** (2.38)	0.061** (2.24)
Profit	0.495*** (2.81)	0.813*** (4.90)	0.372*** (7.17)	0.278*** (4.91)	0.337*** (4.92)
Inst	0.203*** (2.90)	0.114** (2.35)	0.155** (2.36)	0.071* (1.69)	0.054* (1.80)
constant	1.266*** (3.29)	3.087*** (3.61)	2.028*** (5.70)	1.741*** (5.18)	2.278*** (5.46)
Firm&Year	yes	yes	yes	yes	yes
聚类到企业	yes	yes	yes	yes	yes
N	1266	1266	1266	1266	1266
Adj. R^2	0.514	0.475	0.548	0.642	0.607

注：（1）***、**和*代表统计上的显著性，分别表示在1%、5%和10%水平上显著，括号中是估计参数的t值。（2）被解释变量分别为*Tobinq*、*Competi*、*Roa*、*Ros*。（3）中介变量为*Brandpre*。（4）此外，模型中还设置了企业（*Firm*）、年度（*Year*）固定效应，并聚类到企业。

五、稳健性检验：倾向得分匹配法

为了保证研究结论的稳健可靠，更好地探索品牌价值对企业绩效是否具有显著的额外激励效应，本章进一步采用倾向得分匹配法（PSM）进行稳健性检验。研究思路为：以是否上榜《中国最具价值品牌》榜单[①]构建虚拟变量，以上榜企业样本为处理组（*Brandlist* = 1），以未上榜企业样本为对照组（*Brandlist* =0），以可能影响企业是否上榜的协变量进行匹配[②]，以此为基础估计企业可能上榜的概率模型，得到样本中某个企业可能上榜的倾向得分，采用“一对一”的最近邻匹配对上榜企业样本和未上榜企业样本估计得到的倾向得分进行匹配[③]。在进行匹配之后，可以认为处理组的上榜企业样本与对照组的未上榜企业样本，除了品牌价值的差异外，已不存在其他显著差异。因此，匹配得到的未上榜企业的业绩表现近似代替上榜企业如果未获得上榜机会其可能的业绩表现，从而得到因品牌价值差异引致的是否上榜这个虚拟变量对企业绩效所产生的额外激励效应。

表 6 – 9 是通过倾向得分匹配法（PSM）有效解决样本选择偏差后的回归结果，ATT 结果说明，上榜《中国最具价值品牌》榜单的企业较未上榜企业而言，能够为企业带来显著的经济绩效。具体来讲，上榜企业代表着更高的品牌价值，其对以企业价值（*Tobinq*）、企业竞争力（*Competi*）、资产利润率（*Roa*）以及销售净利率（*Ros*）为代表的企业绩效具有显著的正向影响。稳健性检验再一次证明了品牌价值确实能够为企业带来显著的经济效应，为企业培育自身独特的强势品牌并依靠品牌战略推动企业的快速发展乃至推动中国由制造大国向制造强国转变提供了一定的理论依据和经验支撑。

表 6 – 9　品牌价值对企业绩效影响的 PSM 结果：ATT 及变量平衡表

变量	*Tobinq*	*Competi*	*Roa*	*Ros*
	(1)	(2)	(3)	(4)
ATT 结果：				
Brandlist	0.038 ** (2.25)	0.014 ** (2.08)	0.017 * (1.91)	0.032 ** (2.40)

① 世界品牌实验室（World Brand Lab）每年定期发布《中国最具价值品牌》榜单，如果某个企业某年在该榜单中，简称该企业当年为上榜企业，反之为未上榜企业。

② 协变量即匹配变量，列示于表 6 – 9 的变量平衡表中。

③ 通过 1 对 1 的最近邻匹配，共为 1752 个处理组样本找到 1752 个对照组样本。

续表

变量	*Tobinq*	*Competi*	*Roa*	*Ros*
	(1)	(2)	(3)	(4)
变量平衡表:				
Cflow	0.244 (1.09)	0.116 (1.60)	0.215 (1.59)	0.181 (1.37)
Size	-0.165 (-0.87)	0.037 (1.41)	-0.653 (-1.49)	-0.028 (-1.36)
Lev	-0.180 (-1.16)	-0.271 (-1.03)	-0.245 (-0.82)	-0.209 (-1.61)
Age	-0.029 (-1.45)	0.035 (1.22)	0.070 (1.58)	0.055 (1.49)
Balanc	0.137 (1.04)	0.061 (1.32)	0.088 (1.45)	0.126 (1.57)
Sale_gr	0.112 (1.08)	0.127 (1.33)	0.090 (1.61)	0.072 (1.54)
Profit	0.137 (1.31)	0.102 (1.14)	0.119 (1.52)	0.076 (1.48)
Inst	0.094 (1.52)	0.057 (1.34)	0.171 (1.29)	0.085 (0.66)
Firm&Year	yes	yes	yes	yes
聚类到企业	yes	yes	yes	yes
样本匹配统计:				
对照组	1752	1752	1752	1752
处理组	1752	1752	1752	1752
匹配总数	3504	3504	3504	3504

注:(1) ***、** 和 * 代表统计上的显著性,分别表示在 1%、5% 和 10% 水平上显著,括号中是估计参数的 t 值。(2) 被解释变量分别为 *Tobinq*、*Competi*、*Roa*、*Ros*。(3) 本章采用的是 1 对 1 的最近邻匹配(我们也尝试了半径匹配法以及核匹配法,其结果基本一致,限于篇幅,不将结果列出)。(4) 此外,模型中还设置了企业(*Firm*)、年度(*Year*)固定效应,并聚类到企业。

观察表 6-9 的变量平衡表,通过倾向得分概率为处理组匹配的对照组样本在协变量维度上比较相似，不存在统计上显著差异，说明 PSM 匹配模拟的准“自然实验”较为理想，从而对照组和处理组在结果变量上的差异便是上榜企业品牌价值所带来的净经济效应。

本章小结

本章研究的品牌价值数据来源于世界品牌实验室（World Brand Lab）每年发布的《中国最具价值品牌》，互联网普及率数据来自“中经网统计数据库”，品牌信任数据来自知网“中国重要报纸全文数据库”，品牌溢价数据来自“京东商城网站”，其他数据来自“国泰安数据库”。本章考察品牌价值（*lnbv*）对企业绩效的影响，以及在品牌价值影响企业绩效的过程中，外部治理环境的异质性影响作用、品牌信任和品牌溢价的中介作用。研究结果发现：①品牌价值（*lnbv*）能够显著提升企业绩效，具体表现为品牌价值（*lnbv*）对以企业价值（*Tobinq*）、企业竞争力（*Competi*）、资产利润率（*Roa*）以及销售净利率（*Ros*）为代表的企业绩效具有积极显著的正向影响。②由于品牌价值（*lnbv*）数据的获取具有一定的难度，本章仅以世界品牌实验室（World Brand Lab）每年发布的《中国最具价值品牌》披露的上榜企业品牌价值（*lnbv*）数据为研究对象，为了进一步考察研究结论的稳健性和可靠性，本章进一步以世界品牌实验室（World Brand Lab）每年发布的《中国最具价值品牌》上榜企业（处理组，*Brandlist* = 1）与未上榜企业（对照组，*Brandlist* = 0）为研究对象，并通过 PSM 方法有效控制样本选择偏差后，稳健性检验结果再一次证明了品牌价值确实具有显著的经济效应，也就是说，上榜企业与未上榜企业相比，具有更高的企业价值（*Tobinq*）、企业竞争力（*Competi*）以及资产利润率（*Roa*）、销售净利率（*Ros*）。③异质性检验说明，产品市场竞争程度、企业履行社会责任的高低以及互联网普及率的高低直接影响企业品牌价值经济效应的发挥：具体来说，更高的产品市场竞争环境相对于较低的产品市场竞争环境而言，更能够与企业品牌价值形成有效协同，更有利于促进企业绩效的提升；积极履行社会责任的企业相对其他企业而言，更能够与品牌价值产生显著的交互效应，促进企业绩效的提升；更高的互联网普及率，有利于有效传播品牌声誉，促进品牌价值经济效应的发挥。④机制检验说明，在品牌价值影响企业绩效的过程中，品牌信任、品牌溢价发挥中介作用。

本章的主要研究贡献为：重点探究企业品牌价值对企业绩效的影响效应，以及该过程中企业自身特征和外部治理环境的异质性影响作用，品牌信任和品牌溢价的中介作用。本章的研究结果揭示了企业品牌价值能够为企业带来显著的企业绩效，且在产品市场竞争更加激烈的环境中、企业承担社会责任更多的情景下以及互联网普及率更高的地区中这种影响更加积极显著。最后，影响机制检验揭示了品牌价值形成的品牌信任和品牌溢价是品牌价值影响企业绩效的重要微观通道。本章研究为管理实践领域培育重点产品、培育优势品牌的行为提供了合理化解释；且在产品市场竞争更加激烈的制度环境下，培育优势品牌更是企业在激烈的竞争中崭露头角的不二之选；同时，积极履行社会责任有利于企业长期声誉的建立，能够促进企业绩效和企业价值提升；数字基础设施建设，如互联网普及率的提高能够更好传播品牌形象，对品牌价值经济效应的发挥具有积极影响；品牌是一种极具竞争力的无形资产，能够通过品牌信任和品牌溢价为企业带来源源不断的经济效益。因此，随着高质量发展的不断推进和中国式现代化战略的深入实施，品牌战略无论对于企业竞争力的提升还是国家经济的转型发展都将具有重要作用，该领域的研究也将会受到持续关注。

第七章

技术创新、品牌价值影响企业绩效的机制检验

品牌是企业利润的源泉和持续竞争力的基础，技术创新是企业品牌价值提升的生命线，尤其对于技术密集型企业更是如此。但长期以来，技术创新一直是我国企业的短板，企业通过技术创新提高产品质量、提升品牌价值的能力不足，从而导致我国企业受制于人，长期处于价值链的低端。据海关统计，2012 年，我国手机出口 10 亿台，但还赚不到 1% 的利润，究其原因在于我国出口的大部分手机仍缺乏自主品牌，仅赚取微薄的组装费用，价值链上绝大部分利润以专利的形式转移给品牌拥有者（王攀、范超，2012）。为此，越来越多的企业认识到品牌的重要性。因此，很多中国企业积极探寻突破口，摆脱受制于人的窘境，开始加大产品研发，寻求技术突破，培育自主品牌，以此获取持续的盈利能力和长期的企业绩效（闫明杰，2014）。

第一节　理论分析与研究假设

品牌价值是产品功能价值、非功能价值以及两者交互产生的价值整合。品牌价值的高低将从消费者的购买意愿和品牌传播意愿得以体现（郑亚琴等，2016；张强，2018）。产品的功能价值往往外显为其使用价值，非功能价

值主要体现为该产品为消费者带来的心理体验（Hirschman & holbrook，1982）。

随着市场竞争的加剧以及消费者对同一产品的功能需求逐渐呈现出多元化、层次化的特征，这使得同一类产品所具备的功能属性越发繁多，并对产品不同功能的需求刚性也产生了差异性变化（于春玲等，2005；张竹梅、吕巍，2016）。需求刚性较强的功能将为消费者带来必需的使用价值，而需求刚性较弱的功能将成为部分消费者追求心理体验的重要逻辑起点。以家用汽车为例，该类型产品的功能要素主要体现为满足消费者对交通运输的功能需求，而汽车的豪华程度和品牌效应等非功能要素能够为部分消费者带来"享乐"的主观感知。然而，这两类要素对消费者产生的效用往往存在一定的交互性（Keller & Lehmann，2003）。例如，在汽车加速行驶过程中，豪华车加速性能优于其他车型，所以豪华车在满足消费者对产品的功能诉求的同时，产品功能的优越性还提升了消费者的"享乐"效用，进而激发非功能要素的品牌价值（张强，2018）。无论是产品功能类别的拓展，还是对原有产品功能的优化和升级，均离不开高质量的技术创新活动。换言之，技术创新能够推动产品功能的不断完善，使得基于技术创新的品牌价值增值成为可能，也就是说，企业的技术创新活动与企业品牌价值之间具有积极的互动关系（Kempf，1999）。

品牌价值与品牌信任之间具有积极关系（康庄、石静，2011；Amoako，2019；袁胜军等，2020），品牌信任是企业提升客户价值和获得一切财务绩效的基础，也是企业价值得以提升的源泉（张强，2018）。具体来说，其一，企业与消费者之间的相互信任关系在一定程度上能够增加消费黏性，抵御市场波动性风险带来的市场萎缩（Markus，1991），尤其当市场波动性较强，产品市场竞争激烈，加之企业内外部的信息不对称程度较高时，相互信任的网络关系能够依靠市场黏性，在一定时间范围内稳固市场份额，维持企业市场竞争力（贾宁等，2010）。并且，当原材料市场、金融市场、中间品市场的价格波动较为激烈时，相互信任的合作关系不仅能够帮助企业维系良好的网络格局，保持高效的合作态势，还能够大幅降低合作方之间的交易成本，为企业提升财务绩效和企业价值奠定基础；而且，相互信任程度越深，企业在推出新产品时，向消费者进行概念植入的难度越低，越容易强化消费者对产品的认同（Keller & Lehmann，2003）。其二，企业品牌价值越高，企业与利益相关者之间建立的链接数量越多（Mizik & Jacobson，2008）。此时，企业与利益相关者之间的相互信任关系还有利于提升利益相关者对企业产品的间接营销和宣传，进而在产品认知方面向市场铺设多重信息传递渠道（Strahilevitz & Myers，1998；Paswan，2005），潜在的消费者通过启用信息捕捉和筛选机制，进而对相应的产品开始关注和消费（Mano & Oliver，1993；Aaker & Jacobson，2001）。在该情况下，若产品因品牌价值能够给消费者带来更积极的体验，将有利于企业获取更多的差异化竞争优势，为超额利润的攫取和企业价值的提升奠定了基础（闫明杰，2014）。

品牌价值具有巨大的正向经济效应是毋庸置疑的，正因为如此，企业才具有通过品牌创建与维护以谋求品牌价值正向经济效应的动力（闫明杰，2020）。然而近年来，过度利用广告和包装等手段谋求品牌价值提升的现象屡见不鲜，品牌价值提升的"空心化"现象虽然能够带来短暂的经济利益，但消费者的利益却在不断下滑，消费者对品牌质量的评价和品牌信任也面临巨大的危机，品牌"空心化"现象和品牌"泡沫"为企业的可持续发展带来了不可挽回的经营危机（蒋廉雄等，2012）。究其原因，传统的"砸钱做广告、低价抢市场、竞争拼资本"的品牌资产建设理念只是建立品牌关系的入门策略，品牌资产的创建和维护更离不开消费者的品牌信任和品牌忠诚（许正良、古安伟，2011）。卓越的品牌功能、心动的品牌体验以及持续不断的技术创新和产品创新才是赢得消费者品牌信任和品牌忠诚的基石。欧米茄品牌的做工精良和计时精准以及通过技术创新实现的独特品牌体验无疑是其强调情感利益的基础。因此，在某种程度上，技术创新无疑可以使品牌价值的增长回归到重视品牌产品的自身质量以及为消费者创造真正价值的层面上来，技术创新不但是消除品牌"泡沫"和品牌"空心化"现象的根本途径，也是企业持续获取竞争优势和市场溢价的根源所在。

鉴于以上分析，本章提出如下假设：

H7－1：技术创新通过品牌价值影响企业价值，即品牌价值在技术创新与企业价值的关系中起中介作用。

H7－2：技术创新通过品牌价值影响企业财务绩效，即品牌价值在技术创新与企业财务绩效的关系中起中介作用。

第二节　研究设计

一、数据来源及变量定义

（一）样本选择与数据来源

品牌价值数据来自世界品牌实验室（World Brand Lab）发布的《中国最具价值品牌》，具体从《2011 年（第八届）中国 500 最具价值品牌》至《2022 年（第十九届）中国 500 最具价值品牌》；其他数据来自国泰安数据库（CSMAR）。本章主要进行如下数据处理：剔除品牌发源地不在大陆地区的企业；将上榜品牌属于同一公司的品牌价值数据予以合并；由于世界品牌实验室（World Brand Lab）每年发布的品牌价值数据都是基于上一年的统计资料计算的，因此通常将发布年份减 1 作为品牌价值的实际所属年份；剔除金融企业样本以及 ST 或*ST 处理的样本；为了避免异常值的影响，对主要连续变量在 1% 水平上进行 winsor 处理。数据处理主要采用的是 Stata 软件。

（二）变量解释说明及定义

1. 被解释变量：企业绩效。品牌作为一种重要的无形资产，具有一定的经济效应。借鉴 Vomberg 等（2015）、池仁勇和何明明（2017）以及蒋丹等（2019）的研究，拟采用企业价值（*Tobinq*）、资产利润率（*Roa*）两个指标对企业绩效进行衡量。

2. 解释变量：技术创新。技术创新是品牌价值最大化的重要保证，是企业绩效的重要来源。本章主要借鉴刘平均（2016）、王秋红（2016）、郑玉和魏华阳（2018）等学者的研究，选择专利申请（*ln_apply*）、发明专利申请（*ln_iapply*）两个指标作为技术创新的衡量指标。

3. 机制变量：品牌价值（*lnbv*）。品牌是一项非常重要的不可模仿和复制的稀缺资源，为企业差异化竞争优势的创造、利润的攫取以及企业价值的提升奠定了基础（闫明杰，2014）。为了从品牌竞争力视角下考察技术创新对企业绩效的影响机制，本章主要选择品牌价值（*lnbv*）作为品牌竞争力强弱的衡量标准，采用中介效应模型考察技术创新如何通过影响品牌价值进而提升企业绩效的。

4. 控制变量。基于数据可得性，本章在综合借鉴相关研究（乔均、彭纪生，2013；王秋红，2016；李园园等，2019；刘建华等，2020）的基础上，选取以下企业特征和行业特征等变量作为本章的控制变量：①企业特征不但会影响品牌战略的实施方式，而且会对品牌价值经济效应产生一定的潜在影响，故对企业规模（*Size*）、企业年龄（*Age*）、销售增长率（*Sale_gr*）、公司利润率（*Profit*）等企业特征变量进行控制；②内、外部治理环境通过监督制衡机制对企业品牌战略及企业绩效产生影响，因此本章隔离了股权制衡（*Balanc*）、机构持股（*Inst*）等产生的影响；③企业的财务状况为企业品牌战略的实施提供了财务基础和资金保障，是品牌价值及品牌价值经济效应的重要影响因素，因此本章对现金流（*Cflow*）、资本结构（*Lev*）进行控制。

二、描述性统计

表7－1为本章主要变量的描述性统计。首先，介绍了主要变量的名称及其含义，并详细介绍了各个变量的具体计算方法；然后，从均值、标准差以及最值等方面展示了样本的差异性和多样性。

表7－1　　样本描述性统计

变量名称	变量含义	计算方法	mean	sd	min	max
被解释变量						
Tobinq	企业价值	托宾Q值，即公司市值/总资产	1.587	1.576	0.187	15.714
Roa	资产利润率	净利润/总资产	0.060	0.063	−0.296	0.232

续表

变量名称	变量含义	计算方法	mean	sd	min	max
解释变量						
ln_apply	专利申请	专利申请量+1，取对数	3.784	2.003	0.000	7.355
ln_iapply	发明专利申请	发明专利申请量+1，取对数	2.981	1.955	0.000	6.612
机制变量						
lnbv	品牌价值	《中国最具价值品牌》取自然对数	5.002	1.093	2.373	8.313
控制变量						
Cflow	现金流	经营活动产生的现金流量净额/总资产	0.070	0.080	-0.250	0.279
Size	公司规模	总资产的自然对数	23.331	1.505	18.831	26.284
Lev	资本结构	总负债/总资产	0.512	0.183	0.086	1.613
Age	企业年龄	样本最后一年减公司成立年份	22.416	4.277	10.000	33.000
Balanc	股权制衡	第2~10大股东持股/第1大股东持股	0.652	0.603	0.031	3.268
Sale_gr	销售增长率	取完对数的销售额的差分表示	0.106	0.253	-1.243	2.146
Profit	公司利润率	营业利润/营业收入	0.095	0.158	-2.142	0.779
Inst	机构持股	机构投资者持股比例	0.108	0.146	0.000	0.593

三、估计方法

通过理论分析后发现，技术创新是企业品牌价值得以不断提升的重要保证，尤其对于技术密集型企业更是如此，通过前面章节的分析，我们进一步找到了品牌价值能够为企业带来显著经济效应的经验证据。为了检验技术创新、品牌价值及其经济效应之间的关系，考察技术创新通过影响品牌价值对企业价值及财务绩效可能带来的影响，本章借鉴 Baron 和 Kenny (1986)、龚丽敏和江诗松（2010）以及郑玉（2020a）等文献所采用的分层回归（hierarchical regressions）的方法，构建如下的中介效应模型对该潜在影响机制进行分析：

$$Performance_{i,t+1} = \alpha_0 + \alpha_1 Innov_{i,t} + \alpha_2 Cflow_{i,t} + \alpha_3 Size_{i,t} + \alpha_4 Lev_{i,t} + \alpha_5 Age_{i,t} + \alpha_6 Balanc_{i,t} + \alpha_7 Sale\_gr_{i,t} + \alpha_8 Profit_{i,t} + \alpha_9 Inst_{i,t} + u_{i,t} \quad (7.1)$$

$$lnbv_{i,t+1} = \beta_0 + \beta_1 Innov_{i,t} + \beta_2 Cflow_{i,t} + \beta_3 Size_{i,t} + \beta_4 Lev_{i,t} + \beta_5 Age_{i,t} + \beta_6 Balanc_{i,t} + \beta_7 Sale\_gr_{i,t} + \beta_8 Profit_{i,t} + \beta_9 Inst_{i,t} + u_{i,t} \quad (7.2)$$

$$Performance_{i,t+1} = \varphi_0 + \varphi_1 Innov_{i,t} + \varphi_2 lnbv_{i,t} + \varphi_3 Cflow_{i,t} + \varphi_4 Size_{i,t} + \varphi_5 Lev_{i,t} + \varphi_6 Age_{i,t} + \varphi_7 Balanc_{i,t} + \varphi_8 Sale\_gr_{i,t} + \varphi_9 Profit_{i,t} + \varphi_{10} Inst_{i,t} + u_{i,t} \quad (7.3)$$

其中模型（7.1）是本章的基本回归模型。模型中各变量的下标 i 表示企业，t 表示年份。*Performance* 是被解释变量，表示企业绩效，主要采用企业价值（*Tobinq*）、资产利润率（*Roa*）两个方面的指标进行衡量；*Innov* 是主要解释变量，为了全面反映企业技术创新的总体情况及实质性创新的情况，主要选取专利申请（*ln_apply*）、发明专利申请（*ln_iapply*）两个指标作为主要解释变量；$lnbv_{it}$是主要考察的中介变量。x_{it}表示主要控制变量，包括企业规模（*Size*）、企业年龄（*Age*）、股权制衡（*Balanc*）、现金流（*Cflow*）、销售增长率（*Sale_gr*）、公司利润率（*Profit*）、机构持股（*Inst*）、资本结构（*Lev*），u_{it}表示残差项。

"中介效应"模型的估计步骤如下：首先，检验 *Innov* 与 *Performance* 间的相关关系，具体见模型（7.1）；其次，检验 *Innov* 与 *lnbv* 间的相关关系，具体见模型（7.2）；最后，将 *Innov* 与 *lnbv* 同时纳入模型，检验与 *Performance* 之间的相关关系，见模型（7.3）。如果模型（7.3）中 *Innov* 的回归系数的绝对值比模型（7.1）中回归系数的绝对值低且不显著，则可推断 *lnbv* 在 *Innov* 与 *Performance* 的关系中起到"完全中介"作用；如果模型（7.3）中 *Innov* 的回归系数的绝对值比模型（7.1）中回归系数的绝对值低但仍然显著，则可推断 *lnbv* 在 *Innov* 与 *Performance* 的关系中起到"部分中介"作用。借鉴温忠麟和叶宝娟（2014）以及万晓榆和罗焱卿（2022）的研究，如果品牌价值作为"部分中介"效应存在，则品牌价值的中介效应占比为

$\beta_1\varphi_2/\alpha_1$，其中$\beta_1$、$\varphi_2$、$\alpha_1$的符号含义分别见模型（7.2）、模型（7.3）和模型（7.1）。

第三节　实证结果分析

一、单变量分析

表7－2以全样本为研究对象，给出了主要变量之间的皮尔逊相关系数。从表7－2可以看出，解释变量技术创新（*ln_apply*、*ln_iapply*）、品牌价值（*lnbv*）与被解释变量企业价值（*Tobinq*）和资产利润率（*Roa*）之间具有较强的相关性；控制变量基本都与被解释变量企业价值（*Tobinq*）和资产利润率（*Roa*）具有较强的相关关系；其他变量之间的相关系数较低，说明各个变量间不存在严重的多重共线性，因此可以同时纳入回归分析。然而，由于单变量分析很难克服其他相关因素的影响，笔者进一步采用回归分析法来检验技术创新、品牌价值与企业绩效之间的关系以及品牌价值可能发挥的中介机制。

由于技术创新对品牌价值的影响可能在技术密集型企业样本中表现得更为突出，因此这里进一步以技术密集型企业样本为研究对象，给出了主要变量之间的皮尔逊相关系数如表7－3所示。通过与表7－2进行对比后发现，技术密集型企业中技术创新指标（由于篇幅有限，这里仅以代表专利申请总量的*ln_apply*以及代表实质性专利申请量的*ln_iapply*进行衡量）、品牌价值（*lnbv*）对被解释变量企业价值（*Tobinq*）和资产利润率（*Roa*）的影响更大，研究结论与相关理论一致；控制变量中的大部分指标都与被解释变量企业价值（*Tobinq*）和资产利润率（*Roa*）具有较强的相关性；其他变量间的相关系数均较低，说明变量间不存在严重的多重共线性问题，因此可以同时纳入回归模型。然而，由于单变量分析并没有很好控制其他因素可能产生的影响，仅仅是初步检验相关指标间的关系，以及变量间是否存在严重的多重共线性，技术创新、品牌价值与企业绩效之

表 7-2　　皮尔逊相关系数（全样本）

变量	Tobinq	Roa	lnbv	ln_apply	ln_iapply	Cflow	Size	Lev	Age	Balanc	Sale_gr	Profit
Roa	0.549***											
lnbv	0.262***	0.103***										
ln_apply	0.247***	0.116***	0.436***									
ln_iapply	0.248***	0.125***	0.464***	0.894***								
Cflow	0.350***	0.529***	0.106***	0.014*	0.007*							
Size	-0.483***	-0.030***	0.680***	0.445***	0.489***	0.068**						
Lev	-0.430***	-0.442**	-0.212**	-0.218**	-0.253**	-0.261***	0.348***					
Age	-0.047*	-0.038*	0.106**	0.172*	0.177*	0.128	0.248*	0.071				
Balanc	0.149***	0.011*	0.007	0.025	0.012*	0.048	0.009	0.019	0.132***			
Sale_gr	0.124***	0.252**	0.051*	0.027	-0.007	0.057*	0.017	0.092*	-0.016	0.078*		
Profit	0.294***	0.683***	0.014	0.146*	0.158*	0.294***	0.072**	-0.395***	0.006	0.046	0.192***	
Inst	0.391***	0.174***	0.086**	0.071**	0.053**	0.141***	0.106*	0.179	0.015	0.037	0.040***	0.061**

注：***、** 和 * 代表统计上的显著性，分别表示在 1%、5% 和 10% 水平上显著。

表 7 - 3　　皮尔逊相关系数（技术密集型企业样本）

变量	Tobinq	Roa	lnbv	ln_apply	ln_iapply	Cflow	Size	Lev	Age	Balanc	Sale_gr	Profit
Roa	0.557***											
lnbv	0.325***	0.120***										
ln_apply	0.345***	0.124***	0.636***									
ln_iapply	0.369***	0.168***	0.629***	0.886***								
Cflow	0.300***	0.454***	0.112**	0.022*	0.043*							
Size	-0.463***	-0.071*	0.742***	0.682***	0.677***	0.038						
Lev	-0.588***	-0.449**	-0.401**	-0.439**	-0.369**	-0.192***	0.478***					
Age	-0.032*	-0.010*	0.058**	0.170*	0.169*	0.019	0.227*	0.094				
Balanc	0.061**	0.101*	0.052	0.084*	0.112**	0.065	0.063	0.035	0.094**			
Sale_gr	0.169***	0.356***	0.043*	0.011	-0.030	0.152**	0.003	0.043	-0.074	0.049		
Profit	0.429***	0.728***	0.183*	0.142**	0.111**	0.217***	0.056	-0.499***	0.029	0.071	0.175***	
Inst	0.245**	0.110**	0.056**	0.094**	0.050**	0.089**	0.079*	0.114	0.021	0.031	0.054*	0.046*

注：***、** 和 * 代表统计上的显著性，分别表示在1%、5%和10%水平上显著。

间的关系，以及品牌价值可能发挥的中介机制有待后面的回归分析进一步检验。

二、实证结果

（一）技术创新、品牌价值与企业价值

在知识经济条件下，技术创新是企业品牌培育的内在动力和主要支撑力量。企业只有通过技术创新，才能获得企业品牌竞争力发展的不竭动力，才能增强其产品与服务的竞争力，在市场竞争中处于不败之地。同时，品牌作为企业价值链上的高附加值环节，依托技术创新夯实企业品牌竞争力基础，可以帮助企业在同质化竞争中脱颖而出，从而为企业带来更多的经济效益。为了考察技术创新、品牌价值与企业绩效之间的关系，本章分别以全样本和技术密集型企业样本为考察对象，研究发现，无论是以专利申请（*ln_apply*）为代表的企业总体创新能力还是以发明专利申请（*ln_iapply*）为代表的企业实质性创新能力均对企业价值（*Tobinq*）具有显著的促进作用，而且技术密集型企业的技术创新对企业价值的影响更大更显著，相关实证研究结果如表 7 - 4 所示。上述研究结论在一定程度上说明，技术创新能够帮助企业较早识别潜在的商业机会并潜心培育品牌价值和品牌竞争力，从而在潜在的市场竞争中脱颖而出，使得企业价值得到极大的提升。

表 7 - 4　　技术创新、品牌价值与企业价值

变量	全样本				技术密集型企业样本			
	(1)	(2)	(3)	(4)	(5)	(6)	(7)	(8)
ln_apply	0.049*** (3.35)	0.015* (1.72)			0.063*** (3.57)	0.022** (2.26)		
ln_iapply			0.082*** (6.38)	0.027* (1.91)			0.104*** (3.31)	0.035* (1.74)

续表

变量	全样本				技术密集型企业样本			
	(1)	(2)	(3)	(4)	(5)	(6)	(7)	(8)
lnbv		0.045 *** (2.96)		0.038 *** (3.14)		0.175 *** (2.74)		0.156 ** (2.40)
Cflow	2.076 *** (8.13)	5.080 *** (9.86)	1.829 *** (6.87)	4.385 *** (8.56)	3.051 *** (7.37)	3.304 *** (5.03)	3.141 *** (7.24)	3.349 *** (4.95)
Size	-0.570 *** (-16.78)	-0.456 *** (-11.34)	-0.554 *** (-14.41)	-0.388 *** (-9.57)	-0.564 *** (-19.09)	-0.431 *** (-7.23)	-0.591 *** (-19.31)	-0.448 *** (-7.43)
Lev	-1.605 *** (-15.52)	-2.215 *** (-8.24)	-1.741 *** (-16.14)	-2.194 *** (-8.13)	-2.080 *** (-12.44)	-1.877 *** (-5.60)	-2.140 *** (-12.29)	-2.035 *** (-5.72)
Age	-0.008 * (-1.81)	-0.022 ** (-2.43)	-0.008 * (-1.77)	-0.013 (-1.55)	-0.004 (-0.64)	-0.027 ** (-2.50)	-0.005 (-0.64)	-0.023 ** (-2.09)
Balanc	0.193 *** (6.82)	0.158 ** (2.42)	0.177 *** (6.15)	0.210 *** (3.39)	0.222 *** (5.01)	0.077 (0.90)	0.225 *** (4.96)	0.076 (0.87)
Sale_gr	0.323 *** (5.69)	0.679 *** (4.31)	0.291 *** (4.97)	0.575 *** (3.69)	0.510 *** (5.61)	0.598 *** (2.67)	0.504 *** (5.40)	0.589 ** (2.56)
Profit	0.122 (1.07)	1.960 *** (6.23)	0.438 *** (3.60)	1.837 *** (5.60)	0.364 ** (2.05)	2.349 *** (5.28)	-0.042 (-0.22)	2.209 *** (4.64)
Inst	1.372 *** (10.34)	2.175 *** (12.68)	0.872 *** (5.49)	1.151 * (1.74)	2.564 *** (9.14)	2.285 * (1.70)	1.354 *** (3.22)	2.421 * (1.86)
constant	1.337 *** (23.51)	1.007 *** (15.74)	1.279 *** (20.97)	0.913 *** (13.68)	1.396 *** (14.31)	0.852 *** (10.06)	1.373 *** (13.97)	0.856 *** (7.71)
Firm&Year	yes	yes	yes	yes	yes	yes	yes	yes
聚类到企业	yes	yes	yes	yes	yes	yes	yes	yes
N	1752	1752	1752	1752	872	872	872	872
Adj. R^2	0.485	0.557	0.419	0.502	0.445	0.542	0.398	0.436

注：(1) ***、** 和 * 代表统计上的显著性，分别表示在 1%、5% 和 10% 水平上显著，括号中是估计参数的 t 值。(2) 被解释变量是 *Tobinq*。(3) 此外，模型中还设置了企业（*Firm*）、年度（*Year*）固定效应，并聚类到企业。

通过回顾和对比第四章的表 4-7 和表 4-8 的研究结果，发现技术创新（分别以 *ln_apply* 和 *ln_iapply* 衡量）同样对品牌价值（*lnbv*）的提升具有积极显著的正向影响，通过本章的实证研究结果并结合相关理论，本章认为在技术创新、品牌价值与企业价值的关系中，品牌价值可能发挥着中介作用机制，为此进一步寻找品牌价值在技术创新与企业价值中可能发挥着中介效应的经验证据。本章借鉴 Baron 和 Kenny（1986）、龚丽敏和江诗松（2010）以及郑玉（2020a）等文献所采用的分层回归（hierarchical regressions）的方法，检验品牌价值在技术创新与企业价值之间的中介角色。通过表 7－4 我们发现，无论是全样本还是技术密集型企业样本，技术创新（分别以 *ln_apply* 和 *ln_iapply* 衡量）均与企业价值（*Tobinq*）显著正相关；通过第四章的表 4－7 和表 4－8 我们发现，无论是全样本还是技术密集型企业样本，技术创新（分别以 *ln_apply* 和 *ln_iapply* 衡量）均对品牌价值（*lnbv*）具有显著的促进作用；通过进一步观察表 7－4 发现，当把技术创新（分别以 *ln_apply* 和 *ln_iapply* 衡量）和品牌价值（*lnbv*）同时纳入模型后，发现两个变量与企业价值（*Tobinq*）都显著正相关，但技术创新（分别以 *ln_apply* 和 *ln_iapply* 衡量）的系数有所降低，从而说明品牌价值（*lnbv*）在技术创新（分别以 *ln_apply* 和 *ln_iapply* 衡量）与企业价值（*Tobinq*）之间充当了部分中介的角色。而且在技术密集型企业样本中也发现了同样的研究结论，证明了本章研究结论的稳健性，也为假设 H7－1 通过检验提供了经验支持。品牌价值（*lnbv*）在技术创新（分别以 *ln_apply* 和 *ln_iapply* 衡量）与企业价值（*Tobinq*）之间的部分中介角色说明，技术创新不但是企业品牌价值（*lnbv*）形成和发展的重要因素，而且技术创新本身连同技术创新为主导形成的品牌价值（*lnbv*）共同作用于企业绩效，促进企业价值（*Tobinq*）的提升。

借鉴温忠麟和叶宝娟（2014）以及万晓榆和罗焱卿（2022）的研究，如果品牌价值作为“部分中介”效应存在，则品牌价值的中介效应占比为 $\beta_1\varphi_2/\alpha_1$，其中 β_1、φ_2、α_1 的符号含义分别如模型（7.2）、模型（7.3）和模型（7.1）所示。由此得到，在技术创新（以专利申请 *ln_apply* 衡量）、品牌价值（*lnbv*）与企业价值（*Tobinq*）的关系中，全样本和技术密集型企业样本中品牌价值（*lnbv*）的中介效应分别为6.98%[①]、32.5%[②]；在技术创新（以发明专利申请 *ln_iapply* 衡量）、品牌价值（*lnbv*）与企业价值（*Tobinq*）的关系中，全样本和技术密集型企业样本中品牌价值（*lnbv*）的中介效应分别为3.94%[③]、20.85%[④]。可见，技术密集型企业中，建品牌对企业价值而言，具有非常重要的支撑作用，正如科技企业华为、阿里巴巴、小米等，品牌竞争力的提升带动企业价值迅速攀升的实践印证了科技型企业的这一发展规律。

有关控制变量的回归结果也与预期一致，具体而言：①充足的现金流（*Cflow*）和较低的资产负债率（*Lev*）是企业财务基础良好的表现，为财务绩效和企业价值的提升提供了坚实的基础保障。②良好的内、外部治理环境（*Balanc*、*Inst*）具有及时纠偏功能，能够发挥积极的治理效应。③企业个体特征（*Size*、*Age*、*Sale_gr*、*Profit*）与企业的发展前景也具有较强的联系和相关关系。除此之外，模型还控制了企业（*Firm*）、年度（*Year*）固定效应，并聚类到企业。

（二）技术创新、品牌价值与财务绩效

每一轮品牌竞争都是从一项技术突破开始的，持续有力的技术创新能够保持品牌在市场中的领先优势，塑造品牌口碑，催生新的商业模式和盈利点（刘平均，2016；彭诗言等，2019）。超额利润和财务绩效是企业追求的不竭动力，为了考察技术创新对企业财务绩效的影响，本章分别以全样本和技术密集型企业样本为考察对象，研究发现，技术创新（分别采用 *ln_apply* 和 *ln_iapply* 衡量，其中前者衡量企业的总体创新能力，后者衡量企业

---

① $\beta_1\varphi_2/\alpha_1=(0.076\times0.045)/0.049=6.98\%$，其中0.076来自表4-7；0.045和0.049来自表7-4。

② $\beta_1\varphi_2/\alpha_1=(0.117\times0.175)/0.063=32.5\%$，其中0.117来自表4-7；0.175和0.063来自表7-4。

③ $\beta_1\varphi_2/\alpha_1=(0.085\times0.038)/0.082=3.94\%$，其中0.085来自表4-8；0.038和0.082来自表7-4。

④ $\beta_1\varphi_2/\alpha_1=(0.139\times0.156)/0.104=20.85\%$，其中0.139来自表4-8；0.156和0.104来自表7-4。

实质性创新能力）对财务绩效（用资产利润率 *Roa* 表示）具有积极显著的正向影响，而且技术密集型企业的技术创新对企业财务绩效的正向影响更大，相关实证研究结果如表 7－5 所示。上述研究结论与熊彼特的创新理论相符，说明企业进行技术创新的目标之一是攫取更多的超额利润，这也是企业持续进行技术创新的原动力（彭诗言等，2019）。同时，也正是企业获得超额利润的动机不断推动着产业的演变和经济的增长（郑玉、魏华阳，2018）。

表 7－5　技术创新、品牌价值与财务绩效

变量	全样本				技术密集型企业样本			
	(1)	(2)	(3)	(4)	(5)	(6)	(7)	(8)
ln_apply	0.024*** (4.31)	0.008* (1.81)			0.033*** (2.89)	0.010* (1.66)		
ln_iapply			0.036*** (2.83)	0.012* (1.70)			0.057*** (3.26)	0.021* (1.87)
lnbv		0.038*** (3.15)		0.021*** (3.09)		0.126*** (2.96)		0.147*** (3.80)
Cflow	0.180* (1.75)	0.107*** (7.71)	0.065*** (3.68)	0.105*** (7.33)	0.107*** (3.50)	0.083*** (4.46)	0.077** (2.35)	0.075*** (3.96)
Size	0.009 (1.35)	−0.004** (−2.17)	0.002* (1.65)	−0.004** (−2.05)	0.008** (2.21)	−0.002 (−0.74)	−0.013** (−2.25)	−0.001 (−0.26)
Lev	−0.145*** (−3.12)	−0.034*** (−3.37)	−0.084*** (−10.43)	−0.029*** (−2.84)	−0.101*** (−7.42)	−0.045*** (−3.22)	−0.096*** (−6.12)	−0.046*** (−3.20)
Age	0.008 (1.43)	−0.004 (−1.50)	−0.004* (−1.82)	−0.005 (−1.18)	−0.004 (−1.43)	−0.004 (−1.33)	−0.005* (−1.70)	−0.004 (−1.35)
Balanc	0.006 (1.45)	0.006** (2.55)	0.005** (2.43)	0.007*** (2.92)	0.004 (0.99)	0.001 (1.36)	0.007* (1.71)	0.002 (1.48)
Sale_gr	0.057** (2.26)	0.027*** (7.15)	0.012*** (3.51)	0.027*** (7.26)	0.012* (1.91)	0.045*** (7.77)	0.004 (0.59)	0.045*** (7.71)
Profit	0.803*** (15.84)	0.337*** (22.30)	0.302*** (27.65)	0.336*** (28.08)	0.324*** (25.59)	0.340*** (21.60)	0.407*** (18.51)	0.325*** (19.35)

续表

变量	全样本				技术密集型企业样本			
	(1)	(2)	(3)	(4)	(5)	(6)	(7)	(8)
Inst	0.164 *** (2.87)	0.246 *** (7.78)	0.057 *** (5.47)	0.016 * (1.83)	0.203 *** (10.03)	0.144 * (1.79)	0.055 * (1.74)	0.117 ** (2.29)
constant	0.174 * (1.70)	0.139 *** (3.25)	0.011 * (1.83)	0.148 *** (3.33)	0.109 ** (2.03)	0.093 * (1.81)	0.209 *** (3.35)	0.073 ** (2.17)
Firm&Year	yes	yes	yes	yes	yes	yes	yes	yes
聚类到企业	yes	yes	yes	yes	yes	yes	yes	yes
N	1752	1752	1752	1752	872	872	872	872
Adj. R^2	0.508	0.522	0.526	0.535	0.386	0.431	0.427	0.493

注：（1）***、** 和 * 代表统计上的显著性，分别表示在 1%、5% 和 10% 水平上显著，括号中是估计参数的 t 值。（2）被解释变量是 *Roa*。（3）此外，模型中还设置了企业（*Firm*）、年度（*Year*）固定效应，并聚类到企业。

为了进一步考察技术创新、品牌价值与企业财务绩效之间的关系，以及品牌价值在技术创新与企业财务绩效之间可能发挥的中介效应机制，本章借鉴 Baron 和 Kenny（1986）、龚丽敏和江诗松（2010）以及郑玉（2020a）等文献所采用的分层回归（hierarchical regressions）的方法，检验品牌价值在技术创新与企业财务绩效之间可能发挥的中介效应机制。表 7-5 的研究结果表明，无论是全样本还是技术密集型企业样本，技术创新（分别以 *ln_apply* 和 *ln_iapply* 衡量）均对企业财务绩效（用资产利润率 *Roa* 表示）具有积极显著的正向影响；通过第四章的表 4-7 和表 4-8 我们发现，无论是全样本还是技术密集型企业样本，技术创新（分别以 *ln_apply* 和 *ln_iapply* 衡量）均对品牌价值（*lnbv*）具有显著的促进作用；再进一步观察表 7-5，当把技术创新（分别以 *ln_apply* 和 *ln_iapply* 衡量）和品牌价值（*lnbv*）同时纳入模型后，发现两个变量与企业财务绩效（*Roa*）都具有积极显著的正相关关系，但技术创新（分别以 *ln_apply* 和 *ln_iapply* 衡量）的系数有所降低，从而说明品牌价值（*lnbv*）在技术创新（分别以 *ln_apply* 和 *ln_iapply* 衡量）与企业财务绩效（*Roa*）之间充当了部分中介的角色。而且品牌价值在技术创新与企业财务绩效之间的中介效应角色在技术密集型企业样本中依然成立，证明了本章研究结论的稳健性，至此，假设 H7 -2 得到了通过检验的经验证据。品牌价值（*lnbv*）的部分中介角色说明，一方面，技术创新对企业财务绩效（*Roa*）具有正向影响；另一方面，技术创新通过品牌价值（*lnbv*）的中介效应，对企业财务绩效（*Roa*）具有间接的正向影响。

借鉴温忠麟和叶宝娟（2014）以及万晓榆和罗焱卿（2022）的研究，如果品牌价值作为“部分中介”效应存在，则品牌价值的中介效应占比为 $\beta_1\varphi_2/\alpha_1$，其中 β_1、φ_2、α_1 的符号含义分别见模型（7.2）、模型（7.3）和模型（7.1）。由此得到，在技术创新（以专利申请 *ln_apply* 衡量）、品牌价值（*lnbv*）与企业财务绩效（*Roa*）的关系中，全样本和技术密集型企业样本中品牌价值（*lnbv*）的中介效应分别为 12.03%①、44.67%②；在技术创新（以发明专利申请 *ln_iapply* 衡量）、品牌价值（*lnbv*）与企业财务绩效（*Roa*）的关系中，全样本和技术密集型企业样本中品牌价值（*lnbv*）的中介效应分别为 4.96%③、35.85%④。可见，技术密集型企业相对于全样本（全样本包括技术密集、资本劳动密集）而言，建立知名品牌对企业财务绩效的获取也非常关键，本章的研究，为科技型企业和技术密集型企业进行品牌建设的实践提供了理论参考。

控制变量的回归结果也较为稳健：①充足的现金流（*Cflow*）和较低的资产负债率（*Lev*）是企业持续健康发展的财务保障。②良好的内、外部治理环境（*Balanc*、*Inst*）具有积极的治理效应。③企业个体特征（*Size*、*Age*、*Sale_gr*、*Profit*）与企业的品牌战略实施方式及盈利模式息息相关。除此之外，模型还控制了企业（*Firm*）、年度（*Year*）固定效应，并聚类到企业。

① $\beta_1\varphi_2/\alpha_1 = (0.076 \times 0.038)/0.024 = 12.03\%$，其中 0.076 来自表 4 -7；0.038 和 0.024 来自表 7 -5。

② $\beta_1\varphi_2/\alpha_1 = (0.117 \times 0.126)/0.033 = 44.67\%$，其中 0.117 来自表 4 -7；0.126 和 0.033 来自表 7 -5。

③ $\beta_1\varphi_2/\alpha_1 = (0.085 \times 0.021)/0.036 = 4.96\%$，其中 0.085 来自表 4 -8；0.021 和 0.036 来自表 7 -5。

④ $\beta_1\varphi_2/\alpha_1 = (0.139 \times 0.147)/0.057 = 35.85\%$，其中 0.139 来自表 4 -8；0.147 和 0.057 来自表 7 -5。

本章小结

本章品牌价值数据来源于世界品牌实验室（World Brand Lab）每年发布的《中国最具价值品牌》、其他数据来源于国泰安数据库（CSMAR）。本章考察技术创新（分别以 *ln_apply* 和 *ln_iapply* 衡量）、品牌价值（*lnbv*）对企业绩效（分别以企业价值 *Tobinq* 和资产利润率 *Roa* 两个指标进行衡量）的综合影响，并以此为基础考察品牌价值在技术创新与企业绩效关系中的中介机制效应。研究结果发现：①技术创新（分别以 *ln_apply* 和 *ln_iapply* 衡量）对企业价值（*Tobinq*）具有显著的正向影响，且技术密集型企业的技术创新（分别以 *ln_apply* 和 *ln_iapply* 衡量）对企业价值（*Tobinq*）的影响更大更显著。同时，研究发现，无论是全样本还是技术密集型企业样本，品牌价值（*lnbv*）在技术创新（分别以 *ln_apply* 和 *ln_iapply* 衡量）与企业价值（*Tobinq*）的关系中均起到部分中介效应机制。具体而言，在技术创新（以专利申请 *ln_apply* 衡量）、品牌价值（*lnbv*）与企业价值（*Tobinq*）的关系中，全样本和技术密集型企业样本中品牌价值（*lnbv*）的中介效应分别为6.98%、32.5%；在技术创新（以发明专利申请 *ln_iapply* 衡量）、品牌价值（*lnbv*）与企业价值（*Tobinq*）的关系中，全样本和技术密集型企业样本中品牌价值（*lnbv*）的中介效应分别为3.94%、20.85%。②技术创新（分别以 *ln_apply* 和 *ln_iapply* 衡量）对企业财务绩效（*Roa*）具有显著的促进作用，且在技术密集型企业样本中也发现了同样的研究结论，且更为显著。同时也发现了品牌价值（*lnbv*）在技术创新（分别以 *ln_apply* 和 *ln_iapply* 衡量）与企业财务绩效（*Roa*）的关系中起到部分中介效应机制的经验证据，且该研究结论在全样本和技术密集型企业样本中同时成立。具体来说，在技术创新（以专利申请 *ln_apply* 衡量）、品牌价值（*lnbv*）与企业财务绩效（*Roa*）的关系中，全样本和技术密集型企业样本中品牌价值（*lnbv*）的中介效应分别为12.03%、44.67%；在技术创新（以发明专利申请 *ln_iapply* 衡量）、品牌价值（*lnbv*）与企业财务绩效（*Roa*）的关系中，全样本和技术密集型企业样本中品牌价值（*lnbv*）的中介效应分别为4.96%、35.85%。

本章的主要研究贡献为：本章重点探究技术创新、品牌价值及其企业绩效之间的互动关系，以及品牌价值可能发挥的中介效应机制。本章的研究结果揭示了技术创新对企业价值和财务绩效均具有显著的促进作用，且在技术密集型企业样本中，这种正向影响更积极显著；同时，在技术创新与企业价值（财务绩效）的关系中，品牌价值均发挥着部分中介机制效应。本章的研究为管理实践领域通过技术创新打造优势品牌，通过发挥品牌价值为企业带来巨大的经济效应提供了合理化的理论解释和经验证据。

第八章

加快提升品牌竞争力的战略机遇与对策建议

中国正处于转变经济发展方式的关键历史时期，加快发展知名品牌无疑是实现经济高质量发展的重要出路。本章在总结中国发展知名品牌面临的战略机遇的基础上，提出我国通过持续不断的技术创新以支撑和引导产品创新，进而创建国际知名品牌的策略选择。

第一节　加快发展知名品牌的战略机遇

1. 后疫情时代带来的战略机遇。欧洲、美国和日本等国家的国际知名品牌已经在全球市场上占据垄断地位，中国发展国际知名品牌意味着挤占它们盘踞的市场，所以异常艰难。然而金融危机以及疫情暴发以来，发达国家的经济发展受到重创，消费能力也大大降低，一些国际知名品牌遭到较大冲击，这为中国发展国际知名品牌带来了新机遇。一是金融危机和疫情冲击导致部分国际知名品牌发展速度放缓，甚至有些走到了破产的边缘，这给中国发展国际知名品牌提供了时间机会窗口；二是金融危机和疫情后，性价比的重要性在国际市场竞争更加凸显，独特的性价比优势将促进中国品牌在危机中更加被消费者认可。

2. 新科技与产业革命带来的战略机遇。世界经济发展历史表明，后发国家往往能利用重大技术变革的机遇期“弯道超车”成为经济强国。新科技和产业革命为中国发展知名品牌带来了赶超发展的“机会窗口”。一是信息技术的全面嵌入推进制造业和服务业沿着产业链加深融合，带动先进制造业和生产性服务业向高端发展，进而推动“中国制造”向“中国创造”转变；二是新科技和产业革命将会催生一大批新的产业群体和经济增长点，在战略性新兴产业发展方面，中国和发达国家基本上站在同一起跑线上，部分领域具有同发优势，局部领域甚至取得领先优势，这将为中国知名品牌的培育提供一个有可能跨越发展的绝佳机遇。

3. 中国工业转型升级产生的倒逼机制。据统计，全球500多种工业品中中国有220余种产量位居世界前列，制造业规模居全球首位，但与之极不相称的是，中国制造业却一直处于全球价值链低端，始终为国际知名品牌打工，是典型的“制造大国、品牌小国”。当前，支持中国经济发展的要素和环境发生了根本性的变化，“人口红利”和“全球化红利”正在衰减，“环境承载能力”已经透支，同时来自发达国家的“再工业化”和新兴经济体的同质化竞争压力越来越大，这些因素导致中国工业转型升级迫在眉睫，而发展国际知名品牌是实现工业转型升级的重要抓手。

4. 城镇化和消费结构升级带来的战略机遇。纵观国际知名品牌成长历程，国际知名品牌都是依据本国内需，在本国市场的激烈竞争中，在政府支持和社会环境培育中慢慢成长起来并被成功推向世界的。中国目前已经是世界第二大经济体，2022年年末，中国城镇化率达到65.22%，内需主导、消费驱动、惠及民生的政策措施将推动消费结构优化升级，城镇化进程和居民消费结构升级为中国国际知名品牌成长提供了广阔的市场空间。

5. 互联网时代为加快发展国际知名品牌提供了“窗口时期”。在工业时代，中国与发达国家的差距差不多有30年，而且发达国家的国际知名品牌已在全球市场占垄断地位，中国已经错失了发展国际知名品牌的最佳时机。而在互联网时代，中国与发达国家的差距大大缩小，如在互联网领域，中国与美国的差距最多不超过3年，2022年全球十大互联网公司中国有4家（阿里巴巴、腾讯、京东和百度）；在移动互联网领域，微信都已经成为全球领先的产品。可见，在互联网时代中国与发达国家基本上站在同一起跑线上，部分领域具有同发优势，局部领域甚至取得领先优势，这将为中国国际知名品牌的快速成长提供了一个有可能跨越发展的绝佳机遇。

第二节　以技术创新为支撑的产品创新是培育知名品牌的核心要素

1. 以技术创新为支撑的产品创新可以颠覆现有竞争格局。从全球市场来看，美国的苹果公司正是凭借 iPhone 这一创新性产品颠覆了诺基亚在全球手机市场的霸主地位，并快速成长为全球品牌价值最大的国际知名品牌。从国内市场来看，腾讯凭借微信这一新产品几乎颠覆了中国整个电信行业，而且快速成长为全球领先的移动互联网产品。阿里巴巴旗下的一款创新性产品支付宝短短几年内成长为全球最大的移动支付软件。此外，小米公司凭借一款创新型手机产品在短短四年内打破国际著名品牌三星和苹果垄断中国智能手机市场的格局。可见，创新型产品不仅可以颠覆现有国际知名品牌垄断全球市场的格局，还可以大大缩短国际知名品牌从诞生到迅速风靡全球的时间。

2. 个性化需求要求企业加快产品创新的步伐。在互联网时代，消费需求日益多元化、个性化的消费需求要求企业发展国际知名品牌需要以产品为中心，加快创新步伐，不断推出顺应消费潮流的创新型产品以提升消费者的消费体验和消费感知。消费者多样化的消费需求改变了传统制造业标准化、大规模的生产方式，同时要求企业将关注点转移到差异化和个性化的产品。支付宝和微信等创新型产品的成功经验表明，通过技术创新可以落实差异化的产品定位并迅速打造风靡世界的知名品牌，因此，保持持续的品牌创新能力是不断满足消费者多样化和个性化需求的必要条件，是全方位完善品牌构建的战略支撑。

3. 打造开放创新平台快速整合全球资源，为发展国际知名品牌提供驱动力。在工业时代，产品生命周期相对较长，而在互联网时代技术进步速度加快，产品生命周期就会加速变短。鉴于产品生命周期大大缩短，围绕消费者的潜在个性化需求搭建融合全球资源、智慧的产品研发、交互平台，大大缩短产品设计和生产周期，用最快的速度推出满足消费者个性化需求的产品，聚合消费者资源，为发展国际品牌提供驱动力。

4. 通过技术创新打造明星产品，以明星产品为中心打造产品社群，开拓国际知名品牌的成长路径。借鉴苹果公司和小米公司的成长经验，通过持续不断的技术创新注重培育具有国际领先优势的核心产品，注重品牌培育，直至跻身世界级一流品牌，此时品牌产品的高附加值才得以实现。在此基础上，继续打造以核心产品及其品牌为中心的产品社群，将消费者转化为“粉丝”，充分发挥“粉丝经济”效应，开拓“核心产品 + 软件”或“核心产品 + 软件 + 延伸品”的品牌成长路径。

第三节 以技术创新为支撑的知名品牌培育对策

发展品牌经济是一项系统工程，从时间轴看没有规律可循，从实践的案例轴看，没有模板可仿。但从实践经验来看，品牌的发展是一个多元化、复杂化的事物，仅凭一己之力难以顺利完成品牌培育这一重任，它需要企业、政府以及其他社会组织和个人的共同努力。本章从制度、技术、人才等方面，分析技术创新提升企业品牌竞争力所需的外部保障。

一、提升企业品牌竞争力的制度保障

好的制度具有降低交易成本、提高资源配置效率的作用。政府通过营造鼓励创新的竞争环境，引导资源向技术创新领域聚集，通过良好的制度环境为企业营造一个敢于创新、勇于创造、善于创新的环境氛围，力争培育一批具有自主竞争优势的创新型领军企业，鼓励和支持这些企业创建自主品牌，并通过持续不断的技术创新和产品创新跻身世界级一流品牌。

1. 加强知识产权保护。对创新主体而言，技术创新的高风险可能会给其带来投入与产出的失衡，从而限制了创新者的积极性，因此知识产权保

护的重要性不言而喻。由此可见，技术的竞争乃至创新型企业品牌的培育，归根结底都离不开对知识产权的保护。因此，近年来，随着创新驱动经济发展战略的强力推进，知识产权保护问题也越发受到重视。2018 年 7 月 17 日，习近平总书记在中央财经领导小组第十六次会议上指出："要完善知识产权保护法律法规，要加快新领域、新业态知识产权保护制度建设，要加大知识产权侵权行为惩治力度"。

2018 年以来，中国政府逐渐加强知识产权方面的机构改革，新组建的国家市场监督管理总局连同新组建的市场监管综合执法机构，有效解决了过去的多头管理、政出多门、相互推责的窘境。法律监管力度的增强，优化了企业技术创新及品牌培育的制度环境。具体来讲，主要从以下几个方面提高知识产权的执法力度：①规范执法标准体系。根据监管范围的变化引进相关人才，对执法队伍进行岗前培训、资格审查；建立标准化的执法标准，规范执法人员的职能范围，规划明确的权责范围；建立执法队伍的奖惩办法，激励执法人员结合办案实际情况，鼓励制度创新，进而加强基层执法队伍的执法能力，逐步培养业务能力突出的市场监管队伍。②提升执法监管水平。随着互联网技术的深度普及，庞杂的各类信息以较低的成本扩散出去，技术侵权违法手段愈发隐蔽，使得传统的市场监管难度加大。而制造业领域，特别是研发投入巨大、风险较高的高新技术领域，如果研发成果无法获得有力保护，技术优势无法形成企业的竞争力，甚至无法收回研发投入，这将严重制约企业的创新积极性。为此，在组建综合执法队伍过程中，应着力提升其执法监管水平，适应技术发展趋势，将互联网技术应用到日常执法监督工作中，通过大数据收集违法线索，提高预警能力，培养执法队伍的线上、线下执法能力，加强执法队伍的多领域、多层面的业务培训，提高执法队伍的业务素质。③搭建执法联动平台。随着办公自动化的普及，市场监管工作也应全面建立办公自动化平台，打破不同部门之间的"信息孤岛"。通过搭建执法联动平台，规范原来分散管理时期的规章制度，建立统一的市场监管综合执法制度体系；完善商标法、专利法，提高知识产权审查质量，统一执法标准，从源头上减少恶意注册商标、抢注商标，以及垃圾专利的授权；加强对各类信息的整合力度，做好信息分类、整合，形成综合执法合力；建立行政执法与公检法系统的合作机制，对市场监管综合执法过程中，涉及的违法犯罪行为，及时按照相关规定，移送司法机关，惩戒违法侵权行为；建立跨区域联合执法制度，消除市场监管的空白地带，对侵权商品进行全产业链的执法，解决执法碎片化问题。④发展专业的知识产权服务中介。全球化的不断深入，社会分工越来越细化，发展知识产权服务中介符合创新驱动发展战略的政策要求。目前，在经济相对发达的地区，知识产权服务中介体系初具规模，但在经济相对欠发达的地区，知识产权服务中介体系尚未建立，需要地方政府能够制定相关政策引导、扶持相关服务性机构逐步走入正轨，为当地的制造企业提供相应的服务。

2. 实施激励创新的扶持政策。技术创新会引发“市场失灵”问题，因此需要政府的适当介入，通过相应的政策措施激励更多的利益相关者积极参与到技术创新中，促进国家创新能力提升的同时，不断夯实品牌竞争力的基础。①财政税收政策。从欧洲、美洲等发达国家的品牌发展史来看，各国政府都曾在品牌发展的不同阶段给予不同程度的引导和扶持。中国的品牌经济刚刚起步，政府相关制度还在不断的探索阶段。一方面，政府应加大技术创新的补贴力度。由于技术研发、设备更新的投入成本较高，很多企业难以承担，需要政府提供专项资金进行支持。技术创新专项资金应使用到基础性技术、共性技术以及核心技术研发及推广等领域，并建立完善的评估监督机制，对资金的使用效果进行评价监督。同时，针对技术创新发展的不同阶段，采取多样性的财政补贴引导制造企业主动进行技术创新。另一方面，政府应完善税收优惠政策。鼓励投资者进行研发创新，对取得突破性技术创新进展的企业给予投资退税，调动创新热情；对投资购买先进设备的制造企业实施税额抵免，鼓励企业积极引进高端装备；对外购专利技术以及与其他企业进行的专利合作进行增值税抵免。另外，对企业进行技术培训、技术研发、工艺创新等各项投入给予税前扣除。最后，政府还可设立“核心技术研发专项资金”。对于需要急于攻克的关键技术，可成立专门的研发机构，汇集国际国内一流科研力量，进行技术攻关。企业只有通过掌握核心技术，才能向产业链高端攀升，从而为国际知名品牌发展提供技术支撑。②创新融资政策。技术创新的风险较高、支出巨大，处于研发探索期的创新型企业很难从银行获得充足的商业信贷，从而使企业经常面临投资费用不到位、配套设备更新不及时等研发困境，打击了企业创新的积极性，因此政府应积极为企业搭建技术创新融资平台。在资本市场上，政府应为创新型企业开辟“绿色融资通道”，对符合条件的企业给予一贯的融资支持。此外，由于资本市场依然缺乏完善的为技术创新提供融资服务的机构，政府还应着力打造多样化、多元化的技术创新融资服务平台。例如，通过设立专项基金对企业的技术创新给予相应的政策补贴；通过建立风险投资基金，对高风险的技术创新采取风险共担的方式，减少企业进行技术创新的顾虑。③科技扶持政策。从科技扶持政策上看，地方政府应结合本地区的实际产业结构情况，从政策环境、市场环境和法制环境等方面营造一个适宜的创新环境，为企业以技术创新为中心的品牌构建行为打下坚实的基础。从政策环境上看，政府应落实国家的简政放权改革制度，减少政策沟通障碍，降低企业的政策性经营成本，为企业特别是创新型企业提供公平的创新环境。建立适应新形势、新技术、新业态的市场监管模式，强化政府与市场的协调监管；从市场环境看，政府应建立完善的技术标准评估体系、品牌认证评价体系和相应的检测体系，以标准促进整个产业链的技术创新和品牌发展，为各类企业提供参与公平竞争的各类资源，培育适合创新要素自由流动的要素市场，提高创新要素的质量，建立良性的竞争机制；从法制环境看，通过知识产权保护制度的落实实施，提高制造企业的产权意识，降低维权成本，提高侵权成本，建立科学的创新利益分配机制，引导创新要素的合理配置，进而提高知识产权质量，夯实品牌竞争力基础。

二、提升企业品牌竞争力的技术保障

技术创新被认为是品牌价值的成长之本，技术创新的效果和效率决定了品牌发展的高度，在一个开放且技术更新速度非常快的环境中，高效的创新交流平台、畅通的科技服务网络，能够极大地提高创新资源的配置效率和对前沿技术的把控能力，由此便能游刃有余地引导品牌培育的方向。

1. 搭建国内、外技术创新和合作交流平台。随着全球经济科技一体化的不断深化，中国企业应积极地开拓技术交流、合作渠道，它可以有效克服单打独斗的局限，显著降低创新的风险。通过搭建技术创新平台并参与信息平台建设，及时发布自身对技术的供需情况，以期获取相关资源；分析平台上的产业状况、市场信息、竞争现状和政策导向，及时调整技术创新方向和思路；发布自身的技术创新成果和技术创新过程中所遇到的瓶颈问题，借助创新信息平台，不断完善其研究成果，扩展创新思路，使其创新产品更具有市场竞争力。除此之外，企业还应加强与其他企业及周边国家的技术合作与交流，积极引进国内、外前沿的技术创新成果，通过引进、吸收，提高企业的模仿创新能力，实现“二次创新”，使其像蚁群一样包裹、吞噬引进的核心技术，实现专利优势，为自主创新打下坚实基础。同时推动有条件的骨干企业“走出去”，建立海外研发机构，积极融入全球研发体系，提升企业研发机构转型升级的能力。从地方政府角度来看，还应加紧建设高新技术产权交易市场、科技合作交流市场；还应继续加强高新技术孵化器建设，并增强其辐射功能。由于技术创新具有明显的外溢效应，不断吸收、学习国内外相关领域的前沿研究成果和研究方向，有助于提升中国企业技术创新的前瞻性和战略性，进而夯实中国企业品牌竞争力的基础。

2. 培育市场化的科技服务网络。随着互联网技术的深度发展，新技术的创新周期被缩短，新技术发展给社会、经济带来的影响是前所未有的，随之而来的是，越来越多的创新需要通过协同创新、跨界创新等新模式来实现，技术创新服务越来越多样化、专业化，因此逐渐衍生出专业化的技术创新服务机构和交易市场。这些专业化的技术创新服务机构，通过市场化运作，整合全球创新要素，实现突破性创新，激发技术创新活力，推动技术创新的实质性发展。中国在技术创新方面，主要是政府主导，一些大型的国有企业牵头，少数私营企业实践的技术创新环境。政府主导型的技术创新模式，在攻克大型项目、基础性研究、技术路线清晰的技术创新项目时具有相对优势，但是在前沿性项目的技术创新过程中，政策限制较多，缺乏市场灵活性，因此需要引入市场化的科技服务机构，通过政府与市场的协同努力，更好地促进中国企业的技术创新发展，为品牌竞争力的提升提供坚实的支撑。

三、提升企业品牌竞争力的人才保障

技术创新已经被越来越多的国家所关注，技术创新决定了品牌竞争力提升的速度和效果，技术创新作为一个技术热点需要相应的科技人才来支撑，谁拥有了高素质的复合型人才，谁就有可能拥有较强的创新能力，并创造更高的产品附加值和品牌溢价。因此，高素质的人才梯队是提升企业技术创新能力以及夯实品牌竞争力基础的重要保障。

1. 建立人才激励机制。人才是技术创新的关键要素之一，人才培养是基础，而人才激励是动力。从国际技术创新的趋势来看，技术创新的周期越来越短，产品迭代速度被缩短，协同创新、交叉创新和跨界创新成为趋势，建立一套与技术创新相容的人才激励机制，需要从以下几个方面着手：①分类、分层次制定和落实人才政策，优化人才结构。技术创新需要不同层次的领军型高端人才、工程技术人才和一线技能、管理人才。从中国目前的技术创新人才结构来看，各层面的人才结构并不合理，因此应针对不同人才的供需结构情况，制定适宜的人才激励机制。该机制不仅要重视领军型高端人才的激励，也要同步加大对广大专业技术人才的激励；不仅要重视科研人员的激励，也要重视企业家和技能人才的需求。在不同层面创新人才的激励方面，企业应结合自身及产业情况，制定适宜的人才激励政策。其主要包括：通过政府筛选并资助创新项目，降低其进行创新的风险顾虑；通过政府搭建技术创新信息平台，降低其进行创新的信息成本；通过政府的优秀人才安置政策，降低其进行创新的家庭顾虑等措施。②在收益分配上充分体现知识和创新的价值。由于技术创新过程是一个团队共同努力的过程，不同创新环节的技术创新人才发挥的作用有区别，角色分工不同，在计量和评价工作业绩、成果贡献度时十分复杂，传统的绩效考核方法难以起到应有的激励作用。因此，应通过股权激励等长期激励制度，鼓励技术创新人才更多地参与收益分配，激励其创新积极性。另外，依托国家和地方的重点学科、重点领域、重点实验室等项目，建立领军型技术创新人才与企业合作机制，合理安排不同层次技术创新人才的科研资助和个人职业生涯规划，形成多元化的激励机制。

2. 构建人才评价机制。人才是技术创新的关键因素之一，人才培养是基础，人才激励是动力，而人才评价是落实人才激励的有效前提。人才评价机制是激励技术创新的重要工具，科学量化技术创新人才的工作业绩，充分调动技术创新中的人的潜能，是长久、持续创新的基础。企业作为人才评价的主体，从技术创新人才的微观层面可以选取该人才对某项技术创新的贡献度、承担任务的重要程度、难易程度、创意的采纳程度等指标进行分析。而行业可以借助自身在行业内的信息优势，对各类技术创新人才的信息进行整合分类，可以构建行业技术创新平台，结合企业的评价指标要素，对相关人才的创新能力进行科学评价。同时，政府和行业协会要对企业的人才评价机制进行正确引导，在评价指标要素选取过程中，既要充分客观评价每一个技术创新人才的实际工作业绩，又要兼备企业、行业发展的前瞻性。

本章小结

提升企业品牌价值是实施制造业转型升级的重要基础，是实现经济高质量发展的重要保障。而技术创新是品牌价值的成长之本。通过技术创新和产品的换代升级提高中国产品的技术含量和附加值，开发未知的市场，拓展新的渠道，向全球价值链微笑曲线的两端攀升，是中国品牌竞争力长盛不衰的秘诀。互联网时代，品牌传播和消费行为产生了巨大变化。互联网技术使得信息传播的深度和广度被深度挖掘，潜在的消费者通过启用信息捕捉和筛选机制，进而获取产品的多重信息。在此背景下，产品的差异性、品牌的美誉度显得尤为重要。在联合创新、跨界创新背景下，企业通过自身的品牌文化，凸显自身的创新实力，在市场上树立创新、进取的品牌定位，有助于企业品牌忠诚度的提升，从而不断扩大企业品牌的市场占有率。

本章首先分析了我国企业在加快发展知名品牌过程中的战略机遇，并详细分析了以技术创新为支撑的产品创新对培育知名品牌的重要性。在此基础上，本章分别从制度、技术、人才等方面，分析技术创新提升企业品牌竞争力所需的外部保障。从制度层面上看，通过加强知识产权保护、实施激励创新的扶持政策等方式，为企业品牌竞争力的提升提供制度保障；从技术层面上看，通过搭建技术创新和合作交流平台、培育市场化的科技服务网络等方式，为企业的品牌价值提升和品牌竞争力培育提供技术保障；从人才层面上看，通过建立人才激励机制、构建人才评价机制等方面夯实技术创新的基础，为企业品牌发展提供人才保障。

参考文献

[1] Aaker D A, "Measuring Brand Equity across Products and Markets", *California Management Review*, 1996, 38 (3): 102-120.

[2] Aaker D A, Jacobson R, "The Value Relevance of Brand Attitude in High-Technology Markets", *Journal of Marketing Research*, 2001, 38 (4): 485-493.

[3] Aaker D A, *Managing brand equity: capitalizing on the value of a brand name* (The Free Press, 1991), pp. 61-72.

[4] Adam R, Anna S, "The Influence of Brand Trust on Consumer Loyalty", *European Research Studies Journal*, 2021, 10 (3): 454-470.

[5] Adner R, "Match your innovation strategy to your innovation ecosystem", *Harvard Business Review*, 2006, 84 (4): 98-107.

[6] Ailawadi K L, Lehmann D R, Neslin S A, "Revenue premium as an outcome measure of brand equity", *Journal of Marketing*, 2003, 67 (4): 1-17.

[7] Akcigit U, Baslandze S, Stantcheva S, "Taxation and the International Mobility of Inventors", *American Economic Review*, 2016, 106 (10): 2930-2981.

[8] Alcaide G, De L, Guadalajara O N, "The impact of corporate social responsibility transparency on the financial performance, brand value, and sustainability level of IT companies", *Corporate Social Responsibility & Environmental Management*, 2020, 27 (2): 642-654.

[9] Altshuler L, Tarnovskaya V, "Branding capability of technology born globals", *Journal of brand management*, 2010 (18): 212-227.

[10] Amoako G K, "Relationship Marketing, Orientation, Brand Equity and

Firm Value: The Mediating Role of Customer Value——An Emerging Market Perspective", *Journal of Relationship Marketing*, 2019, 18 (4): 280 - 308.

[11] Anderson P, Tushman M L, "Technological discontinuities and dominant designs: A cyclical model of technological change", *Administrative Science Quarterly*, 1990, 35 (4): 604 - 633.

[12] Ang J S, Cheng Y, Wu C, "Does enforcement of intellectual property rights matter in China? Evidence from financing and investment choices in the High - Tech industry", *Review of Economics and Statistics*, 2014, 96 (2): 332 - 348.

[13] Añon D, Gómez J, Vargas P, "Complementarities in innovation strategy: Do intangibles play a role in enhancing firm performance?", *Industrial and Corporate Change*, 2017, 26 (5): 865 - 886.

[14] Baldinger A L, Cook W A, "Ad testing", *Handbook of marketing research*, 2006, 28 (3): 487 - 505.

[15] Baldinger A L, Rubinson J, "Brand loyalty: the link between attitude and behavior", *Journal of advertising research*, 1996, 36 (5): 22 - 36.

[16] Baron R, Kenny D, "The moderator - mediator variable distinction in social psychological research: conceptual, strategic, and statistical considerations", *Journal of Personality and Social Psychology*, 1986, 51 (6): 1173 - 1182.

[17] Basgoze P, Yildiz Y, Metin C, "Effect of brand value announcements on stock returns: empirical evidence from Turkey", *Journal of Business Economics and Management*, 2016, 17 (6): 1252 - 1269.

[18] Beck J T, Ryan R, Alexander B, "Company Worth Keeping: Personal Control and Preferences for Brand Leaders", *Journal of Consumer Research*, 2020, 46 (5): 871 - 886.

[19] Becker S, Ichino A, "Estimation of average treatment effects based on propensity cores", *The Stata Journal*, 2002, 2 (4): 358 - 377.

[20] Belenzon S, "Cumulative innovation and market value: evidence from patent citations", *The Economic Journal*, 2012, 122 (559): 265 - 285.

[21] Benner M, Tushman M, "Process Management and Technological Inno-

vation: A Longitudinal Study of the Photography and Paint Industries", *Administration Science Quarterly*, 2002, 47 (3): 676 -706.

[22] Berens G, Cees B M, Bruggen G H, "Corporate associations and consumer product responses: the moderating role of corporate brand dominance", *Journal of Marketing*, 2005, 69 (3): 35 -48.

[23] Bonner S E, Libby R, Nelson M W, "Using decision aids to improve auditors' conditional probability judgments", *Accounting Review*, 1996, 37 (5): 221 -240.

[24] Brammer S, Millington A, Pavelin S, "Is philanthropy strategic? An analysis of the management of charitable giving in large UK companies", *Business Ethics: A European Review*, 2006, 15 (3): 234 -245.

[25] Branco M C, Rodrigues L, "Corporate social responsibility and resource based perspectives", *Journal of Business Ethics*, 2006, 69 (2): 111 -132.

[26] Brexendorf T O, Bayus B, Keller K L, "Understanding the interplay between brandand innovation management: Findings and future research directions", *Journal of the Academy of Marketing Science*, 2015, 43 (5): 548 -557.

[27] Carpenter M, Narin F, Woof P, "Citation Rates to Technologically Important Patents", *World Patent Information*, 1981, 3 (4): 160 -163.

[28] Chae H, Ko E, "Customer Social Participation in the Social Networking Services and Its Impact upon the Customer Equity of Global Fashion Brands", *Journal of Business Research*, 2016, 69 (9): 3804 -3812.

[29] Chen P C, Chan W C, Hung S W, et al., "Do R&D Expenditures Matter More than Those of Marketing to Company Performance? The Moderating Role of Industry Characteristics and Investment Density", *Technology Analysis and Strategic Management*, 2016, 2 (28): 205 -216.

[30] Chen V, Li J, Shapiro D, et al., "Ownership structure and innovation: An emerging market perspective", *Asia Pacific Journal of Management*, 2014, 31 (1): 1 -24.

[31] Chesbrough H, Rosenbloom R, "The Role of the Business Model in

Capturing Value from Innovation: Evidence from Xerox Corporation's Technology Spin – off Companies", *Industrial and Corporate Change*, 2002, 11 (3): 529 – 555.

[32] Chr H A, "The concept of quality and the efficiency of markets for consumer products", *Journal of Consumer Research*, 1984, 11 (3): 719 – 727.

[33] Christensen C M, Overdorf M, "Meeting the challenge of disruptive change", *Harvard business review*, 2000, 78 (2): 66 – 77.

[34] Coad A, Segarra A, "Teruel M. Innovation and Firm Growth: Does Firm Age Play a Role", *Research Policy*, 2016, 45 (2): 387 – 400.

[35] Coase R H, "The Problem of Social Cost", *Journal of Law and Economics*, 2013, 56 (4): 837 – 877.

[36] Coccia M, "Sources of Technological Innovation: Radical and Incremental Innovation Problem – Driven to Support Competitive Advantage of Firms", *Technology Analysis & Strategic Management*, 2017, 29 (9): 1048 – 1061.

[37] Cornell R M, Giovanoli R, Schindler P W, "Effect of silicate species on the transformation of ferrihydrite into goethite and hematite in alkaline media", *Clays and Clay Minerals*, 1987, 35 (2): 21 – 28.

[38] Corrado C, Hulten C, Sichel D, "Intangible capital and U. S. economic growth", *Review of Income & Wealth*, 2009, 55 (3): 661 – 685.

[39] Crass D, Licht G, Peters B, *Intangible assets and investments at the sector level: Empirical evidence for Germany* (Springer International Publishing, 2015), pp. 51 – 67.

[40] Cristian G S, Nicoleta S L, "Does Entrepreneurship and Corporate Social Responsibility Act as Catalyst towards Firm Performance and Brand Value?", *International Journal of Economics & Finance*, 2015, 7 (4): 23 – 34.

[41] Custódio C, Ferreira M A, Matos P, "Do general managerial skills spur innovation?", *Management Science*, 2019, 65 (2): 459 – 476.

[42] Dickinson V, "Cash Flow Patterns as a Proxy for Firm Life Cycle", *American Accounting Association*, 2011, 86 (6): 1969 – 1994.

[43] Dierickx I, Cool K, "Asset stock accumulation and sustainability of competitive advantage", *Management science*, 1989, 35 (12): 1504 – 1511.

[44] Doss S K, "Spreading the good word: Toward an understanding of brand evangelism", *Journal of Management and Marketing Research*, 2014 (14): 1 – 16.

[45] Dubin J A, *The demand for branded and unbranded products: An econometric method for valuing intangible assets* (Norwell: Kluwer Academic Publishers, 1998), pp. 44 – 59.

[46] Dujin J V, "The long wave in economic life", *De economist*, 1977 (125): 544 – 576.

[47] Dutta S, Narasimhan O M, Rajiv S, "Conceptualizing and measuring capabilities: Methodology and empirical application", *Strategic management journal*, 2005, 26 (3): 277 – 285.

[48] Enos J L, *Invention and innovation in the petroleum refining industry* (Princeton University Press, 1962), pp. 299 – 322.

[49] Faircloth J B, Capella L M, Alford B L, "The effect of brand attitude and brand image on brand equity", *Journal of marketing theory and practice*, 2001, 9 (3): 61 – 75.

[50] Farquhar P H, "Managing brand equity", *Journal of advertising research*, 1990, 30 (4): 171 – 194.

[51] Fine M B, Gleason K, Budeva D, "Getting what you're worth: Implications that affect firm value in a brand acquisition", *Journal of Brand Management*, 2016, 23 (5): 70 – 96.

[52] Fischer M, Himme A, "The financial brand value chain: How brand investments contribute to the financial health of firms", *International Journal of Research in Marketing*, 2017, 34 (1): 137 – 153.

[53] Forsman H, "Innovation capacity and innovation development in small enterprises. A comparison between the manufacturing and service sectors", *Research policy*, 2011, 40 (5): 739 – 750.

[54] Friedman A, *Foundations of modern analysis* (Courier Corporation,

1982), pp. 53 –76.

[55] Gilsing V, Nooteboom B, Vanhaverbeke W, et al., "Network embeddedness and the exploration of novel technologies: Technological distance, betweenness centrality and density", *Research Policy*, 2008, 37 (10): 1717 –1731.

[56] Godfrey P C, Merrill C B, Hansen J M, "The relationship between corporate social responsibility and shareholder value: An empirical test of the risk management hypothesis", *Strategic Management Journal*, 2009, 30 (4): 425 –445.

[57] Grant R M, "There Source Based Theory of Competitive Advantage: Implications for Strategy for Mulation", *California Management Review*, 1991, 33 (3): 115 –135.

[58] Hall B, Jaffe A, Trajtenberg M, "The NBER Patent Citations Data File: Lessons, Insights and Methodological Tools", *NBER Working Paper NO. w9045*, 2001.

[59] Hartmann G C, Myers M B, Rosenbloom R S, "Planning Your Firms R&D Investment", *Research Technology Management*, 2006, 49 (2): 25 –36.

[60] Helmut F, "Hidden Champions – How Young and Cmall Technology – oriented Firms can Attain High Export – sales Ratios", *ZEW – Centre for European Economic Research Discussion Paper NO.* 06 –045, 2006.

[61] Herbst K C, Finkel E J, Allan D, et al., "On the dangers of pulling a fast one: advertisement disclaimer speed, brand trust, and purchase intention", *Journal of Consumer Research*, 2012, 38 (5): 909 –919.

[62] Hirschman E C, Holbrook M B, "Hedonic Consumption: Emerging Concepts, Methods and Propositions", *Journal of Marketing*, 1982, 46 (3): 92 –101.

[63] Holbrook M B, "Product quality, attributes, and brand name as determinants of price: the case of consumer electronics", *Marketing Letters*, 1992, 3 (1): 71 –83.

[64] Hsu P H, Tian X, Xu Y, "Financial Development and Innovation: Cross – country Evidence", *Journal of Financial Economics*, 2014, 112 (1): 116 – 135.

[65] Huang X, Watson L, "Corporate Social Responsibility Research in Accounting", *Journal of Accounting Literature*, 2015, 34 (1): 1 -16.

[66] Huergo E, "The Role of Technological Management as a Source of Innovation: Evidence from Spanish Manufacturing Firms", *Research Policy*, 2006, 35 (9): 1377 -1388.

[67] Jia N, "Corporate innovation strategy and disclosure Policy", *Review of Quantitative Finance and Accounting*, 2019 (52): 253 -288.

[68] Jia N, "Corporate Innovation Strategy, Analyst Forecasting Activities and the Economic Consequences", *Journal of Business Finance & Accounting*, 2017, 44 (5 -6): 812 -853.

[69] Jones C, "Time Series Tests of Endogenous Growth Models", *The Quarterly Journal of Economics*, 1995, 110 (5): 495 -525.

[70] Kallapur S, Kwan S, "The Value Relevance and Reliability of Brand Assets Recognized by U. K. Firms", *Accounting Review*, 2004, 79 (1): 151 -172.

[71] Kamakura W A, Russell G J, "Measuring brand value with scanner data", *International Journal of Research in Marketing*, 1993, 10 (1): 9 -22.

[72] Kan K, "Expected and unexpected residential mobility", *Journal of urban economics*, 1999, 45 (1): 72 -96.

[73] Kao E H, Yeh C C, Wang L H, et al., "The relationship between CSR and performance: Evidence in China", *Pacific Basin Finance Journal*, 2018, 51 (3): 155 -170.

[74] Keller K L, Lehmann D R, "How Do Brands Create Value?", *Marketing Management*, 2003, 12 (3): 26 -31.

[75] Keller K L, "Conceptualizing, measuring, and managing customer -based brand equity", *Journal of Marketing*, 1998, 57 (1): 1 -22.

[76] Kempf D S, "Attitude Formation From Product Trial: Distinct Roles of Cognition and Affect for Hedonic and Functional Products", *Psychology Marketing*, 1999, 16 (1): 35 -50.

[77] Khan M, Qin X, Jebran K, et al., "Uncertainty and R&D Investment: Does Product Market Competition Matter?", *Research in International Business and Finance*, 2020, 52 (11): 1011 - 1024.

[78] Klaus J, *Intellectual Property Management: The Role of Technology - brands in the Appropriation of Technological Innovation* (Springer Science & Business Media, 2004), pp. 61 - 93.

[79] Kueng L, Yang M J, Hong B, "Sources of Firm Life - cycle Dynamics: Differentiating Size vs Age Effects", *NBER Working Paper NO. w20621*, 2014.

[80] Kurt S, "Investigation of the Relationship Between Brand and R&D Activities", *Procedia Computer Science*, 2019, 158 (9): 1019 - 1024.

[81] Lanjouw J O, Schankerman M, "Patent quality and research productivity: Measuring innovation with multiple indicators", *Economic Journal*, 2004, 114 (10): 441 - 465.

[82] Lin Y H, "Innovative Brand Experience's Influence on Brand Equity and Brand Satisfaction", *Journal of Business Research*, 2015, 68 (11): 2254 - 2259.

[83] Luo X, Bhattacharya C B, "Corporate social responsibility, customer satisfaction, and market value", *Journal of marketing*, 2006, 70 (4): 1 - 18.

[84] Lynn L E, *Public management as art, science, and profession* (Chatham House Publishers, 1996), pp. 41 - 59.

[85] Malhotra N, Sahadev S, Purani K, "Psychological contract violation and customer intention to reuse online retailers: exploring mediating and moderating mechanism", *Journal of Business Research*, 2017, 75 (6): 17 - 28.

[86] Mano H, Oliver R L, "Assessing the Dimensionality and Structure of the Consumption Experience: Evaluation, Feeling, and Satisfaction", *Journal of Consumer Research*, 1993, 20 (3): 451 - 466.

[87] Mansfield E, "Composition of R and D expenditures: Relationship to size of firm, concentration, and innovative output", *The Review of Economics and Statistics*, 1981, 24 (1): 610 - 615.

[88] Marciukaityte D, Park J C, "Market competition and earnings manage-

ment", *Available at SSRN* 1361905, 2009.

[89] Markus H R, Kitayama S, "Culture and the Self: Implications for Cognition, Emotions, and Motivation", *Psychological Review*, 1991, 98 (2): 224 - 253.

[90] Mase B, "The impact of name changes on company value", *Managerial Finance*, 2009, 35 (4): 316 - 324.

[91] Maung M, Miller D, Tang Z, et al., "Value - Enhancing Social Responsibility: Market Reaction to Donations by Family vs. Non - family Firms with Religious CEO", *Journal of Business Ethics*, 2020, 163 (4): 745 - 758.

[92] McWilliams A, Siegel D, "Creating and capturing value: Strategic corporate social responsibility, resource based theory, and sustainable competitive advantage", *Journal of Management*, 2011, 37 (5): 1480 - 1495.

[93] Miller T, Triana M, "Demographic Diversity in the Boardroom: Mediators of the Board Diversity - Firm Performance Relationship", *Journal of Management Studies*, 2009, 46 (5): 755 - 786.

[94] Mizik N, Jacobson R, "The Financial Value Impact of Perceptual Brand Attributes", *Journal of Marketing Research*, 2008, 45 (1): 15 - 32.

[95] Mohr L A, Webb D J, "The Effect of Corporate Social Responsibility and Price on Consumer Responses", *Journal of Consumer Affairs*, 2005, 39 (1): 121 - 147.

[96] Mueser R, "Identifying technical innovations", *IEEE Transactions on Engineering Management*, 1985, 21 (4): 158 - 176.

[97] Muller E, Zimmermann V, "The Importance of Equity Finance for R&D Activity", *Small Business Economics*, 2009, 12 (33): 303 - 318.

[98] Narin F, Noma E, Perry R, "Patent as indicators of corporate technological strength", *Research Policy*, 1987, 16 (2): 143 - 155.

[99] Odoom R, Mensah P, Asamoah G, et al., "Branding efforts and SME performance - an empirical investigation of variations across firm sizes and business sectors", *Journal of Research in Marketing & Entrepreneurship*, 2017, 19 (6):

59 - 76.

[100] Ouazan J M, Blaisepagès L, Le F F, "How a Brand Strategy Strengthen the Public Service Mission", *Transfusion Clinique et Biologique*, 2013, 20 (2): 153 - 157.

[101] Paswan A, "Brand Babble: Sense and Nonsense about Branding", *Journal of Product & Brand Management*, 2005, 14 (3): 211 - 212.

[102] Peress J, "Product market competition, insider trading, and stock market efficiency", *Journal of Finance*, 2010, 55 (1): 1 - 43.

[103] Peterson R, Jeong J, "Exploring the impact of advertising and R&D expenditures on corporate brand value and firm - level financial performance", *Journal of the Academy of Marketing Science*, 2010, 38 (6): 677 - 690.

[104] Phelps C, "A longitudinal study of the influence of alliance network structure and composition on firm exploratory innovation", *The Academy of Management Journal*, 2010 (53): 890 - 913.

[105] Pietrobelli C, Rabellotti R, "Upgrading to Compete Global Value Chains, Clusters, and SMEs in Latin America", *NBER Working Paper NO. w*4238, 2006.

[106] Pope S, Kim J, "Where, when, and who: corporate social responsibility and brand value——A global panel study", *Business & Society*, 2022, 61 (6): 1631 - 1683.

[107] Rhou Y, Singal M, Koh Y, "CSR and financial performance: The role of CSR awareness in the restaurant industry", *International Journal of Hospitality Management*, 2016, 57: 30 - 39.

[108] Richardson A J, Welker M, "Social disclosure, financial disclosure and the cost of equity capital", *Accounting, Organization and Society*, 2001, 26 (7): 597 - 616.

[109] Roberts J H, Morrison P, Chandrasekharan M, et al., *Measuring sources and outcomes of brand equity* (New Zealand: Victoria University of Wellington, 2004), pp. 56 - 63.

[110] Rubera G, Kirca A H, "Firm Innovativeness and Its Performance Outcomes: A Meta – Analytic Review and Theoretical Integration", *Journal of Marketing*, 2012, 76 (3): 130 – 147.

[111] Rusch R, "Branding and technology: six innovations that change the game for brand asset management", *Journal of Digital Media Management*, 2012, 1 (3): 216 – 221.

[112] Sattler H, Volckner F, Riediger C, et al., "The impact of brand extension success drivers on brand extension price premiums", *International Journal of Research in Marketing*, 2010, 27 (4): 319 – 328.

[113] Schumpeter J A, *Business cycles: a theoretical, historical and statistical analysis of the capitalist process* (New York: McGraw – Hill Book Company, 1939), pp. 79 – 86.

[114] Shankar V, Fuller M, "A multicategory brand equity model and its application at allstate", *Marketing Science*, 2008, 27 (4): 567 – 585.

[115] Sharma P, Davcik N S, Pillai K G, "Product Innovation as a Mediator in the Impact of R&D Expenditure and Brand Equity on Marketing Performance", *Journal of Business Research*, 2016, 69 (12): 5662 – 5669.

[116] Shocker A, Weitz B, *A Perspective on brand equity: principles and issue* (Cambridge: Marketing Science Institute, 1988), pp. 80 – 87.

[117] Siggelkow N, Levinthal D A, "Temporarily Divide to Conquer: Centralized, Decentralized, and Reintegrated Organizational Approaches to Exploration and Adaptation", *Organization Science*, 2003, 14 (6): 650 – 669.

[118] Simon C J, Sullivan M W, "The measurement and determination of brand equity: a financial approach", *Marketing Science*, 1993, 12 (1): 28 – 52.

[119] Solo C S, "Innovation in the capitalist process: A critique of the Schumpeterian theory", *The quarterly journal of economics*, 1951, 65 (3): 417 – 428.

[120] Soloman R C, Hanson K, "It makes good business sense", *Strategic management journal*, 1985, 31 (6): 224 – 251.

[121] Srinivasan V, Park C S, Chang D R, "An approach to the measurement, analysis, and prediction of brand equity and its sources", *Management Science*, 2005, 51 (9): 1433 – 1448.

[122] Stahl F, Heitmann M, Lehmann D R, et al., "The Impact of Brand Equity on Customer Acquisition, Retention, and Profit Margin", *Journal of Marketing*, 2012, 76 (4): 44 – 63.

[123] Stiglitz J E, "Leaders and Followers: Perspectives on the Nordic Model and the Economics of Innovation", *Journal of Public Economics*, 2015, 127 (3): 3 – 16.

[124] Strahilevitz M A, Myers J, "Donations to Charity as Purchase Incentives: How Well They Work May Depend on What You Are Trying to Sell", *Journal of Consumer Research*, 1998, 24 (4): 434 – 446.

[125] Swait J, Erdem T, Louviare J, et al., "The equalization price: a measure of consumer perceived brand equity", *International Journal of Research in Marketing*, 1993, 10 (1): 23 – 45.

[126] Teemu M, Tommi I, "Innovation quality in knowledge cities: Empirical evidence of innovation award competitions in Finland", *Expert Systems with Applications*, 2014, 41 (12): 5597 – 5604.

[127] Um N, Kim S, "Determinants for effects of celebrity negative information: when to terminate a relationship with a celebrity endorser in trouble?", *Psychology & Marketing*, 2016, 33 (10): 864 – 874.

[128] Vomberg A, Homburg C, Bornemann T, "Talented people and strong brands: The contribution of human capital and brand equity to firm value", *Strategic Management Journal*, 2015, 36 (13): 2122 – 2131.

[129] Wei Y S, Samiee S, Lee R P, "The Influence of Organic Organizational Cultures, Market Responsiveness, and Product Strategy on Firm Performance in an Emerging Market", *Journal of the Academy of Marketing Ence*, 2014, 42 (1): 49 – 70.

[130] Wernerfelt B, "A Resource – Based View of the Firm", *Strategic Man-*

agement Journal, 1984, 5 (2): 171 - 180.

[131] Wirsich A, Kock C, Strumann C, "Effects of University - Industry Collaboration on Technological Newness of Firms", *Journal of Product Innovation Management*, 2016, 33 (6): 708 - 725.

[132] Zaborek P, Mazur J, "Exploring Links Between Engaging Customers in Value Co - creation and Product Innovativeness", *International Journal of Management and Economics*, 2017, 53 (3): 82 - 106.

[133] 蔡晓慧、茹玉骢:《地方政府基础设施投资会抑制企业技术创新吗?——基于中国制造业企业数据的经验研究》,《管理世界》2016 年第 11 期,第 32 ~ 52 页。

[134] 陈洪涌:《品牌依恋:品牌体验对品牌信任影响机制研究》,复旦大学出版社,2019,第 42 ~ 64 页。

[135] 陈晓珊:《民营企业社会责任、高管薪酬与企业产出绩效——基于企业实际决策者视角的理论与实证分析》,《浙江工商大学学报》2017 年第 4 期,第 85 ~ 98 页。

[136] 程仲鸣、虞涛、潘晶晶、张烨:《地方官员晋升激励、政绩考核制度和企业技术创新》,《南开管理评论》2020 年第 6 期,第 64 ~ 75 页。

[137] 程仲鸣、张鹏:《财税激励政策、政府质量与企业技术创新》,《南京财经大学学报》2017 年第 3 期,第 53 ~ 64 页。

[138] 池仁勇、何明明:《区域品牌对企业绩效的影响机理——以"浙江制造"为例》,《技术经济》2017 年第 8 期,第 40 ~ 47 页。

[139] 储德银、刘文龙:《政府创新补贴、企业文化与创新绩效》,《经济管理》2021 年第 2 期,第 71 ~ 87 页。

[140] 崔海云、魏国辰:《创新网络嵌入、外部知识获取与物流企业市场绩效关系》,《中国流通经济》2017 年第 1 期,第 41 ~ 47 页。

[141] 崔也光、王肇、鹿瑶:《创新动机会影响品牌成长吗?——基于经济政策不确定性调节作用的实证研究》,《经济与管理研究》2021 年第 4 期,第 133 ~ 144 页。

[142] 崔也光、王肇、周畅:《独立董事背景特征影响企业研发强度

吗？——基于企业生命周期视角》，《经济与管理研究》2018 年第 12 期，第 130 ~ 140 页。

[143] 党文娟、罗庆凤：《政府主导下的中小型企业创新激励机制研究——以重庆为例》，《科研管理》2020 年第 7 期，第 50 ~ 60 页。

[144] 翟胜宝、聂小娟、童丽静、程妍婷：《竞争战略、企业生命周期和企业价值》，《系统工程理论与实践》2021 年第 4 期，第 846 ~ 860 页。

[145] 董晓庆、赵坚、袁朋伟：《国有企业创新效率损失研究》，《中国工业经济》2014 年第 2 期，第 97 ~ 108 页。

[146] 方阳春、陈超颖：《包容型领导风格对新时代员工创新行为的影响》，《科研管理》2017 年第 1 期，第 7 ~ 13 页。

[147] 冯仁涛、余翔：《专利技术范围与专利价值——基于生物技术领域专利的分析》，《情报杂志》2021 年第 4 期，第 1 ~ 11 页。

[148] 龚丽敏、江诗松：《R&D 投资对企业绩效的影响：基于浙江永康制造业的实证研究》，《中大管理研究》2010 年第 3 期，第 19 ~ 35 页。

[149] 郭吉涛：《民营企业高管团队特征对企业绩效的影响研究》，经济科学出版社，2018，第 37 ~ 61 页。

[150] 郭玉晶、王仲宁、张映芹、宋林：《“限薪令”、管理层权力与企业绩效——基于准自然实验的分析》，《管理学刊》2020 年第 5 期，第 63 ~ 72 页。

[151] 郭玥：《政府创新补助的信号传递机制与企业创新》，《中国工业经济》2018 年第 9 期，第 98 ~ 116 页。

[152] 韩忠雪、崔建伟：《技术高管、制度环境与技术效率》，《软科学》2015 年第 3 期，第 33 ~ 37 页。

[153] 何秋琴、郭美晨、汪同三：《品牌资本、R&D 资本和全要素生产率》，《科学学研究》2019 年第 3 期，第 462 ~ 469 页。

[154] 何玉润、林慧婷、王茂林：《产品市场竞争、高管激励与企业创新——基于中国上市公司的经验证据》，《财贸经济》2015 年第 2 期，第 125 ~ 135 页。

[155] 何郁冰、张思：《技术多元化、国际化与企业绩效》，《科学学研

究》2020 年第 11 期，第 1 ~ 14 页。

[156] 洪银兴、郑江淮：《创新驱动产业迈向全球价值链中高端》，高等教育出版社，2020，第 52 ~ 71 页。

[157] 洪银兴：《产学研协同创新研究》，人民出版社，2015，第 65 ~ 86 页。

[158] 侯贵生、宋文轩、杨磊：《创新节奏与速度、创新质量对企业绩效的影响——基于时间视角的研究》，《软科学》2020 年第 11 期，第 1 ~ 10 页。

[159] 胡加明、吴迪：《股权结构与企业绩效之谜》，《东岳论丛》2020 年第 10 期，第 97 ~ 113 页。

[160] 胡其波、冯芷菁、王纯阳：《品牌个性对旅游地品牌溢价的影响》，《经济地理》2021 年第 9 期，第 232 ~ 239 页。

[161] 胡元木、纪端：《董事技术专长、创新效率与企业绩效》，《南开管理评论》2017 年第 3 期，第 40 ~ 52 页。

[162] 黄敏学、廖俊云、周南：《社区体验能提升消费者的品牌忠诚吗——不同体验成分的作用与影响机制研究》，《南开管理评论》2015 年第 3 期，第 151 ~ 160 页。

[163] 黄群慧、余泳泽、张松林：《互联网发展与制造业生产率提升：内在机制与中国经验》，《中国工业经济》2019 年第 8 期，第 5 ~ 23 页。

[164] 黄永春、晁一方、彭荣：《高管团队薪酬差距、企业战略变革与突破性创新——内部控制的调节作用》，《科学学与科学技术管理》2022 年第 5 期，第 161 ~ 177 页。

[165] 黄永春、郑江淮、任志成、佘海峰：《企业自主知识产权名牌的生成机制研究——基于 PLS - SEM 模型的实证分析》，《科学学与科学技术管理》2012 年第 4 期，第 156 ~ 165 页。

[166] 贾宁、张海燕、陈晓：《品牌的市场估值效应与启示》，《中国会计评论》2010 年第 3 期，第 257 ~ 274 页。

[167] 蒋丹、张林荣、蒋仕益：《品牌价值对公司价值影响研究》，《价格理论与实践》2019 年第 11 期，第 117 ~ 120 页。

[168] 蒋殿春、鲁大宇：《供应链关系变动、融资约束与企业创新》，《经

济管理》2022 年第 10 期，第 56 ~ 74 页。

[169] 蒋廉雄、冯睿、朱辉煌、周懿瑾：《利用产品塑造品牌：品牌的产品意义及其理论发展》，《管理世界》2012 年第 5 期，第 88 ~ 108 页。

[170] 康庄、石静：《品牌资产、品牌认知与消费者品牌信任关系实证研究》，《华东经济管理》2011 年第 3 期，第 99 ~ 103 页。

[171] 赖俊明、徐保红：《信息植入技术对提升品牌价值的作用机制》，《企业经济》2017 年第 4 期，第 118 ~ 124 页。

[172] 黎文靖、郑曼妮：《实质性创新还是策略性创新？——宏观产业政策对微观企业创新的影响》，《经济研究》2016 年第 4 期，第 60 ~ 73 页。

[173] 李春涛、闫续文、宋敏、杨威：《金融科技与企业创新——新三板上市公司的证据》，《中国工业经济》2020 年第 1 期，第 81 ~ 98 页。

[174] 李科、徐龙炳：《融资约束、债务能力与公司业绩》，《经济研究》2011 年第 5 期，第 61 ~ 73 页。

[175] 李林木、汪冲：《税费负担、创新能力与企业升级——来自"新三板"挂牌公司的经验证据》，《经济研究》2017 年第 11 期，第 119 ~ 134 页。

[176] 李姝、赵颖、童婧：《社会责任报告降低了企业权益资本成本吗？——来自中国资本市场的经验证据》，《会计研究》2013 年第 9 期，第 64 ~ 70 页。

[177] 李园园、李桂华、张会龙：《企业社会责任、技术创新与品牌价值》，《中国科技论坛》2019 年第 3 期，第 71 ~ 79 页。

[178] 李云鹤、李湛、唐松莲：《企业生命周期、公司治理与公司资本配置效率》，《南开管理评论》2011 年第 3 期，第 110 ~ 121 页。

[179] 李增福、汤旭东、连玉君：《中国民营企业社会责任背离之谜》，《管理世界》2016 年第 9 期，第 136 ~ 148 页。

[180] 林汉川、刘淑春、李玉梅、张思雪：《提升中国产品海外形象研究》，企业管理出版社，2017，第 35 ~ 91 页。

[181] 林玲、赵子健、曹聪丽：《环境规制与大气科技创新——以 SO_2 排放量控制技术为例》，《科研管理》2018 年第 12 期，第 45 ~ 52 页。

[182] 林洲钰、林汉川：《政府质量与企业研发投资》，《中国软科学》

2013 年第 2 期，第 102 ~ 110 页。

[183] 刘东胜、周玲玲：《企业家个人品牌、企业品牌资产与品牌绩效——来自中国上市公司的实证研究》，《科学决策》2016 年第 12 期，第45 ~ 58 页。

[184] 刘斐然、胡立君、范小群：《产学研合作对企业创新质量的影响研究》，《经济管理》2020 年第 10 期，第 120 ~ 136 页。

[185] 刘斐然、胡立君：《企业寻租竞争对企业绩效的影响——企业寻租的囚徒困境》，《经济经纬》2020 年第 2 期，第 125 ~ 133 页。

[186] 刘凤军、李敬强、李辉：《企业社会责任与品牌影响力关系的实证研究》，《中国软科学》2012 年第 1 期，第 116 ~ 132 页。

[187] 刘辉、滕浩：《不同生命阶段中制造业企业研发投入对价值的影响研究》，《软科学》2019 年第 2 期，第 93 ~ 96 页。

[188] 刘建华、李园园、段珅、孟陆：《董事会特征、创新投入与品牌价值——基于内生性视角的实证研究》，《管理评论》2019 年第 12 期，第 136 ~ 145 页。

[189] 刘建华、李园园、段珅、章经天：《企业政治关联与品牌价值——以技术创新为中介变量》，《中国科技论坛》2020 年第 5 期，第 118 ~ 127 页。

[190] 刘平均著，朱秋玲等译.《品牌价值发展理论》，中国标准出版社，2016，第 71 ~ 158 页。

[191] 刘诗源、林志帆、冷志鹏：《税收激励提高企业创新水平了吗？——基于企业生命周期理论的检验》，《经济研究》2020 年第 6 期，第 105 ~ 121 页。

[192] 刘晔、林陈聃：《研发费用加计扣除政策与企业全要素生产率》，《科学学研究》2021 年第 2 期，第 1 ~ 15 页。

[193] 柳卸林、葛爽：《探究 20 年来中国经济增长创新驱动的内在机制——基于新熊彼特增长理论的视角》，《科学学与科学技术管理》2018 年第 11 期，第 3 ~ 18 页。

[194] 柳卸林：《不连续创新的第四代研究开发——兼论跨越发展》，《中国工业经济》2000 年第 9 期，第 53 ~ 58 页。

[195] 鲁桐、党印：《公司治理与技术创新：分行业比较》，《经济研究》2014 年第 6 期，第 115 ~ 128 页。

[196] 伦蕊：《冒险型研发战略、差异化竞争优势与企业市场价值》，《财经科学》2020 年第 4 期，第 80 ~ 94 页。

[197] 马华：《品牌的价值》，《商业研究》1999 年第 8 期，第 23 ~ 25 页。

[198] 马文聪、朱桂龙：《供应商和客户参与技术创新对创新绩效的影响》，《科研管理》2013 年第 2 期，第 19 ~ 26 页。

[199] 马永强、阳丹、巩亚林：《经济周期、政府扶持与企业创新》，《会计研究》2022 年第 5 期，第 49 ~ 64 页。

[200] 南开大学课题组：《品牌价值评价体系研究：理论视角》，中国经济出版社，2019，第 48 ~ 91 页。

[201] 潘孝珍、傅超：《政府审计能使企业社会责任表现更好吗？——来自审计署央企审计的经验证据》，《审计与经济研究》2020 年第 3 期，第 12 ~ 21 页。

[202] 裴秋蕊、卢进勇：《品牌协同技术进步推动中国制造业高质量发展问题研究》，《管理现代化》2019 年第 4 期，第 18 ~ 21 页。

[203] 彭诗言、张利群、张金华：《技术创新视域下制造企业品牌竞争力研究》，科学出版社，2019，第 52 ~ 80 页。

[204] 品牌培育之道编委会：《品牌培育之道工业企业品牌培育经验精选》，中国标准出版社，2018，第 91 ~ 132 页。

[205] 戚聿东、肖旭：《数字经济时代的企业管理变革》，《管理世界》2020 年第 6 期，第 135 ~ 152 页。

[206] 齐丽云、李腾飞、郭亚楠：《企业社会责任对企业声誉影响的实证研究——基于战略选择的调节作用》，《科研管理》2017 年第 7 期，第 117 ~ 127 页。

[207] 齐昕、刘家树：《创新协同度、区域创新绩效与自主品牌竞争力》，《软科学》2015a 年第 7 期，第 56 ~ 59 页。

[208] 齐昕、刘家树：《组织协作、企业创新与自主品牌成长》，《预测》

2015b 年第 5 期，第 8～14 页。

[209] 齐永智、闫瑶：《品牌价值链视角的品牌权益演进与影响》，《经济问题》2018 年第 8 期，第 66～73 页。

[210] 乔均、彭纪生：《品牌核心竞争力影响因子及评估模型研究——基于本土制造业的实证分析》，《中国工业经济》2013 年第 12 期，第 130～142 页。

[211] 芮明杰、杨锐：《产业发展与结构转型研究》，上海财经大学出版社，2015，第 104～128 页。

[212] 芮明杰：《上海供给侧结构性改革的关键是产业化创新》，《科学发展》2016 年第 11 期，第 25～28 页。

[213] 施振荣：《积累品牌价值，掌握赢的关键》，台海出版社，2017，第 51～66 页。

[214] 宋艳、常菊、陈琳：《专利质量对企业绩效的影响研究——技术创新类型的调节作用》，《科学学研究》2020 年第 11 期，第 1～12 页。

[215] 孙永波、丁沂昕、王勇：《价值共创互动行为对品牌权益的作用研究》，《外国经济与管理》2018 年第 4 期，第 125～139 页。

[216] 谭少兰：《企业品牌价值评估研究》，河北经贸大学硕士学位论文，2014，第 36～55 页。

[217] 唐玉生、曲立中、孙安龙：《品牌价值构成因素的实证研究》，《商业研究》2013 年第 9 期，第 110～116 页。

[218] 田敏、陈艺妮、范黎娜：《CSR 信息方式对消费者感知价值和品牌认同的影响——信息传递方式与信息呈现方式的作用》，《软科学》2019 年第 1 期，第 140～144 页。

[219] 童锦治、刘诗源、林志帆：《财政补贴、生命周期和企业研发创新》，《财政研究》2018 年第 4 期，第 33～47 页。

[220] 万小丽：《专利质量指标中“被引次数”的深度剖析》，《情报科学》2014 年第 1 期，第 68～73 页。

[221] 万晓榆、罗焱卿：《数字经济发展水平测度及其对全要素生产率的影响效应》，《改革》2022 年第 1 期，第 101～118 页。

[222] 汪同三：《中国品牌战略发展报告（2017）》，社会科学文献出版社，2017，第106~113页。

[223] 汪旭晖、冯文琪、张杨：《“化险为夷”还是“雪上加霜”？——负面网络口碑情境下零售企业社会责任行为对品牌权益的影响研究》，《商业经济与管理》2015年第7期，第5~15页。

[224] 王朝辉、陈洁光、黄霆、程瑜：《企业创建自主品牌关键影响因素动态演化的实地研究——基于广州12家企业个案现场访谈数据的质性分析》，《管理世界》2013年第6期，第111~127页。

[225] 王成荣、李亚：《品牌价值社会化评价方法的改进与创新——Sino-brand品牌价值评价法》，《管理评论》2005年第1期，第47~52页。

[226] 王刚刚、谢富纪、贾友：《R&D补贴政策激励机制的重新审视——基于外部融资激励机制的考察》，《中国工业经济》2017年第2期，第60~78页。

[227] 王积田、黄梦楠：《行业竞争、品牌信息披露与企业价值》，《财会通讯》2018年第24期，第66~69页。

[228] 王节祥、王雅敏、李春友、盛亚：《中国数控机床产业国际竞争力比较研究——兼谈产业竞争力提升的价值链路径与平台路径》，《经济地理》2019年第7期，第106~118页。

[229] 王婧、张秋艳、杜志英：《异质机构投资者、股权集中与中小企业创新》，《统计与决策》2022年第11期，第169~173页。

[230] 王林、张柔柔、赵杨、马爽：《基于品牌、场景和信息的移动购物口碑传播行为研究》，《南大商学评论》2019年第3期，第167~191页。

[231] 王攀、范超：《中国手机出口10亿部换不来1%的利润?》，《经济日报》2012年10月23日，第3版。

[232] 王秋红：《基于利益相关者视角的品牌价值决定研究》，经济科学出版社，2016，第61~107页。

[233] 王晓灵：《品牌价值的结构、影响因素及评价指标体系研究》，《现代管理科学》2010年第11期，第95~97页。

[234] 王旭、褚旭：《制造业企业绿色技术创新的同群效应研究：基于多

层次情境的参照作用》，《南开管理评论》2021 年第 2 期，第 1 ~ 24 页。

[235] 王彦亮、林左鸣：《广义虚拟经济生活价值论的虚拟使用价值研究——马克思商品两个因素视角的使用价值内涵的新发展》，《河海大学学报(哲学社会科学版)》2013 年第 2 期，第 14 ~ 18 页。

[236] 王召群：《品牌资产增值驱动因素分析及对策研究》，山东大学硕士学位论文，2007，第 69 – 82 页。

[237] 王肇、王成荣：《老字号企业研发创新与品牌成长关系研究》，《管理评论》2020 年第 12 期，第 156 ~ 167 页。

[238] 王甄、胡军：《控制权转让、产权性质与公司绩效》，《经济研究》2016 年第 4 期，第 146 ~ 160 页。

[239] 温忠麟、叶宝娟：《中介效应分析：方法和模型发展》，《心理科学进展》2014 年第 5 期，第 731 ~ 745 页。

[240] 吴超鹏、唐菂：《知识产权保护执法力度、技术创新与企业绩效——来自中国上市公司的证据》，《经济研究》2016 年第 11 期，第 125 ~ 139 页。

[241] 吴金海：《面向社会责任消费：消费社会理论的批判性及其反思》，《社会科学》2020 年第 2 期，第 98 ~ 109 页。

[242] 吴延兵：《国有企业双重效率损失研究》，《经济研究》2012 年第 3 期，第 15 ~ 27 页。

[243] 夏晓华、史宇鹏、尹志锋：《产能过剩与企业多维创新能力》，《经济管理》2016 年第 10 期，第 25 ~ 39 页。

[244] 肖嫫、卢晓、芮明杰：《企业遗产对持续竞争优势的影响研究：品牌资产的中介作用和动态能力的调节作用》，《南开管理评论》2019 年第 2 期，第 155 ~ 164 页。

[245] 肖阳：《品牌价值管理：基于顾客感知与创新驱动的视角》，经济科学出版社，2015，第 53 ~ 71 页。

[246] 谢霏、后青松：《女性高管与研发创新》，《管理现代化》2017 年第 5 期，第 44 ~ 46 页。

[247] 谢京辉：《品牌价值创造和价值实现的循环机制研究》，《社会科

学》2017 年第 4 期，第 47 ~56 页。

[248] 谢佩洪、汪春霞：《管理层权力、企业生命周期与投资效率——基于中国制造业上市公司的经验研究》，《南开管理评论》2017 年第 1 期，第 57 ~66 页。

[249] 邢立全、王韦程、陈汉文：《产品市场竞争、竞争地位与盈余管理》，《南京审计大学学报》2016 年第 3 期，第 30 ~43 页。

[250] 徐虹、梁燕、刘宇青：《失败不好吗？服务创新失败对品牌信任的影响研究》，《预测》2021 年第 4 期，第 17 ~24 页。

[251] 徐则荣、屈凯：《历史上的五次经济长波——基于熊彼特经济周期理论》，《华南师范大学学报（社会科学版）》2021 年第 2 期，第 1 ~11 页。

[252] 徐忠：《新时代背景下中国金融体系与国家治理体系现代化》，《经济研究》2018 年第 7 期，第 4 ~20 页。

[253] 许玲玲、杨筝、刘放：《高新技术企业认定、税收优惠与企业技术创新——市场化水平的调节作用》，《管理评论》2021 年第 2 期，第 130 ~141 页。

[254] 许正良、古安伟：《基于关系视角的品牌资产驱动模型研究》，《中国工业经济》2011 年第 10 期，第 109 ~118 页。

[255] 薛可、余明阳：《品牌延伸：资产价值转移与理论模型创建》，《南开管理评论》2003 年第 3 期，第 54 ~60 页。

[256] 薛平平、高觉民：《老字号沉淀价值的失效、激活与实现分析——基于沉淀投入动态模型》，《商业经济与管理》2019 年第 5 期，第 69 ~80 页。

[257] 闫明杰：《管理者能力对企业品牌价值的影响研究综述及展望》，《财会月刊》2020 年第 17 期，第 99 ~104 页。

[258] 闫明杰：《自主品牌战略与企业国际竞争力的耦合研究》，《科技管理研究》2014 年第 17 期，第 127 ~133 页。

[259] 严子淳、彭华伟、李国栋：《供应商市场资产对产业品牌价值的影响》，《商业研究》2017 年第 4 期，第 10 ~16 页。

[260] 杨保军、黄志斌：《基于知识进化视角的技术创新与品牌进化耦合机制研究》，《自然辩证法研究》2014 年第 12 期，第 30 ~35 页。

[261] 杨保军、秦艳昭：《服务供应链视角的特色农产品区域品牌价值共创维度与绩效研究》，《上海商学院学报》2020年第1期，第96~110页。

[262] 杨汝岱、陈斌开、朱诗娥：《基于社会网络视角的农户民间借贷需求行为研究》，《经济研究》2011年第11期，第116~129页。

[263] 杨雪：《基于消费者态度模型的负面在线评论对品牌信任的影响》，《现代经济探讨》2016年第7期，第9~14页。

[264] 杨一翁、涂剑波、李季鹏、刘培、陶晓波：《互动情境下服务型企业提升品牌资产的路径研究——顾客参与价值共创的中介作用和自我效能感的调节作用》，《中央财经大学学报》2020年第9期，第107~119页。

[265] 杨懿、邵华冬、邢楠、余敏：《品牌价值建构的陷阱与突破——基于国内外品牌榜单测评的思考》，《辽宁大学学报（哲学社会科学版）》2017年第6期，第86~92页。

[266] 杨治、闫泽斌、余林徽、徐骏辉：《国有企业研发投入对民营企业创新行为的影响》，《科研管理》2015年第4期，第82~90页。

[267] 姚蓓艳：《清真食品品牌溢价机制研究》，中国社会科学出版社，2015，第66~85页。

[268] 易靖韬、张修平、王化成：《企业异质性、高管过度自信与企业创新绩效》，《南开管理评论》2015年第6期，第101~112页。

[269] 于春玲、王海忠、赵平、林冉：《品牌忠诚驱动因素的区域差异分析》，《中国工业经济》2005年第12期，第115~121页。

[270] 余泳泽、张少辉：《城市房价、限购政策与技术创新》，《中国工业经济》2017年第6期，第98~116页。

[271] 袁登华、王琦、朱丽叶：《品牌推崇研究述评》，《外国经济与管理》2016年第3期，第61~72页。

[272] 袁胜军、俞立平、钟昌标、陈钰芬：《创新政策促进了创新数量还是创新质量？——以高技术产业为例》，《中国软科学》2020年第3期，第32~45页。

[273] 张弛、张兆国、包莉丽：《企业环境责任与财务绩效的交互跨期影响及其作用机理研究》，《管理评论》2020年第2期，第76~89页。

[274] 张杰、郑文平：《创新追赶战略抑制了中国专利质量么?》，《经济研究》2018年第5期，第28~41页。

[275] 张婧、邓卉：《品牌价值共创的关键维度及其对顾客认知与品牌绩效的影响：产业服务情境的实证研究》，《南开管理评论》2013年第2期，第104~115页。

[276] 张婧、朱苗：《品牌导向、品牌资产与企业绩效关系的实证研究》，《软科学》2016年第10期，第79~82页。

[277] 张强：《网络嵌入、社会责任与品牌价值——基于制造业企业经验数据的实证研究》，《山东社会科学》2018年第7期，第158~164页。

[278] 张伟、于良春：《企业产权结构、纵向一体化与创新绩效》，《经济与管理研究》2018年第9期，第53~64页。

[279] 张信东、姜小丽：《企业R&D投资与系统风险研究》，《研究与发展管理》2008年第3期，第22~29页。

[280] 张璇、高金凤、李春涛：《银行业竞争与资源错配——来自中国工业企业的证据》，《国际金融研究》2020年第6期，第54~63页。

[281] 张璇、刘贝贝、汪婷、李春涛：《信贷寻租、融资约束与企业创新》，《经济研究》2017年第5期，第161~174页。

[282] 张训常、苏巧玲、刘晔：《政资不分：财政压力对国有企业生存发展的影响》，《财贸经济》2019年第11期，第129~143页。

[283] 张燚、张锐：《品牌生态学——品牌理论演化的新趋势》，《外国经济与管理》2003年第8期，第42~48页。

[284] 张玉明、李荣、王欣：《小微企业互联网环境与企业家社会资本对技术创新的影响研究》，《管理学报》2018年第2期，第230~236页。

[285] 张兆国、曹丹婷、向首任：《制度背景、董事长任期与企业技术创新绩效》，《中国软科学》2017年第10期，第114~127页。

[286] 张志鹏：《基于文化的战略观：一个综合性探索》，《东岳论丛》2012年第9期，第158~162页。

[287] 张竹梅、吕巍：《消费者自我建构的汽车行业品牌价值实证研究》，《工业工程与管理》2016年第6期，第157~162页。

[288] 赵蓓、张小三：《品牌权益与股东价值关系实证研究》，《厦门大学学报（哲学社会科学版）》2013 年第 6 期，第 125～132 页。

[289] 赵卫宏、谢升成：《区域文化自信策略、品牌信任与东道国消费者接受——认知合理性视角》，《管理评论》2021 年第 8 期，第 148～159 页。

[290] 赵远亮、周寄中、许治：《高技术企业自主创新、知识产权与自主品牌的联动关系及启示》，《科学学与科学技术管理》2008 年第 1 期，第 58～63 页。

[291] 郑亚琴、王晓宇、郑文生：《微博口碑营销特征对企业品牌价值的影响——基于关系视角的研究》，《财贸研究》2016 年第 4 期，第 120～126 页。

[292] 郑玉、魏华阳：《知识产权保护对企业创新绩效的影响机理研究》，中国经济出版社，2018，第 54～76 页。

[293] 郑玉：《政府补贴的创新效应——兼论不同类型创新的最适补贴区间》，《经济经纬》2020a 年第 4 期，第 142～149 页。

[294] 郑玉：《高新技术企业认定、外部融资激励与企业绩效——基于倾向得分匹配法（PSM）的实证研究》，《研究与发展管理》2020b 年第 6 期，第 91～102 页。

[295] 郑玉：《知识产权保护、R&D 投入与企业绩效——基于中国制造业企业的实证》，《社会科学研究》2017 年第 4 期，第 56～62 页。

[296] 周方召、符建华、仲深：《外部融资、企业规模与上市公司技术创新》，《科研管理》2014 年第 3 期，第 116～122 页。

[297] 周艳菊、邹飞、王宗润：《盈利能力、技术创新能力与资本结构——基于高新技术企业的实证分析》，《科研管理》2014 年第 1 期，第 48～57 页。

[298] 周泽将、李鼎：《轻资产运营对企业 R&D 投入的影响研究：以中国上市公司为例》，《管理评论》2019 年第 6 期，第 91～101 页。

[299] 庄飞鹏、韩慧林：《公司品牌价值变动的股价效应研究》，《经济经纬》2018 年第 2 期，第 114～120 页。

[300] 邹萍：《慈善捐赠动态调整机制及其异质性研究》，《管理学报》2019 年第 6 期，第 904～914 页。

[301] 邹萍：《地区经济发展、社会责任行为与科技创新投入》，《科学学

研究》2018 年第 5 期，第 922 ~ 932 页。

[302] [美] 埃德蒙·费尔普斯：《大繁荣：大众创新如何带来国家繁荣》，余江译，中信出版社，2013，第 36 ~ 54 页。

[303] [美] 弗里德里克·冯·布朗：《创新之战》，杨岱若译，机械工业出版社，1999，第 61 ~ 77 页。

[304] [美] 杰弗里·哈里斯：《创新的秘密：迪斯尼、乔布斯和尤努斯们是如何成功的》，叶硕、谭静译，译林出版社，2015，第 65 ~ 124 页。

[305] [美] 卡尔·夏皮罗、哈尔·范里安：《信息规则：网络经济的策略指导》，孟昭莉、牛露晴译，中国人民大学出版社，2017，第 46 ~ 79 页。

[306] [美] 约瑟夫·熊彼特：《经济发展理论：对于利润、资本、信贷、利息和经济周期的考察》，何畏译，商务印书馆，1990，第 60 ~ 89 页。